통일, 해야 한다

통일, 해야 한다

발행일   2026년 2월 20일

지은이   (사)통일을 생각하는 사람들의 모임
펴낸이   손형국
펴낸곳   (주)북랩

출판등록 2004. 12. 1(제2012-000051호)
주소   서울특별시 금천구 가산디지털 1로 168, 우림라이온스밸리 B동 B111호., B113~115호
홈페이지 www.book.co.kr
전화번호 (02)2026-5777   팩스   (02)3159-9637

ISBN   979-11-7598-080-8 03340 (종이책)   979-11-7598-081-5 05340 (전자책)

작가 연락처 문의 ▸ ask.book.co.kr

전용 게시판에 문의를 남기시면 저자에게 직접 전달됩니다.

(주)북랩 성공출판의 파트너

북랩 홈페이지와 SNS에서 다양한 출판 솔루션을 만나 보세요!

홈페이지 book.co.kr   •   **블로그** blog.naver.com/essaybook   •   **출판문의** text@book.co.kr
카톡채널 북랩

분단 80년, 통일에 관한 **최고의 권위자들**이 내놓는 **진단과 해법**

통일, 해야 한다

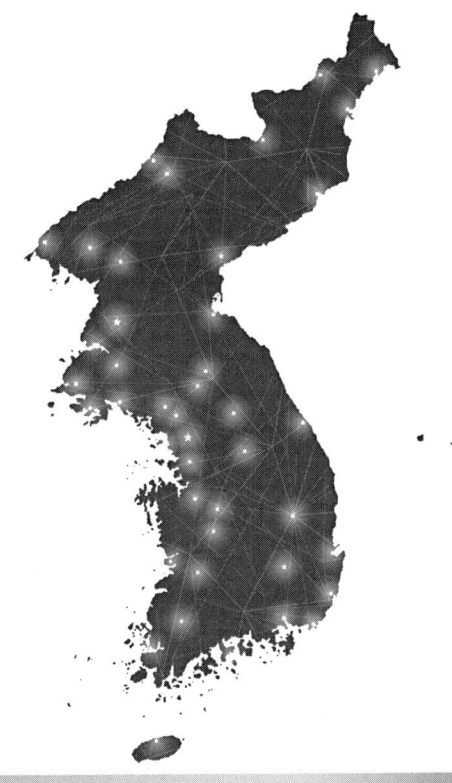

(사) 통일을 생각하는 사람들의 모임 지음

통일, 꼭 해야 할까?
이 질문에 이제는 단호히 답해야 한다!

분단을 유지하는 선택이야말로
가장 큰 비용과 위험이며,
'두 국가론'은 분단의 영구화를 합리화할 뿐이다.

 북랩

서문
― 한반도의 주인으로서

"우리의 소원은 통일, 꿈에도 소원은 통일."
분단 이후 한국인이 국내외에서 애국가처럼 불러온 노래다.
통일을 바라는 민족의 염원이 담겼다.

"통일하지 않겠다. 적대적 두 국가만이 존재할 뿐이다."
2023년 북한 김정은이 한 소리다.
공산주의 세습독재 체제를 유지하기 위한 마지막 발버둥이다.

"평화적 두 국가론"
유사한 주장이 대한민국에서도 나오고 있다.
분단 고착을 부르는 비겁한 유화론이다.

소수의견을 용인하는 것은 자유민주체제의 특징이다.
그러나 정부 여당이 앞장서는 반통일 주장은 다르다.
반역사, 반민족, 반체제, 반헌법이기 때문이다.

한국인의 통일 염원이 중대한 도전에 직면해 있다.
흔든다고 흔들리면 안 된다.
남들이 강제한 분단에 주인이 안주하면 어찌 되겠는가?

이 책은 「사단법인 통일을 생각하는 사람들의 모임」 (약칭 통일생각) 이 "통일해야 한다"는 소명을 상기하기 위해 펴낸다. 누구나 알고 있고 너무나 당연하다고 여기지만, 현실은 그렇지 못하다. 상황을 직시하고 바로잡지 않으면 위태롭다.

「통일생각」은 통일 준비를 모토로 2012년에 창립된 민간단체이다. 당시 통일부장관이던 필자는 통일 준비를 주창하면서 '통일항아리'를 빚어 통일의지를 결집하고 재원을 마련하자고 하였다. 「통일생각」은 이러한 적극적 통일정책을 뒷받침하기 위해 '통일항아리 성금 국민운동'을 전개하였다. 그렇게 모은 통일 성금 9억 원은 우여곡절을 거쳐 지난 2024년 9월 통일부에 기탁되었다. 금액의 다과를 떠나 정부의 남북협력기금에 국민성금 계정이 공식적으로 마련되었다는 데에 의의가 있다고 본다.

「통일생각」의 영문 명칭 "The Unitiative"는 Unification과 Initiative의 합성어로, 한반도 통일을 주도한다는 의지를 나타낸다. 통일을 하지 않겠다는 북한에 대해 대한민국이 맡아서 해야 할 적극적 역할을 제시하고 있다고 본다. 이 책의 내용은 그 연장선상에 있다.

이 책의 필진은 전술한 대로 「통일생각」의 회원들로 구성되었다. 대부분 통일정책 전문가들이고 그 중 다수는 통일부를 포함하여 통일정책의 실무를 경험한 이들이다. 내용은 3부로 구성하였고 가급적 일반 국민이 쉽게 읽을 수 있도록 평이한 문장으로 서술하였다. 제1부는 "왜 통일해야 하는가"라는 주제로 묶은 글들로, 이를 테면 한반도 통일의 총론이다. 이어 제2부는 "통일 의지가 흔들린다"

는 제하의 현상 분석이고, 제3부는 "지금, 통일 준비해야 한다"로 정책 대안 중심의 글들이다.

사안이 위중한지라 해를 넘기지 말자고 해서 급히 원고를 모았다. 한 권의 책으로 묶기는 했지만, 용어와 맥락이 일관되지 못하고 완성도가 떨어지는 부분도 있을 것이다. 부족한 부분은 독자들이 채워가면서 읽어 줄 것을 요망하면서, 공감에 더해 이해와 조언을 구한다.

원고의 편집을 위해 애쓴 정준희 감사, 실무를 총괄한 윤대해 상임이사, 그리고 어려운 때에 출판을 맡아준 북랩 출판사와 직원들에게 감사한다.

이 책을 내어놓는 이 순간에도 「통일생각」은 통일이 가까이 다가오는 소리를 듣는다. 그리고 한반도의 주인으로서 지금 마땅히 해야 할 도리를 확인하고 다짐한다. 바로 '통일생각'이다.

통일, 반드시 해야 한다.

그러나 말만으로, 노래만 불러서는 통일되지 않는다.

남들에게 미루지 말고 주인이 앞장서야 한다.

준비된 통일은 축복이다.

통일을 준비해야 한다.

2025년 세모에

류우익 「사단법인 통일을 생각하는 사람들의 모임」 이사장

차례

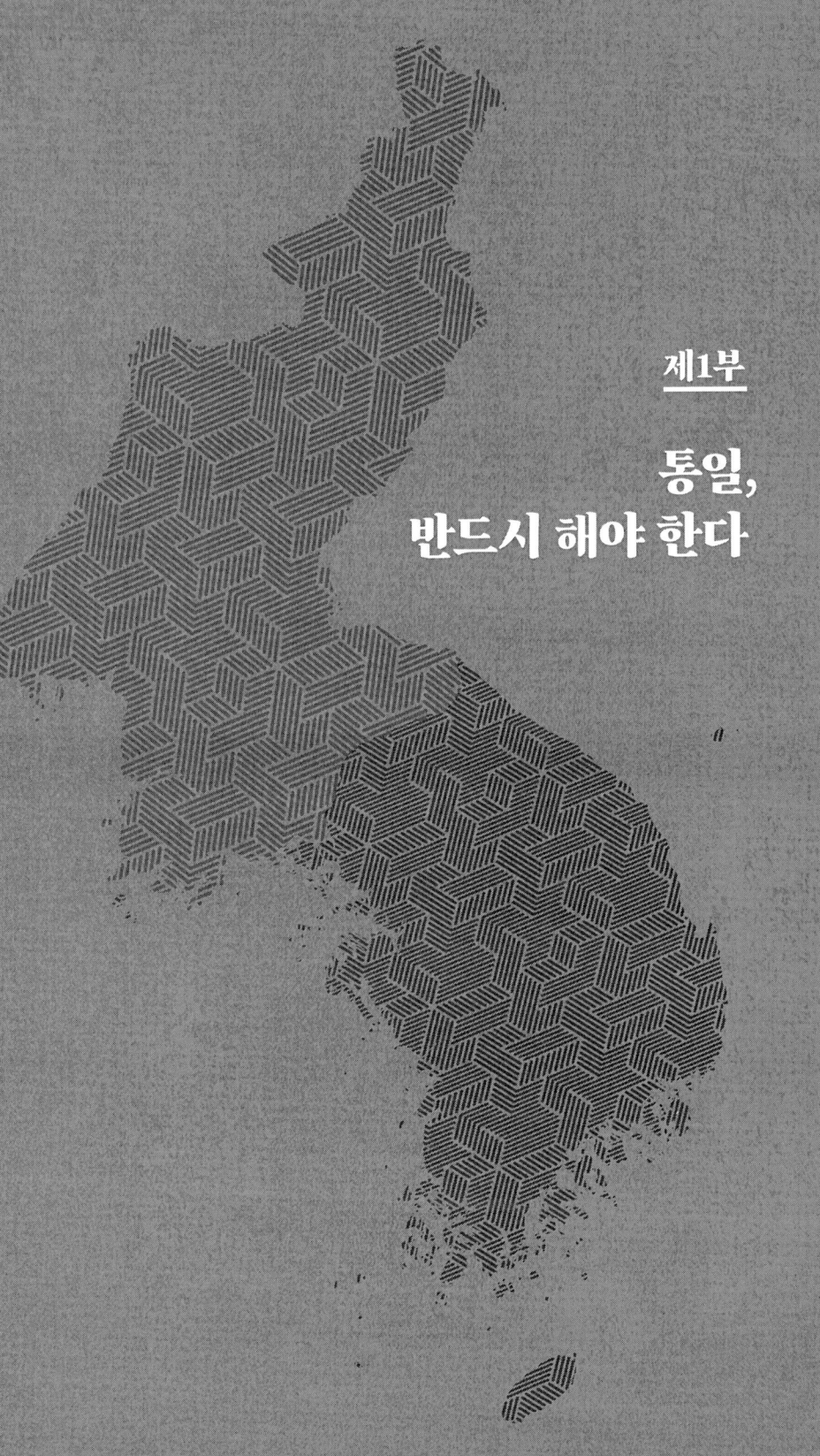

제1부

통일,
반드시 해야 한다

1 왜 통일해야 하는가?

류우익

I. 서론: 통일해야 한다

"꼭 통일해야 하는가?"

통일과 관련하여 가장 많이 받는 질문이다. 계층과 나이에 상관없이 자주 제기하는 질문이기도 하지만, 실은 가장 기본이 되는 물음이다. 그리고 이 질문의 근저에는 어쩌면 통일에 대한 회의 내지 유보의 생각이 깔려 있을 수도 있다. 더구나 근자에는 그런 생각을 아주 드러내 놓고 주장하는 이들이 적지 않다. 급기야 통일부장관이 소위 '두 국가 평화론'을 공언하고 정부 여당과 대통령이 이를 지지 내지 용인하기에 이르고 있다. 통일을 연구해 온 학자로서 그리고 한때 실무를 담당했던 정책가로서 실망스럽지만 나의 대답은 명확하다.

"반드시 통일해야 한다."

가급적 조속한 시일 내에 통일해야 한다. 부연하자면 자유통일해야 하고 대한민국이 주도해야 한다. 당연히 다음 질문이 이어진다.

"왜 통일해야 하는가?"

이 글은 이 근본적인 질문에 대한 나의 대답이다. 바꾸어 말하자면 이 글은 한반도 통일의 당위성에 대하여 경험적, 이론적 근거를 제시하기 위해 쓰였다. 분단 80년에 이런 글을 쓰는 것이 한편으로 한심하기도 하지만, 다른 한편으로는 통일 유보론 내지 반통일론이 공공연히 회자되는 현실을 외면해서는 안 된다는 생각에서이다.

'국토 완정'을 외치며 남침을 일으켰던 김일성의 '무력 적화통일' 주장에 이어 '연방제 통일' 방안을 줄기차게 내세웠던 북한은 2023년 말부터 갑자기 '적대적 두 국가론'을 내세워 (김정은, 조선로동당 중앙위원회 제8기 제9차 전원회의 확대회의) 통일을 부정하기 시작했다. 그리고 최근 대한민국의 정치권 일각에서도 북한의 억지 궤변에 화답이라도 하듯이 소위 '평화적 두 국가론'을 내세워 한반도 영구분단 획책에 동조하고 나섰다. 부분적이고 일시적인 '의사 표시'에 지나지 않는다고 치부하기에는 사안이 중대하고 상황이 심각하다. 그러지 않아도 '통일이 꼭 필요하지는 않다'고 하는 안이한 생각이 늘어나고 있는 추세를 정부 여당이 앞장서서 이끄는 모양새이기 때문이다. 이 주장은 반역사적, 반헌법적일 뿐만 아니라 남북 관계를 '통일을 지향하는 과정에서 잠정적으로 형성되는 특수관계'로 규정해 온 정부의 방침에도 명백히 어긋난다.

본론에 들어가기 전에 우선 대한민국 헌법을 살펴볼 필요가 있다. 헌법은 전문에서 '조국의 민주개혁과 평화적 통일의 사명'을 전제하고 제1장 총강의 머리에 다음과 같이 규정하고 있다.

제3조: 대한민국의 영토는 한반도와 그 부속도서로 한다.

제4조: 대한민국은 통일을 지향하고 자유민주적 기본질서에 입각한

평화적 통일정책을 수립하고 이를 추진한다.

제1조의 국가체제, 제2조의 국민에 이어 제3조는 영토, 제4조는 국정의 기본원칙을 규정한 조항으로 헌법의 영구조항(Ewigkeit-sklausel)에 해당한다. 즉, 대한민국이 존속하는 한, 항시 존중되고 지켜져야 하고, 헌법을 개정하더라도 바꿀 수 없는 불가침적 조항인 것이다.

더구나 제66조 3항과 제69조는 대통령이 통일을 위해 성실히 노력해야 한다고 규정하여 의무를 지움으로써 통일을 국정의 최상위 목표로 추구할 것을 명시적으로 강제하고 있다.

이와 같이 대한민국 헌법은 통일을 선택이 아닌 필수요 의무 사항으로 규정하고 있다. 따라서 통일은 자유민주적 기본질서를 지키고 발전시키는 일과 함께 헌법이 한국 정치에 부과한 지상 명령이다.

이 글에서는 그 이유를 다섯 가지로 나누어 살펴본다. 그것은 일체성의 회복, 타결(他決) 구도의 극복, 자유의 확대, 사회적 통합과 지정학적 위상의 제고이다.

II. 본론: 통일해야 하는 이유

1. 일체성(Einheit)의 회복

첫째, 통일은 한반도의 일체성과 반도성을 회복시킨다.

한반도는 자연적으로나 역사문화적으로 하나의 실체이다. 지리학에서는 그것을 동질적 성격을 갖는 '지역'(region)이라고 하여 연구와 기술의 단위로 취급한다. 한반도는 지체(地體) 구조나 기후, 식생의 분포가 대륙의 그것과 확연히 구별된다. 거기에 고려인, 조선인, 한국인으로 시대에 따라 부르는 명칭은 달라졌지만 고유한 언어와 문자를 쓰고 특유의 생활양식을 공유하는 사람들이 운명을 같이하며 어울려 살아왔다. 그들은 단군조선 이래 5,000년, 통일신라 이후 2차대전 후 분단될 때까지 근 1,300년 동안 통일국가를 유지해 왔다.

이 국토로서의 일체성은 분단으로 깨어졌다. 그와 함께 국토의 연속성과 특성도 손상, 변질되고 말았다. 국토는 반으로 갈라져 작아졌을 뿐만 아니라, 특유의 '반도성(Halbinselität)'을 상실하였다. 참고로 '반도성'이라는 말은 대륙성, 해양성에 대하여 반도의 지리적 특성을 지칭하는 용어로 필자가 개발해서 써 오고 있다. 생활공간(Lebensraum)으로서 반도는 대륙과 해양으로의 접근성이 좋고 개방적이고 다양성을 갖는 땅이며 거기에 사는 사람들은 특유의 역동성(Dynamik)을 갖는다. 한 때 제국주의자들이 그들의 침략과 지배를 정당화하기 위해 '반도적 결정론'을 조작하고 퍼뜨렸지만 나는 반도가 수동적 공간(Passivraum)이 아니라 '능동적 공간(Aktivraum)'이라고 본다. 그리하여 한국 문화의 특질이 흔히 말하는 과거에 머무르는 정적(靜的)인 '한(恨)'이 아니라 미래를 지향하는 창의적 적응, 즉 '역동성(Dynamik)'에 있다고 생각한다. 반도성의 상실로 북한은 내륙지역과 다름없이 대양으로 나아가지 못하게 되었고, 남한은 바다에 둘러싸인 채 대륙으로의 접근성을 잃어버려 섬과 같이 되어 버렸다. 이렇게 생활공간으로서의 국토의 일체성이 깨어지고 그 특성이 변질되면서 오랜 시간에 걸쳐 형성된 기본생활양식(Grundlebensform), 즉 삶의 원형도 깨어져 이어지지 못했다. 분단을 극복하고 일체성을 회복하는 통일은 그 삶의 원형을 복원하는 길이다.

"본래 하나인 것이 합친다(Es wächst zusammen, was zusammengehört)."

이것은 동방정책을 폈던 빌리 브란트(W. Brandt)가 1989년 11월 9일 베를린 장벽 붕괴를 보고 나서 했던 말이다. 그는 '통일을 말하는 것은 뻔뻔한 거짓말(Leibslüge)'이라는 연설을 반복할 정도로 독일 통일에 회의적이었다. 또 슈바이처는 삶의 원형을 지키며 살아가는 것은 인간의 기본권에 해당한다고 했다.

그렇다. 한반도는 본래 하나다. 그 일체성을 회복하여 삶의 원형을 복원하고 이어가는 일은 한국인의 천부 권리이자 문화사적 사명이다.

2. 자주독립(Selbständigkeit)의 완성

둘째, 통일은 진정한 국민국가(nation state)를 이루고 자주독립을 완성한다.

개인이나 국가가 자신의 운명을 자기 스스로 결정하는 것을 자결(自決, Selbstbestimmung)이라고 한다면, 남들이 결정하는 것을 타결(他決, Fremdbestimmung)이라고 할 수 있을 것이다. 이런 관점에서 보면 조선왕조의 사대모화(事大慕華) 이래로 한국사는 타결의 역사로 점철되어 왔다. 돌이켜보면 한반도 분단의 역사는 임진왜란으로 거슬러 올라간다. 왜(倭)는 '정명가도(征明假道)'를 명분으로 한반도를 침략하였고, 명(明)은 침략자를 물리치기 위한 원군(援軍) 자격으로 참전하였는데, 양측의 강화(講和) 시도 과정에서 드러난 이들의 종국적 속셈은 조선 반도를 분할하여 차지하는 데에 있었다. 이 전쟁에서 조선 승리의 핵심은 침략자를 물리친 데에 더하여 왜(倭)의 조선분할(朝鮮分割) 요구와 명(明)의 분할역치(分割易治) 의도를 저지하고 독립을 유지한 데에 있다. 이는 그야말로 하늘이 도운 것이었다.

구한말에 한반도는 제국주의 세력다툼의 장이 되었다. 그리고 청일전쟁, 러일전쟁에 전쟁터가 되어 참화를 겪었다. 그러다가 결국 일제의 식민지로 전락하였고 2차대전 후에 해방되기는 했으나 강대국들의 자의적 결정으로 분단되고 말았다. 독일은 전범국으로서 전승국들에 의해 분할되었지만 한반도는 패전국의 식민지로서 강대국들의 이해타산에 따라 그야말로 무고하게 거래된 것이었다. 그리고 분단 직후에 치른 6.25 전쟁 또한 소련의 사주에 의한 북한의 남침으로 발발했고 유엔군의 참전과 중공군의 개입으로 치러졌다. 그리하여 6.25 전쟁을 두고 국제 사회는 '한국 전쟁(The Korean War)'으로 부르고 중국은 '항미원조전쟁(抗米援朝戰爭)'이라고 한다. 다시 한반도를 분단한 휴전선은 지금도 반도를 국경 아닌 국경으로 가로지르고 있다.

요컨대 한반도 분단은 강대국들의 자의에 의해 정해진 것이었고 한국인은 그 남들에 의해 주어진 구도 속에서 살아가고 있다. 대한민국이 유엔에서 인정한 한반도의 유일한 합법 국가로 국제 사회의 당당한 일원으로 공인되고 있으나, 분단국이기 때문에 아직 완전한 자주독립국가라고 할 수는 없다. 이는 북한이 독립국가 행세를 하고 있기 때문만은 아니다. 남이 정해서 강제한 분단 구도를 극복하지 못하고 있기 때문이다. 한반도 통일은 한국인들이 타결의 분단 구도를 극복하는 일이다. 한국인들이 스스로 주도하여 이 땅에 통일한국을 세울 때 비로소 진정한 'nation state'가 성립되고 완전한 자주독립이 이루어지는 것이다.

그런 의미에서 볼 때, 통일은 미국이 해줄 것이라고 물러서거나 중국이 반대해서 안 될 것이라고 생각하는 것은 사대주의(事大主義)의 발로이다. 실제로 대한민국 대통령 중에는 '중국은 높은 산봉우리, 한국은 소국'이라고 말하여 굴종을 자청한 이가 있었다. 한반도 문제 해결에 '중재자'를 자처하거나 스스로를 'pace maker'로 비하하기도 했다. 외교적 수사라고 하기에는 너무나 뼈아프고 부끄러운 말로 타결에 순치(馴致)되어 자신이 운명의 주인이자 당사자임을 망각한 망언이다. 노예 근성이란 바로 이렇게 자신이 누구인지를 모르고 아무것도 할 수 없다고 여기는 얼빠진 정신상태를 일컫는 말이다. 통일하지 않겠다는 소위 '두 국가론'이 바로 그 연장선에 있음은 두 말할 필요가 없다. 북이야 위기에 빠져 발악한다고 치더라도, 멀쩡한 남까지 화답하는 지경에 이르렀으니 그야말로 수치스럽다고 하지 않을 수 없다.

3. 자유(Freiheit)의 확장

셋째, 통일은 자유와 번영을 확장한다.

통일은 우리가 누리고 있는 자유와 번영을 북한 지역으로 확장하고 북한 주민들과 함께 나누게 하는 일이다. 자유는 인간의 기본권이고 번영은 자유를 가진 이들이 추구하는 삶의 주요 목표이다. 역사는 그 확장과정이다.

헤겔은 "세계사는 자유의식의 발전이다(Die Weltgeschichte ist der Fortschritt im Bewußtsein der Freiheit)."라고 말하여 역사철학의 핵심을 갈파했다. 그의 진술을 토대로 나는 '나의 자유는 너의 자유로, 그리고 그들의 자유로 확장되어 나가야 한다'고 믿는다. 나는 그것을 자유 3장이라고 부른다. 여기서 '그들'이란 자유를 모르는 사람들, 자유를 빼앗긴 사람들, 그리하여 자유를 향유하지 못하는 사람들이다. 지구상에는 아직 그러한 처지에 있는 '그들'이 많이 남아 있다. 우리 대한민국 국민들에게 '그들'은 일차적으로 가장 가까이에서 자유를 억압받고 인권을 유린당하면서 살아가고 있는 우리의 동포, 북한 주민들이다. 따라서 북한 주민들에게 자유와 인권을 알리고 되찾아주고 함께 누리는 것은 우리의 자연법적, 도덕적 의무이다. 이런 관점에서 우리에게 통일은 선택이 아니라 의무인 것이다.

여기서 북한 주민은 누구인가를 분명히 해둘 필요가 있다. 앞에서 살펴보았듯이 헌법은 한반도와 그 부속도서를 영토로 규정하고 있다. 따라서 북한 주민은 법적으로 우리 국민이며 평화통일의 대상이다. 그런데 시기에 따라 표현의 차이가 있지만 대한민국 국방백서에서는 북한을 주적(主敵)으로 규정하고 있다. 여기서 북한 주민에 대한 개념의 이중성이 지적된다. 한편으로는 동포요, 함께 살아가야 할 형제인데, 다른 한편으로는 싸워 무찔러야 할 적인 것이다. 이 모순을 해결하지 않으면 북한 주민을 대하는 태도와 대북정책에서 혼란이 빚어질 수밖에 없다. 근본적인 해법은 어렵다. 왜냐하면 한반도 분단 현실 그 자체가 모순이기 때문이다. 그럼에도 그로 인한 혼란이 현장에서 실재하는 한 불완전하더라도 최소한 행위의 준칙은 마련되지 않으면 안 된다. 나는 정책의 대상으로서 동포와 적을 구분하는 조작적 기준이 실용적으로 사용 가능하다고 본다. 즉, 북한 주민은 우리가 포용하고 함께 살아가야 할 동포이지만, 그러나 우리 안보에 위협을 가하고 침해하는 북한 정권과 북한군은 우리의 주적이라는 것이다. 북한 주민에 대한 인도적 지원과 정보 제공이 정당성을 가지듯이 북한의 핵무기 개발과 도발에 대응하는 제반 조치들이 또한 정당성을 갖는 것이다.

북한 주민들은 시민사회의 자유를 경험한 적이 없으며 오늘도 국제적인 고립과 극도의 정치적인 억압, 가난과 굶주림에 시달리고 있다. 유엔에서 해마다 북한 인권보고서를 만장일치로 결의하는 것은 상황이 얼마나 참담한 상황에 있는지를 알려준다. 그런데 우리나라에서 북한인권재단이 법으로 정해지고도 일부 정당의 당리당략으로 제대로 발족하지 못하고 있는 현실은 통탄할 일이다. 북한 정권이 북한 주민의 자유를 억압하고 인권을 유린하는 실정을 내외에 알리고 대응책을 마련하는 것은 자유의 확대 과정에서 중요한 의미를 갖는다. 마땅히 해야 할 일을 외면하고 침묵하는 것은 책임 회피를 넘어 범죄행위다. 그러면서도 민주와 진보를 운위한다면 그것은 위선에 다름 아니다.

북한에서는 1990년대 이른바 '고난의 행군' 때 수백만 명이 아사하였다. 탈북민이 줄을 잇고 정치범 수용소는 넘쳐났다. 그러고도 핵무기를 개발하면서 국제 사회에 맞서고 주민을 억눌렀다. 지금도 북한에서는 '제2의 고난의 행군'이 진행되고 있다고 한다. 소위 남한풍(南韓風)을 막기 위해 '반동사상문화배격법', '청년교양보장법' 같은 어처구니없는 법을 만들어 자유를 동경하는 청소년들을 처벌하고 있다고 한다. '동물농장'과 '수용소군도'가 무색하다. 북한 정권은 왜 국제 사회의 규제와 고립을 감수하면서 이토록 비합리적이고 부당한 짓을 계속할까?

북한 실정을 이해하기 위한 유일한 코드는 북한의 체제 실패이다. 분단 80년에 남북한 사이에는 무려 100배가 넘는 국력 차이가 생겨

났다. 그것을 가른 것은 다름 아닌 자유의 유무였다. 독일 통일에
이은 소련과 동구 공산권의 몰락으로 공산주의는 완전히 실패하였
다. 거기에 시대착오적 세습까지 더한 북한 독재 체제는 자력으로
정상국가로 회복할 능력을 상실하였다. 핵무기 개발로 체제 유지를
시도하였지만 돌아온 것은 '핵의 저주'였다. 금과옥조로 여기던 선대
의 통일 유훈마저 저버린 '두 국가론'은 말하자면 단말마적 최후 발
악인 것이다. 그리하여 이 북한 코드를 푸는 마지막 열쇠는 자유의
확장에 있다. '자유의 바람'은 북한 주민으로 하여금 남쪽과 바깥세
상을 바라보게 한다("Look South!"). 그것은 철조망이나 장벽으로 막
지 못한다. 그리고 종착역은 통일이다.

4. 사회적 통합 (Integration)

넷째, 통일은 사회적 성숙과 통합의 기반을 만든다.

타결(他決)의 역사는 이 땅에 불신(不信)을 키웠다. 오랜 사대(事大)
와 망국, 식민통치와 분단 체제하에서 국가와 개인은 스스로 결정하
고 결과에 책임지는 것이 아니라 남이 결정하는 구도에 익숙해지고
남에게 책임을 미루는 풍토가 조성된 것이다. 공권력은 물론, 서로
를 믿지 않고 의심하는 것을 당연시했다. 살아남기 위해서 거짓말하
고 시기하며 음해했다. 이승만과 안창호가 독립운동 당시 독립 정신
과 주인 정신을 강조하면서 가장 강조한 것이 '거짓말하지 말자'였
다. 그리고 지금도 한국에서 무고 고발 건수가 인접 타국에 비해 수
십 배나 많다고 한다.

특히 분단에 기인하는 이념적 대립은 사회적 갈등과 분열을 조장했다. 전쟁은 사회적 불신을 키웠고 지금도 남과 북은 지구상에서 가장 위험한 철조망을 가운데 두고 서로 적대적으로 대치하고 있다. 더구나 도발을 일삼는 북한이 근자에는 핵무기를 개발하여 실험하면서 선제공격을 위협하고 있다. 이에 심지어 대북정책을 두고도 남남갈등이 불거지고 있다.

한국 정치에도 분단의 그늘은 짙게 드리워 있다. 이념적 대립에 기초한 북한에 대한 태도의 차이는 좌우익 정당 간 극단적 불신과 대립으로 이어졌다. 대북정책을 기준으로 보수와 진보를 가른다는 것 자체가 우스운 일이지만 정치권에서 '힘의 우위'를 주장하는 보수진영과 유화론을 펴는 진보진영 간에는 색깔론과 친북론이 끊이지 않는다. 소위 '햇볕정책'의 공과를 둘러싼 논쟁은 지금도 대북정책에서 여러 모양새로 계속되고 있다. 한쪽에서 "퍼 주기가 핵 개발을 도왔다"고 하면 다른 쪽에서는 "그럼 전쟁하자는 거냐?"고 대든다. 국제 사회에 공조하여 대북규제를 강화하자고 하는 쪽과 반대로 이를 완화하자고 북한 주장에 역성을 드는 쪽 사이에는 건너지 못하는 분단의 강이 흐른다. 극단적 반대와 싸움을 일삼는 정치에서는 이성적 논의나 합리적 타협은 없다. 그저 대립과 갈등이 계속될 뿐이다. 분단 구도가 지속되는 한 한반도에서 냉전은 끝나지 않을 것이다.

어느 사회에나 대립과 갈등은 있다. 그러나 우리 사회가 겪고 있는 이념적 대립과 갈등은 도를 넘어 극단화하면서 사회를 분열시키고 있다. '내로남불'이라는 말이 상징하듯이 '남 탓'이 일상화되었다.

내 편이 아니면 적이다. 적은 무조건 나쁘고 무찔러 이겨야 한다. 타협과 포용 대신 분노와 증오가 자리 잡으면서 옳고 그름을 가리고 조화를 구하는 일은 뒷전이 되었다. 언어는 과격해지고 심성은 강퍅해졌다. 일상을 극도의 위기감과 긴장 속에서 살아가면서 호흡이 빨라지고 시야가 짧아졌다. '빨리빨리'가 한국 문화의 코드가 되었다. 당연히 이성보다는 감정이 앞서고 쾌락이 합리를 밀어낸다. 가치관의 혼란과 왜곡은 사회적 풍조를 저질화, 천박화하고 있다. 이른바 '먹방'과 '오락'으로 넘치는 TV 프로그램이 이를 단적으로 드러낸다. 그리하여 '기적'이라고 칭송될 정도로 놀라운 물질적 성취에도 불구하고 한국 사회는 여전히 '미성숙한 상태'(Unmündigkeit)를 벗어나지 못하고 있다. 많은 논자가 지나친 경쟁이 부작용을 낳고 있다고 하지만, 나는 그 이전에 적대적 분단이 원인을 제공한다고 본다.

통일은 분단에 기인하는 여러 부작용을 한꺼번에 치유한다. 우리 사회의 가치관을 정상적으로 회복시키면서 사회적 통합의 기반을 만든다. 사회문화적으로 보아도 통일 비용이 많기는 하지만 분단비용보다는 적다. 그렇다고 통일까지 손 놓고 기다리자는 얘기가 아니다. 통일 후 남과 북의 사회적 통합을 원만히 이뤄내기 위해서는 통일되기 전부터 정부와 민간이 적극적으로 노력해야 한다. 한국 사회 내에서 사회적 통합만이 아니라 남북 주민 간의 이해와 통합을 위해서도 다각적인 노력을 기울여야 한다. 통일 독일은 사회적 통합에 많은 정책적 노력을 기울였다. 그럼에도 통일 30년이 되는 해에 내가 직접 답사하며 조사한 바로는 (졸저: 『제3의 성찰』) 한 세대가 지났음에도 동서독 주민의 사회적 통합은 아직 미진했다. 독일의 전문가들은 '만족할 만한 통합까지는 적어도 분단 기간만큼의 시간이 필요할 것'이라는 견해를 피력했다. 우리가 새겨들어야 할 말이다.

5. 지정학적 위상(Geopolitische Status)의 제고

다섯째, 통일은 한반도의 지정학적 위상을 높이고 동북아에 평화 구도를 정착시킨다.

통일 한국은 더 큰 나라가 된다. 인구는 1억에 가까워지고 실질적으로 지배하는 국토는 두 배 이상 늘어난다. 한반도는 본래의 반도성을 회복하여 대륙과 해양으로의 접근성을 높이고 그에 따라 경제적 배후지(Hinterland)는 태평양 아시아(Pacific Asia) 전역으로 확대된다. 남한의 기술과 자본, 경영의 노하우와 통상 네트워크가 북한의 천연자원 및 노동력과 결합하면 엄청난 승수효과와 규모의 경제가 발생한다. 소모적 분단비용이 사라지고 이른바 지정학적 리스크가 해소되면서 한반도와 한국인은 정치, 경제적으로 도약하게 된다. 통일한국의 지정학적 위상이 높아지고 발언권이 강화되는 것이다.

"너희가 힘이 있느냐?"라고 윽박지르며 우리 운명에 개입하던 주변 강대국들을 향해 당당히 자기주장을 펼 수 있게 된다. 그리고 그 주장에는 힘이 실리게 된다. 자기주장을 펼 수 있는 지정학적 구도를 확보한다는 것은 정치경제적 자결(Selbstbestimmung)의 핵심이다.

통일한국이 주변 4강과 힘의 균형을 이루게 되면 비로소 동북아에 평화 구도가 정착할 수 있게 된다. 나는 중국대사 시절 기회 있을 때마다 중국의 정치지도자들에게 한반도 통일에 협조하는 것이 동북아 평화에 긴요함을 역설하였다. 중국이 한반도를 완충지대로 보고 분단 유지에 안주하려는 시각이 단견임을 지적하고 통일한국은 지역의 정치경제적 안정과 공동 번영에 기여하게 될 것이라고 설득했다.

"중국이 앞마당에 적대적으로 분단된 한반도를 두고 편안할 수 있겠는가? 한반도가 통일되면 동북 3성은 태평양으로 나가는 길을 얻어 절로 발전하게 될 것이다."

그런 나의 생각에는 지금도 변함이 없다. 진정한 자주와 평화는 힘으로 뒷받침되어야 하기 때문이다.

한반도의 지정학적 위상이 높아지고 역내 세력 균형과 평화 구도가 형성되면 통일한국은 명실공히 선진국에 진입하기 위한 기반을 갖추게 된다. 그간의 경험을 토대로 한반도의 반도성을 발현시키면 개방과 연대에 나서게 될 것이다. 한반도는 그간의 수동적 공간에서 능동적 공간으로 탈바꿈하고 한국인은 실질적 자결의 권리를 행사하면서 상응하는 책임을 지게 된다. 이제까지의 '살아남기', '따라 하기', '따라잡기'의 역사를 넘어서서 '앞서가기'가 가능해지는 것이다.

그리하여 통일 한국은 분단 극복을 넘어 인류 공영에 적극적으로 이바지하고 새로운 문명의 시대를 열어가는 역할을 떠맡을 수 있게 된다. 여기에 단순한 원상복구나 폐쇄적 민족주의를 넘어서는 통일의 적극적이고 궁극적 의의가 있다.

Ⅲ. 결론: 통일 준비할 때다

통일해야 한다.

분단은 공간적으로 부자연하고 불완전하며 시간상으로 지체와 왜곡을 가져왔다. 무엇보다도 반인륜적이다.

통일은 한국 정치 최대의 과제요, 21세기 한반도의 시대정신이다. 그동안은 산업화와 민주화의 절박성을 이유로 통일을 옆으로 밀쳐두었다. 그리하여 지금 우리는 자유와 번영을 누리고 있다. 그러나 그것은 절반의 성취에 불과하다. 깨어지기 쉽고 북한은 여전히 고통받고 있기 때문이다. 여기서 안주하면 안 된다. 1300년의 통일 역사에 비해 100년도 안 되는 분단이다. 통일을 생각하고 추진하지 않는 정치인이 있다면 그는 한국 정치인이 아니다. '통일하지 말자'고 하는 것은 얼이 빠진 짓이다. 이제는 더 미룰 명분이 없다. 통일을 국가발전을 위한 비전으로 설정하고 적극적으로 추진해야 한다. 그러지 않아도 한국 사회는 비전을 잃고 선진국 문턱에서 머뭇거리고 있다. 목표를 세우고 방향을 설정해서 국민통합을 이루어야 한다. 그래서 마지막 질문이 나온다.

"그런데 과연 통일이 될까?"

나의 대답은 "반드시 된다"이다. 다만 스스로 믿고 노력해야 한다. 이를 위해서는 무엇보다도 우리가 주인 정신을 가져야 한다. 주인이 앞장서지 않으면 누가 나서겠는가?

우선 미신에서 빠져나와야 한다.

첫째, 분단이 운명적이라는 지정학적 결정론은 일제가 조작하여 한때 널리 퍼졌으나 사이비 가설로 판명되어 지금은 학계에서 기각되었다. 둘째, '미국이 대신해 줄 것'이라거나 '중국이 반대해서 안 된다'는 신사대주의는 오랜 타결(他決)의 타성에 젖은 미신이다. 셋째, '지금은 때가 아니니 미루어 두자'는 유보론은 사실상 무책임한 분단 고착론이다. 남북 간 이질성은 분단이 길어질수록 커지고 그만큼 통일은 멀어진다. 시간이 해결할 것이라고 하면서 아무것도 하지 않는 것은 미신을 믿는 것과 다르지 않다.

세계 질서가 혼란을 거듭하는 상황을 들어 살아남기가 급하다고 하는 이들이 있다. 물론 지금은 문명 변혁기라고 할 만큼 국제질서의 판이 흔들린다. 그럴수록 나는 통일이 가까이 다가오는 소리를 또렷이 듣는다. 분단이 그랬듯이 통일은 국제정치적 사안이고 변화 속에 위기와 함께 기회가 있기 때문이다. 기회를 포착하기 위해서는 깨어 있어야 한다. 그리고 움직이고 있어야 한다. 꿈꾸는 세상에서 살기 위해서는 위기에 맞서야 하는 것이다.

그런 관점에서 지금은 조속하고 원만한 통일을 위해 통일을 준비할 때다.

"준비된 통일은 축복입니다."

내가 장관 재임 시에 방독하여 만난 Richard von Weizsäcker 독일 통일대통령이 내 손을 꼭 잡고 한 말이다. '한국인들은 꼭 통일할 것이고, (독일보다) 더 잘하게 될 것'이라고 덧붙였다. 그와 약속한대로 나는 이 고마운 말씀을 이후 통일 강연에서 한국 국민들에게 전해왔다.

　여기서 상술하지는 않겠지만 나는 장관 재임 시에 통일 준비를 통일정책의 중심에 두었다. 통일 준비란 국민의 통일 의지를 결집하고, 통일외교를 강화하며, 통일재원을 비축하고, 북한 주민과 탈북민을 포용하며, 통일한국의 제도를 미리 마련하는 일 등을 포괄하는 적극적 통일정책의 개념이다. 그 연장선상에서 나는 당시에 '통일 항아리(Unification-jar)'를 만들어 민간단체로 하여금 통일 준비를 위한 국민성금을 모금하게 하였다. 우여곡절을 거친 끝에 지난 2024년 남북협력기금 내에 계정이 마련되어 모금운동을 주관한 사단법인 **통일을 생각하는 사람들의 모임**은 통일부에 성금 9억 원을 기탁하였다. 많은 금액은 아니지만 우리 국민이 자발적으로 모은 최초의 공식 통일 준비기금이라는 데에 의의가 있다고 본다. 통일 항아리의 명(銘)은 국민의 통일 의지를 결집하고 그것을 대내외, 특히 주변국과 북한 주민들에게 알리는 신호효과(signal effects)에 있다. 통일 항아리로 상징되는 통일 준비가 정권과 관계없이 꾸준히 추진되기를 기대한다.

　통일해야 한다. 그리고 지금은 통일 준비할 때다. 우리가 나서야 남들도 따른다. 그래야 하늘도 돕는다.

 **사회통합의 시각에서 본 남북한 통일**

배규한

I. 민족, 국가, 사회

인간은 타고난 생물학적 한계로 인해 홀로 살아가기 어려우며, 다른 사람들과 관계를 맺고 협력하는 공동생활을 통해서만 생존할 수 있다. 수백 년 또는 수천 년 오랜 세월을 함께 살아오면서 혈연, 언어, 문화, 정체성, 역사적 경험 등 수많은 공통 요소를 지닌 공동체를 민족(ethnic group)이라고 한다. 모든 민족의 공통점은 오랜 시간에 걸쳐 형성된 역사적·문화적·정서적 유대를 기반으로 끊을 수 없는 동류의식과 결속력을 지니고 있다는 것이다. 이러한 유대는 구성원 서로에게 '우리'라는 의식을 갖게 하며, 운명 공동체로서 외부의 위협이나 도전에 하나로 뭉쳐 대응하게 한다.

세계에는 수많은 민족이 있다. 민족을 어떤 관점(인류학적·언어학적·사회학적·정치학적)에서 보느냐에 따라 다를 수 있지만, 일반적으로는 세계에 5,000~7,000개의 민족이 있다고 본다. 대륙별 민족 수를 보면, 아시아가 2,000~3,000개로 가장 많고, 아프리카에 2,000개 이상, 아메리카에 1,000개 이상, 오세아니아에 300개 이상, 유럽에

80~150개의 민족이 존재한다.

　민족은 집단의 생존과 존속을 위해 자연스럽게 보다 조직적이고 공식적인 국가(state) 공동체로 발전하게 된다. 국가는 명확한 영토, 주권(국내외 정치적 권력의 독립성), 그리고 국적을 가진 국민으로 구성되는 정치적·법적 조직체로서, 법과 제도를 통해 질서를 유지하며 공동목표를 추구한다. 현대 국가는 경제·국방·교육·복지 등 여러 방면에서 국민의 삶에 직접적인 영향을 미치는 다(多) 기능적 조직체이다.

　민족이 문화공동체인 데 비해 국가는 정치공동체이다. 그러므로 민족과 달리 국가의 구성원은 같은 문화나 언어를 공유하지 않을 수도 있다. 예컨대, 인도는 2,000개 이상의 민족으로 구성돼 있으며, 1,600개 이상의 언어(방언)와 22개의 공용어를 사용한다. 인도네시아도 1,300개 이상의 다양한 민족·언어권으로 구성돼 있으며, 나이지리아는 250개 이상, 러시아는 190개 이상, 중국은 56개 이상의 민족으로 구성돼 있다.

　민족과 국가는 일치할 수도 있고 일치하지 않을 수도 있다. 다시 말하면, 하나의 민족이 여러 국가에 나눠질 수도 있고, 하나의 국가에 여러 민족이 공존할 수도 있다. 사회통합의 시각에서 본다면 가장 이상적인 형태는 민족과 국가가 일치하는 민족국가(nation-state)이다. 그러나 세계적으로 다문화·다민족 구성 비율이 계속 증가하고 있어 현대에 단일 민족 국가는 거의 없는데, 대한민국은 단일 민족국가이다. 일본·아이슬란드 등은 비교적 단일 민족 국가에 가까운 형태이다.

사회(society)는 일정한 공간에서 서로 영향을 주고받으며 각 부분이 삶의 다양한 기능을 분담하는 일상의 생활공동체이며, 대개 민족 또는 국가 단위로 형성된다. 사회는 경제적 생산과 분배, 정치적 결정과 갈등 조정, 문화적 전통의 계승과 창조 등 다양한 활동을 함께 하며, 이러한 모든 기능이 유기적으로 연결될 때 비로소 안정적으로 유지된다. 다시 말해, 사회는 상호의존적 체계를 기반으로 운영되는 거대한 협력의 공간이다.

한 사회가 집단으로서 강한 결속력과 잠재력을 갖기 위해서는 사회조직체의 각 구성 요소들이 자율적으로 작동하면서도 상호의존성이 높은 전체성을 유지할 수 있어야 한다. 이러한 전체성의 내용과 정도를 나타내는 개념이 바로 사회통합(social integration)이다. 사회통합 개념은 19세기 이후 새로 형성된 산업사회를 분석하는 과정에서 사회과학계에 널리 사용되기 시작했다. '통합'이란 본래 부분들을 결합함으로써 전체를 형성하는 것을 의미한다. 따라서 사회통합은 사회조직체의 모든 구성 요소들이 상호 관련되어 하나의 전체를 이루는 과정 또는 그 전체성의 정도를 뜻한다.

사회통합은 개념적으로 보면 두 가지 차원으로 구분될 수 있다. 하나는 구조적 차원으로서 사회 체제 내 제 부분 간의 일치성 및 전체성의 정도에 관한 것이다. 다른 하나는 심리적 차원으로서 자신이 속한 사회에 대해 구성원으로서 느끼는 연관성 또는 귀속 의식의 강도(强度)에 관한 것이다. 사회통합은 공동체의 안정과 발전에 핵심적인 요소이며, 사회 구성원 간의 심리적 유대, 구조적 상호의존성, 공동체적 목표의 공유가 얼마나 이루어져 있는지 등을 보여준다.

어떤 사회든 완벽하게 통합된 사회는 없다. 그것은 하나의 이상이고 추구해야 할 목표일 뿐이며, 사회마다 통합의 정도에 차이가 있다. 사회는 통합의 정도가 높을수록 질서정연하고 안정적이며, 통합의 정도가 낮을수록 무질서하고 불안정하다. 구성원들의 삶은 사회통합의 정도가 높을수록 안정되고 평화로우며, 사회통합의 정도가 낮을수록 혼란스럽고 불안해진다.

사회는 다양한 부분의 상호의존적 체계이므로 구성원 간의 유대와 통합을 바탕으로 유지되고 기능할 수 있다. 사회통합을 위해서는 사회구조가 상호보완적이고 효율적으로 움직여야 함은 물론, 구성원들이 공통의 가치와 문화적 기반을 갖추고 있어야 한다. 사회통합의 시각에서 단일 민족국가가 이상적이라는 이유도 바로 여기에 있다.

II. 한 민족, 두 국가의 비극

대부분 민족은 역사적 과정을 거치며 하나의 국가 또는 다민족국가를 형성하였으며, 현재 세계에는 195개의 공인된 국가가 있다. 193개는 유엔(UN)이 인정한 정식 회원국이고, 나머지 2개는 유엔의 옵서버 국가인 바티칸(Vatican City)과 팔레스타인이다. 그러나 '대만'처럼 국제적으로 널리 인정은 안 되지만 사실상 독립한 지역도 많으므로 '국가'의 개념을 어떻게 정의하느냐에 따라 그 수는 237개까지 늘어날 수 있다.

이들을 살펴보면 민족 단위가 그대로 국가로 발전한 사례도 있지만, 같은 민족이 여러 국가로 나누어지거나 한 국가 안에 다수 민족이 공존하는 사례도 많다. 민족은 다른 모든 것에 우선하는 유대감과 결속력을 지니기 때문에, 하나의 민족이 완전히 다른 두 체제, 두 국가로 갈라져 서로를 적대시하면서 장기간 대립하는 사례는 극히 드물다. 대한민국과 북한은 같은 민족이 두 개의 민족국가로 나누어진 특이한 사례이다.

사회통합의 관점에서 보면, 하나의 민족이 두 개의 국가로 분리되는 것은 사회적 안정성을 근본적으로 해치는 문제를 안고 있다. 많은 동질적인 요소를 공유한 하나의 '민족'이 두 개의 다른 국가로 분리되면, 두 국가 모두 전체성 훼손으로 사회통합이 심각하게 저해되며, 사회 혼란과 여러 사회문제로 이어지기 때문이다. 특히 서로 다른 이념과 정치 체제를 기반으로 하는 두 국가로 분리되어 있으면, 체제 경쟁, 군사적 긴장, 이념적 갈등이 끊임없이 조장되며, 장기적으로 민족 내부의 대립과 불신이 커진다. 국가 간 갈등은 어디에나 있지만, 종교나 이념의 차이로 인해 다른 국가로 나누어진 민족 내부의 갈등은 더욱 심각해질 수 있다. 같은 민족은 지리적으로 가까이 있고 동질적이므로 얽히고설켜 분리될 수 없는 수많은 문제가 양 국가에 걸쳐 나타나기 때문이다.

한반도는 지난 반만년 동안 하나의 언어, 하나의 문화, 하나의 정체성을 지닌 하나의 민족이 함께 살아온 공간이다. 더욱이 한민족이 7세기 이래 1,300여 년이나 단일국가로 살아온 것은 대단한 축복이다. 그러나 한민족 단일국가는 1910년에 주권을 상실하고, 1945년부터 국제적 냉전의 소용돌이에 휘말려 38선을 기준으로 남과 북으로 분단되었다. 그리고 체제와 이념의 차이에 따라 1948년 남과 북에 각각 다른 국가가 건국됨으로써 분단 상태는 장기적으로 고착되었다.

남북 분단은 단순한 정치적 사건이 아니라 민족의 정체성을 뒤흔드는 비극이었다. 남북한은 6·25 전쟁이라는 동족상잔의 참극(慘劇)을 겪었으며, 6·25 전쟁의 피해는 이루 말할 수 없이 컸고 남북한 모두에게 끔찍한 상처를 남겼다. 6·25 전쟁에 따른 남북한의 피해가 얼마나 컸는지 살펴보면 다음과 같다.

먼저 남한의 인적 피해를 보면, 대략 군경 전사자 14만 명, 부상자 45만 명, 그리고 민간인 사망·실종 37만 명, 부상자 22만 명 등으로 전체 인명 피해는 최소 100만 명 이상으로 추정된다. 북한은 공식 자료를 공개하지 않아 정확히 알 수 없지만, UN이나 미국의 다양한 연구 결과에 따르면 북한의 인명 피해 역시 100만 명 이상으로 추정된다. 여기에 중공군(약 40만 사상), UN군·미군(사망 3.6만)까지 포함하면 6·25 전쟁으로 인한 총사상자는 300만~400만 명에 이른다.

물질적 피해를 보면, 남한의 발전소·철도·공장 등이 대부분 파손되는 등 전체 산업시설의 43%가 파괴되었고, 주요 도시(서울·인천·대전 등)의 70~80% 이상이 파괴되었다. 남한 전체 인프라의 절반 가까이가 잿더미로 변한 셈이다. 공식 통계는 없지만, 북한도 주요 도시 75% 이상이 파괴되고, 산업 기반은 사실상 전면 붕괴한 것으로 추정된다. 당시 북한은 공업 비중이 높아 산업 기반 피해가 남한보다 더 컸을 것이다. 남북한은 서로 국가 존립이 흔들릴 정도의 초대형 피해를 주었을 뿐 아니라, 한반도 전역이 폐허가 되어 한민족의 경제적·사회적 기반이 거의 다 무너졌다.

그 외에도 6·25 전쟁은 사회적으로 천만 명에 이르는 이산가족을 만들었고, 생존 이산가족의 70% 이상이 서로 다시 만나지 못한 채 생을 마감하고 있다. 단일 민족으로서는 세계적으로 유례가 없는 장기적 가족 단절이다. 그리고 같은 혈연과 문화적 정체성을 지닌 사람들이 전쟁과 분단으로 인해 서로를 의심하고 적대시하는 상황은 한민족의 역사가 겪은 가장 깊은 상처라고 해도 과언이 아니다.

III. 분단으로 인한 지속적 희생

남북한은 모두 6·25 전쟁 이후에도 계속해서 분단으로 인한 엄청난 대가를 치러야만 했다. 분단 상태가 80년이나 이어지면서 엄청난 희생이 계속 누적되고 있다.

가장 직접적인 피해는 북한 주민들에게 나타난다. 북한은 공산주의 체제를 택하여 분단과 대립을 이유로 통제를 강화했고, 주민들의 정치적 자유와 자유로운 경제활동을 봉쇄했다. 이로 인해 북한 주민들은 인권 침해 및 만성적인 기근과 결핍에 시달리며, 기본적인 자유와 권리를 박탈당한 채 억압된 삶을 살아가고 있다. 정보 접근 차단, 시장경제 부재 등은 북한 주민들의 정상적인 사회적 삶을 구조적으로 방해한다. 분단 체제가 유지되는 한 북한의 권력 구조는 바뀌기 어려우며, 주민들의 이러한 고통은 해소될 수 없는 구조적 문제로 남아 있을 것이다.

대한민국은 자유민주주의 체제를 채택했음에도 불구하고 역시 분단에 따른 값비싼 대가를 치르고 있다. 외형적으로는 경제발전과 민주화를 이룬 성공적인 국가로 보이지만, 그 이면에는 분단에 따른 여러 부담이 아직도 무겁게 자리 잡고 있다. 우선 군사적 긴장은 한국 사회의 일상 속에 깊이 녹아 있다. 한반도는 세계에서 가장 군사적 긴장도가 높은 지역 중 하나이며, 전쟁 위험이 상시 존재하는 불안정성은 외국 자본 투자에 큰 부정적 요인으로 작용한다.

한국은 분단으로 인해 미·일·중·러 등 주변 강대국에 구조적으로 의존할 수밖에 없게 되어 자주외교가 어려워지고 전략적 자율성이 감소하며, 정책 선택에 심각한 제약을 받는다. 분단의 이미지는 국제 사회에서 큰 외교적 부담이며, 북핵 문제, 인권 문제 등으로 불필요한 외교 부담을 키우기도 한다.

분단은 경제적으로도 크나큰 비용을 발생시킨다. 남한은 세계적으로 GDP 대비 높은 국방비를 지속적으로 지출하며, 청년들은 장기간 군 복무로 인해 자신의 인생을 유연하게 설계하는 데 어려움을 겪는다. 북한은 경제력의 20~30% 이상을 군사 부문으로 흘려보냈다. 만약 분단되지 않았다면 남북한이 국방비로 지출한 막대한 자원의 상당 부분은 교육·복지·과학기술 등의 분야에 투자될 수 있었을 것이다.

그뿐만 아니라 분단은 남북한의 경제 교류와 산업협력을 차단해 한민족의 경제권을 충분히 확장하지 못하게 하는 결과를 초래했다. 남북 철도·도로 단절, 자원개발 제약 등으로 유라시아 대륙 철도와 무역의 이익을 얻지 못했을 뿐 아니라, 광물 자원, 노동력, 시장 확대 등 남북 경협의 잠재력을 상실했다. 전문가들은 군사비, 주한미군유지비, 대북 지원, 정치적 비용 등을 포함한 대한민국의 분단유지 비용을 연간 수십조 원에서 100조 원에 이를 것으로 추산하고 있다.

분단은 사회적으로도 엄청난 희생을 가져왔다. 남북한의 체제경쟁은 불필요한 갈등을 지속시키며, 한국 사회가 더 큰 통합과 안정으로 가는 데 피할 수 없는 장애물이다. 냉전기에는 안보를 명분으로 독재정권, 보안법 강화 등이 정당화됨으로써 언론과 시민의 자유가 제약되었고, 정치적으로 민주주의 발전이 지체되었다. 같은 민족임에도 서로를 '적'으로 바라보는 심리적 단절 및 서로에 대한 편견과 차별로 인해 민족 내부에 적대감이 형성되었다. 남한에서는 극심한 이념 대립이 보수·진보 간 정치적 갈등의 큰 원인이 되고 있으며, '반공' '종북' 등의 프레임으로 공론장이 분열되고 사회통합이 저해된다.

분단은 문화적 측면에서도 큰 희생을 초래했다. 남북이 서로 다른 언어 정책을 펴면서 어휘·표현·번역 체계가 달라져 언어와 문화에 간극이 커졌다. TV·영화·음악 등 문화가 완전히 분리되고 상호 생소해짐으로써 민족공동체의 유대감이 약화되었다. 역사적으로도 같은 사건을 남북이 완전히 다르게 서술함으로써 민족사의 인식에 괴리가 커졌다.

요컨대, 남북 분단은 엄청난 인명 손실, 군사·안보 부담, 국가의 전략적 자율성 제약, 경제적 부담, 가족 공동체 해체, 문화적 단절, 북한의 인권·경제 파탄, 남한의 이념·정치적 분열 등의 결과를 초래했다. 한민족 분단의 희생은 물리적 피해를 넘어 세대 전체에 걸쳐 삶의 모든 영역에 영향을 미쳤다. 분단은 단순히 남북의 물리적 분리뿐 아니라 사회통합의 저해 요인으로 작용함으로써 미래 발전의 잠재적 역량을 제한하는 구조적 문제를 야기한다.

IV. 통일이 가져다줄 이익

통일이란 둘 이상의 이질적 단위를 하나로 합치는 것을 말한다. 따라서 무엇을 하나로 만드느냐에 따라 통일은 여러 가지로 정의될 수 있지만, 일반적으로는 이질적 정치 체제를 하나로 합치는 정치적 통일을 의미한다.

남북한 통일은 어떤 이익을 가져다줄까? 단기적으로 혼란과 조정 과정이 있을 수 있고, 통일 직후에는 행정적·경제적 혼란이 발생할 수도 있다. 그러나 통일의 장기적 이익을 고려한다면 이러한 단기적 혼란은 충분히 감수할 가치가 있다. 통일은 한민족이 다시 하나의 공동체로 통합되고 협력하며 세계적 경쟁력을 키울 수 있는 기반이 될 것이다. 남북한이 통일될 경우, 남한과 북한이 각각 얻을 수 있는 주요 이익은 다음과 같다.

1. 대한민국이 얻을 이익

첫째, 안보 측면에서 군사적 긴장이 완화되고, 사회 전체가 안정된다. 국경에서의 우발적 충돌 가능성이 거의 사라지고, 핵·미사일 위협이 감소하며, 중국·러시아 등 주변국과의 군사·외교적 긴장도 완화될 것이므로 국방비 지출이 크게 줄어든다.

둘째, 새로운 시장이 확대된다. 북한 지역에 약 2,500만 명 규모의 새로운 소비·노동 시장이 열리며, 북한의 노동력 및 산업 기반과 남한의 자본·기술·인프라가 결합 되면 엄청난 경제적 시너지가 발생할 수 있다.

셋째, 풍부한 지하자원을 활용할 수 있다. 북한 지역에는 희토류·석탄·철광석·마그네사이트 등 천연자원이 풍부하다. 남한의 기술과 자본을 투입하면 안정적 공급망을 확보해 고부가가치 산업을 육성할 수 있다.

넷째, 인구 구조가 개선된다. 남한은 급속한 고령화와 저출산 문제를 겪고 있는데, 북한의 비교적 젊은 인구 유입은 노동력 부족 완화에 크게 기여할 것이다.

다섯째, 통일은 사회문화적으로도 큰 이익을 가져다줄 것이다. 남북한 간 이질성을 해소하는 데 다소 시간이 걸리겠지만, 장기적으로 보면 단절된 언어·문화·가족을 회복함으로써 문화적 다양성과 국제적 경쟁력을 높여줄 것이다.

2. 북한이 얻을 이익

첫째, 북한이 통일로 얻을 이익은 무엇보다 우선 개인의 자유와 시장경제이다. 분단을 핑계로 형성된 김씨 왕조의 전체주의 체제가 와해되면, 모든 주민은 정치적 자유를 얻을 뿐 아니라, 거주 이전과 경제활동의 자유를 누리게 될 것이다.

둘째, 경제적으로도 북한은 엄청난 이득을 얻을 수 있다. 남한의 투자·기술·인프라 지원을 받아 에너지·전력·도로·철도·통신 등 절대적으로 취약한 인프라가 빠르게 개선된다. 농업·공업·서비스업 전반의 생산성도 크게 향상될 것이다. 경제 자유화와 시장 접근 확대로 식량·의료·교육·주거 등 기본 생활 조건이 개선됨으로써 생활 수준이 획기적으로 향상될 것이다.

셋째, 사회·복지 수준이 크게 향상된다. 교육 투자 확대 등으로 인력의 질적 수준이 높아지고, 보건·의료 시스템의 현대화로 평균 수명이 늘어난다. 북한 주민의 인권과 복지, 거주이전의 자유도 대폭 확대된다.

넷째, 정치적·제도적 안정을 얻게 된다. 국제 사회에 복귀함으로써 국제적 제재가 해제되고, 남북통일 체제 안에서 법·제도가 일원화됨으로써 일상적 삶의 불확실성이 사라진다.

다섯째, 크나큰 군사·안보적 이익을 얻을 수 있다. 체제 존속의 위험이 사라지면서 핵·미사일 개발 비용을 경제·복지로 전환할 수 있으며, 장기간 군사적 긴장으로 발생한 식량과 생필품 등 자원 부족 문제가 해소될 것이다.

3. 남북한 공동의 이익

첫째, 통일은 한반도의 군사적 긴장을 근본적으로 해소할 수 있다. 휴전 상태가 지속하는 한 언제든지 갈등이 폭발할 위험이 존재하지만, 통일이 되면 이러한 위험이 사라진다. 국방비와 병역 부담이 경감되고, 젊은 세대는 더 창의적이고 생산적인 활동에 집중할 수 있게 된다. 이는 사회 전체의 생산성을 높이며 고도성장의 발판이 될 것이다.

둘째, 경제적 측면에서도 통일은 거대한 시너지를 창출할 수 있다. 북한 지역은 지하자원이 풍부할 뿐 아니라 지리적으로 중국·러시아와 인접해 있어 북방경제권으로 확장하는 데 유리하다. 부산-나진-시베리아로 이어지는 철도를 통해 유럽까지 바로 연결함으로써, 유라시아 철도·물류 허브를 구축할 수 있다. 남한의 자본과 기술력, 북한의 인력과 자원, 그리고 북방경제권의 전략적 가치가 합쳐지면, 통일 한국은 동북아 경제의 중심지로 도약할 것이다.

셋째, 관광·문화산업의 시너지 효과를 기대할 수 있다. 한반도에서 군사적 위협이 사라지면, 판문점과 철책선, 대전차 방어진지나 DMZ의 생태환경 등 분단의 아픔이 생생히 남아 있는 곳곳의 현장은 세계적 관광지로 부상할 잠재력을 지니고 있다.

넷째, 통일은 한국의 국제적 위상을 크게 높여줄 것이다. 통일 한국은 경제 규모나 군사력 측면에서 종합적으로 세계 5위권까지 도약할 수 있으며, 동북아에서 가장 영향력 있는 중견국으로 부상할 것이다.

다섯째, 통일은 수천 년 이어온 민족의 정체성을 회복시켜 줄 것이다. 분단은 한민족 내부의 갈등을 심화시켰을 뿐 아니라 민족의 역사적 연속성을 단절시켰다. 그러나 통일은 이 상처를 치유하고 미래 세대에게 더 안정되고 확장된 국가 비전을 제공할 것이다.

요컨대, 통일은 단기적으로 비용이 들지만, 장기적으로는 한반도 전체의 경제·안보·인적 역량을 크게 강화하는 결과를 가져올 것이다. 대한민국은 시장 확대, 안보 안정, 자원 확보를, 북한은 생활 수준 개선, 인프라 확충, 경제 정상화를, 그리고 양측은 모두 평화와 번영을 이루게 될 것이다. 민족적 화해와 협력이 이루어진다면 한민족은 세계 질서 속에서 주도적인 역할을 할 수 있는 중요한 기반을 마련할 수 있다. 사회통합의 관점에서 볼 때, 통일은 분단으로 인해 저하된 사회적 자본을 회복하고 민족적 역량을 극대화하는 최선의 길이다.

V. 통일과 두 국가론

1. 통일의 비용과 위험 요소

통일은 단기적으로 상당한 비용을 요구하며 사회적으로 큰 충격을 가져올 수도 있다. 통일에 따른 위험 요소를 분야별로 정리해 보면 다음과 같다.

첫째, 엄청난 경제적 부담을 감당해야 한다. 북한의 사회간접자본(도로·철도·전력·통신 등)이 미비하고 낙후되어 있으므로 이를 남한 수준으로 재건하려면 큰 비용이 필요하다. 그리고 북한의 주거·의료·교육·환경과 빈곤층·귀환자·이주민 지원에도 천문학적 비용이 발생한다. 일부 연구자들은 이러한 비용을 800조 원에서 2,000조 원까지 추정하기도 한다. 이는 국가 재정 부담에 과부하를 가져옴으로써 세금 인상 또는 국가 부채 증가 등으로 이어질 수 있다. (독일은 통일 당시 동독 지역 지원에 20년간 약 2조 유로 이상 투입했다고 하는데, 우리도 분단유지 비용에 조금만 더 보태면 장기적으로 통일비용을 감당해 나갈 수 있을 것이다.)

둘째, 통일은 남북한 노동 시장에 충격을 줄 수 있다. 급격한 시장 개방으로 북한 기업이 대량 도산하거나, 북한 주민이 대거 남한 지역으로 이동함으로써 남한의 주택이나 일자리 등에 혼란을 초래할 수 있다.

셋째, 남북한 간 문화와 가치관의 충돌로 사회적 혼란이 야기될 수 있다. 80년이나 분단 상태로 살아온 남북한은 생활 방식이나 법제도 및 사회적 인식에 큰 차이를 보이므로 남북한 주민 간 갈등이 발생할 수 있다. 남한 중심의 경제 구조로 통일될 경우, 북한 지역은 '내부 식민지화'처럼 느낄 우려가 있으며, 이는 남북한 간 사회적 분열과 갈등으로 이어질 수도 있다.

넷째, 정치·제도적 위험 요소이다. 체제와 시스템이 다른 남북한의 법과 제도를 일원화하는 일은 매우 복잡하고 많은 시간이 걸릴 것이다. 기존 북한 체제의 빠른 붕괴는 남북한에 공히 혼란을 발생시킬 가능성도 있다.

다섯째, 안보적 위험 요소가 대두될 수 있다. 예컨대, 체제 붕괴형 통일 과정에서 통일에 반대하는 무장집단이 등장할 수 있고, 핵·미사일·무기 관리에 위험이 따를 수도 있다. 무기 관리에 실패할 경우 국제적 위기 요인이 될 수 있으므로 핵시설과 군비 처리를 위한 국제적 협력이 필수적이다.

2. 그래도 통일해야 한다!

우리나라는 유구한 역사를 통해 형성된 단일민족공동체로서 높은 결속력을 유지해 왔으며, 그 결과로 단일 민족 국가를 이루었다. 현재 세계적으로 명확하게 단일 민족이 두 개의 민족국가를 이루고 있는 사례는 한민족의 남·북한이 유일하다. 아일랜드·북아일랜드와 아랍 민족(이집트·시리아·요르단)의 사례는 민족 개념이 모호하여 엄밀한 의미에서 "단일 민족, 두(세) 국가"로 보기 어렵다.

한반도에 다시 하나의 통일된 민족국가를 건설하는 것은 선택의 문제가 아니라, 한민족이 풀어야 할 역사적 소명이다. 얼마 전까지만 해도 통일은 남북을 통틀어 전 민족의 바람이었고 소원이었다. 남북한 학자가 함께 참가하는 심포지엄이나 민간교류 단체 행사 뒤

풀이 모임에서 남북 인사들이 함께 어울려 "우리의 소원은 통일"이라는 노래를 같이 부르기도 했다.

그런데 김정은은 2023년 12월 30일 조선노동당 중앙위 제8기 제9차 전원회의에서 느닷없이 "북남 관계는 더 이상 동족 관계가 아닌 적대적인 두 국가 관계, 전쟁 중에 있는 두 교전국 관계로 완전히 고착되었다."라고 선언했다. 2024년 1월 김정은은 최고인민회의에서 '통일' '민족단합' 등의 표현을 삭제하는 헌법 개정을 지시했고, 그해 10월 북한은 '대한민국을 철저한 적대 국가'로 규정한 개정 헌법을 공개했다. 그리고 얼마 후 평화통일위원회, 국가경제협력국, 금강산 국제관광행정국 등 통일과 남북 교류를 담당하던 기관들을 모두 해체한다고 발표했다.

전문가들은 이러한 조치를 "시장경제 및 외래 정보와 남한 문화 유입에 따라 취약해진 체제를 결속하기 위한 전략적 조치"이며, "통일을 포기하고 체제 생존에 전념하겠다는 의도"라고 분석한다. 다른 평가에서는, 북한이 "통일 민족주의 대신 체제 우월성을 중심으로 내부 정당성을 재구성하려는 정권 강화전략의 일환"이라고 본다. 북한이 "핵이나 외교 문제에서 남한을 배제하고 미국을 직접 상대하려 한다."는 해석도 있다. 어느 쪽이든 이러한 입장은 민족적 관점에서 심각한 문제를 안고 있다. 민족의 정체성을 부정하고 분단을 고착시킴으로써 장기적으로 한민족 전체의 미래를 희생하는 결과로 이어질 것이기 때문이다.

더욱 우려스러운 점은 대한민국의 일부 인사들이 김정은의 주장에 호응하여 "한반도 두 국가론"을 주장하거나 이에 동조하는 경향을 보이는 것이다. 남북한이 사실상 두 개의 국가로 운영되고 있고 UN에도 같이 가입해 있으니, 현실을 그대로 인정하자는 것이다. 이러한 주장은 얼핏 "현실론"처럼 보이지만, 민족적 관점에서 큰 위험성을 지닌다. 두 국가론은 단기적으로 북한의 전체주의 체제가 지속하도록 도와주며, 장기적으로는 통일의 싹을 자르는 위험한 발상이다. 통일을 포기하는 것은 헌법 제3조(대한민국의 영토는 한반도와 그 부속도서로 한다)에 위배될 뿐 아니라, 국제적으로 공인된 대한민국의 영토를 스스로 축소하는 것이므로 역사의 큰 죄인이 되는 길이다.

역사는 언제나 장기적 관점에서 평가된다. 통일 문제는 당대의 불편함이나 경제적 부담을 넘어 민족적 책임과 역사적 사명이라는 관점에서 접근해야 한다. 분단 상태가 지속하는 한, 앞에서 살펴본 민족의 비극이나 희생은 누적될 수밖에 없다. 통일을 반대하거나 회피하려는 태도는 후손에게 더 큰 부담을 물려주고 한민족의 미래를 제약하는 결과를 초래할 것이다. 국가백년지대계의 역사적 시각에서 볼 때, 분단은 재앙이며 통일은 축복이다. 분단의 재앙을 통일로 종식해야 한다.

결론적으로, 사회통합의 관점에서 볼 때 통일은 남북한의 구조적·심리적 혼란을 해소할 수 있는 최선의 유일한 길이며, 한민족의 국가번영을 가능하게 할 뿐 아니라 세계 속으로 뻗어 나갈 수 있게 하는 토대가 된다. 통일은 이 시대 한민족의 가장 중요한 역사적 과업이다. 분단의 비극을 끝내고 민족적 공동체성을 회복하며 세계 속의 새로운 도약을 이루기 위해 반드시 통일을 이루어야 한다. 통일의 과정이 쉽지는 않겠지만, 그 결과는 분명히 한민족 모두에게 밝은 미래를 열어줄 것이다.

3 독일 통일의 대차대조표
: 분단비용, 통일비용, 그리고 통일편익[1]

이봉기

I. 시작하는 말

1990년 10월 3일 독일 통일은 우리 사회에, 통일비용에 대한 논의의 물꼬를 열었다. 독일에서 들려오는 천문학적인 통일비용에 대한 우려로 통일에 반대하는 의견이 증가하였다. 그러나 이러한 통일비용 논란은 독일이 통일이 된 지 얼마 되지 않아서 아직은 통일에 대한 편익이 가시화되기 전에 일어난 문제이다. 통일비용 논의는 분단에 따른 분단비용 그리고 통일에 따른 통일편익과 비교하여 논의되어야 하는데, 통일초기에는 통일편익을 구체적으로 평가하기 어려웠기 때문에 사회 전체가 통일비용에만 함몰하는 문제가 나타났다. 이러한 결과로 통일비용을 부담해야 하는 미래 세대인 젊은 층에서 통일을 부정적으로 보는 시각도 늘어났다.

---

1) 이 글은 월간지 『북한』에 2025년 1월에 실렸던 필자의 "독일의 통일비용, 분단비용 그리고 통일의 대차대조표"를 수정, 보완한 것이다.

남북한 통일의 필요성을 묻는 여론조사에서 분단 기간이 길어지면서 통일을 원하는 비율이 점차 낮아지고 있다. 통일연구원의 2025년도 통일의식조사에서는 2014년에 통일의식조사를 시작한 이래 "통일이 필요하지 않다"라고 답한 응답자의 비율이 처음으로 과반수를 넘어 51%로 나타났다. 일반적으로는 분단의 장기화에 따라 분단이라는 현실에 익숙해짐으로써 통일에 대한 관심이 점차 약화되고 있는 것으로 볼 수도 있을 것이다. 그러나 서울대 통일평화연구원의 2024년도 통일 필요성에 대한 여론조사에서는 통일에 반대하는 가장 큰 이유로 "통일 시 경제적 부담(33.9%)"과 "통일 이후 나타날 사회적 문제(27.9%)"로 답하고 있기도 하다. 이것은 한 민족, 한 나라였던 집단적 기억이 점차 약화되는 풍화 현상을 시간의 탓으로만 돌려서는 안 되는 다른 이유가 있다는 것을 보여주고 있다. 이러한 현상은 같은 분단국이었던 서독에서도 나타났다. 물론 1989/90년 통일 당시에도 서독 주민의 통일 염원(76%)이 높았다. 서독에서 적은 비율이기는 했지만, 통일에 반대했던 가장 큰 이유의 하나는 "통일로 서독에서 삶의 수준이 악화된다"는 것이었다(Glaab, 1999).

과연 독일 통일에서 이러한 염려가 현실화되었을까? 이 글의 목적이 이에 답하고자 하는 것인데, 이에 대한 답을 먼저 해 보면 그렇지 않다는 것이다. 이러한 상황은 우리 사회의 적극적 대응이 필요하다는 것을 보여주고 있다. 특히 통일에 대한 잘못된 인식이 확산되는 것을 막아야 할 필요가 있다는 것을 보여준다. 시간의 풍화로 약화되는 집단적 기억을 방지할 책임이 있으며, 통일에 대한 잘못된 인식, 부정적 평가, 과도한 경계가 우리 사회에 확산되는 것을 현재의 세대가 막을 때, 미래 세대가 한민족에 대한 집단적 기억을 온전히 유지하면서 통일에 대비할 수 있을 것이다.

이 글에서는 분단비용, 통일비용 그리고 통일편익에 대한 독일 통일 사례를 통해, 남북통일이 되면 경제적 부담으로 남한에서 삶의 수준이 악화된다는 생각이 잘못된 인식이라는 것을 밝혀보고자 한다. 우리 특히 젊은 세대가 통일을 반대하는 이유인 통일에 따른 경제적 부담은 사실 독일 통일 초기에 국내에서 집중적으로 논의된 독일의 통일비용에서 영향을 받은 바가 크다고 할 수 있다. 이것은 독일통일 초기에 통일편익을 배제한 상태에서 통일비용만을 대상으로 논의가 이루어졌기 때문에 발생한 문제이다. 그러나, 독일 통일 30년이 지난 지금은 통일편익도 추산할 수 있게 되었기 때문에 비용과 편익 모두를 고려하여 독일 통일을 평가하는 것이 가능해졌다. 이러한 균형 잡힌 시각을 가지고 독일 통일의 사례를 통해 우리가 통일에 따른 경제적 부담을 우려해서 통일하지 않는 것이 과연 올바르고 합리적 판단인지를 가늠해 볼 수 있을 것이다. 글의 순서는 먼저 분단비용을 살펴보고 통일비용과 통일편익을 논하기로 한다.

II. 분단비용(1950-1990: 4,985억 유로)

독일의 통일이 구동독 지역 경제적 재건과 동서독 정치, 사회적 통합을 위한 비용을 필요로 한다면, 독일의 분단도 마찬가지로 분단을 관리하기 위한 비용을 야기하였다. 분단비용은 통일국가였다면 발생하지 않았을 지출로 국가가 분단 상태를 관리하기 위해 소요되는 비용(직접비용과 간접비용)의 총합이라고 할 수 있다. 따라서 분단비용은 국가 분단으로 인해 발생하는 정치적, 경제적, 사회적, 군사적 비용을 의미한다. 그리고 이러한 독일의 분단비용은 독일이 1990년 10월 3일 통일이 되면서 사라지게 되었다. 통일이 되면 분단비용은 소멸되지만, 분단이 지속되게 되면 분단비용도 따라서 증가하게 될 것이다.

베스트(Heinrich Best)와 게바우어(Ronald Gebauer)는 베를린 자유대학에서 한국 통일부의 용역사업으로 진행한 독일통일 총서 사업의 연구자 페니히(W. Pfennig) 박사의 연구 결과를 보완하여 1950년부터 1990년까지 서독의 분단비용을 총 3,292억 마르크로 추산하였다. 이를 1990년을 기준연도로 하여 물가상승률을 반영한 가격으로 조정하면, 분단비용은 약 9,750억 마르크가 되며, 이를 고정환율(1 유로=1.955 마르크)을 적용하여 유로로 환산하면 약 4,985억 유로가 된다(<표 1> 참조).
아래의 <표 1>에서 보듯이 분단비용에는 우리의 통일부에 해당하는 서독 전독문제부 및 내독관계부 예산 144억 마르크, 동독의 감옥에서 수감생활을 하던 정치범을 서독으로 석방하기 위해 지출한 비용 86억 마르크, 미국 등 연합군 주둔 비용 524억 마르크, 서베를린 및 접경지역 지원 예산 2,255억 마르크, 서독 주민이 동독을 방문할 때 동독 정부에 지불해야 했던 비자발급료 및 통행료 78억 마르크 등이 포함된다. 이외에도 서독을 방문한 동독 주민에 대한 긴급 의료지원을 위해 지출된 비용도 분단비용에 포함하고 있다.

〈표 1〉: 서독의 분단비용(1950-1990)[2]

항목	기간	분단비용(DM)
전독문제부/내독관계부	1950-1990	14,448,428,500
서베를린 지원	1950-1991	217,383,247,700
서베를린에 대한 세금 경감	1989	4,800,000,000
접경지역 지원	1974-1990	3,423,775,061
연합군 주둔 비용	1950-1990	52,433,331,500
강제환전금(동독 방문 시)	1964-1989	4,500,000,000
정치범 석방거래 및 인도적 지원	1963년 이후	8,589,000,000
베를린 마리엔펠데 긴급수용소	1955-1990	246,039,757
동독 탈주민 지원	?	2,700,000,000
동독 탈주민 숙소 건설	?	500,000,000
서독 방문 환영금	1984-1990	4,071,903,328
우편 서비스 일괄 지불	1967-1989	1,880,000,000
동독 방문 비자료 및 통과료 지불	1972-1989	7,800,000,000
서베를린과 서독 간 연결도로 유지, 확충, 건설	?	4,600,000,000
서베를린과 서독 간 통과도로 교통위반 벌금	1984	7,000000
동서독 간 국경 지역 영토 교환	1971-1988	111,000,000
서독 방문 동독 주민에 대한 긴급의료지원	1988	43,000,000
재정 기부(교회 차원의 동독 목사 급여 지급 등)	1950-1990	1,683,153,000
	합계	329,219,878,846

2) 출처: H. Best/R. Gebauer, Die Kosten und Ertraege der Wiedervereinigung Deutschlands(2020.11.19.)

앞에서 적시된 분단비용이 모든 비용을 포함하고 있지는 않고 있다. 예를 들면 분단으로 인한 안보 위협에 대비하기 위하여 국방비 지출도 통일 상태보다도 분단 상태에서 더 많은 지출을 하였으므로 분단비용에 추가해야 할 것이다(이러한 비용의 일부는 여기서 계산되기도 하였다). 그리고 사회적 비용으로 이산가족 고통, 사회적 분열, 전쟁의 공포와 같은 무형의 비용도 발생하였고 국제적 신뢰 하락 및 국제무대에서 외교적 대결 비용도 산정하기 어렵지만 분단비용에 속한다고 할 수 있다.

한 가지 더 첨언하자면, 지금까지의 분단비용 관련 연구들은 거의 모두 남한의 분단비용에만 초점을 맞추어 왔으며, 북한이 분단으로 인해 부담해 온 비용은 분석에 포함하지 않았다. 그러나 분단은 북한에도 구조적·체제적 비용을 지속적으로 야기해 왔다는 점에서, 이를 분단비용에 포함하는 것이 타당하다. 북한의 분단비용은 남북 간 경제력 격차로 인해 절대적 규모에서는 남한보다 적을 수 있으나, 분단으로 인해 발생한 비용의 범위와 강도는 오히려 남한보다 클 가능성이 있다. 북한의 경우에도 분단비용이 재정지출이나 명목 GDP 손실로도 포착되기도 하겠지만, 더 큰 문제가 되는 것은 장기 성장 경로의 왜곡, 제도적 비효율의 고착, 국제 분업으로부터 배제되는 형태로 누적되어 왔기 때문에 비용의 질적 범위가 남한보다 더 광범위하다고 평가할 수 있다.

Ⅲ. 통일비용(1991-2016: 1조 9천억 유로)

독일에서 통일비용은 1990년 10월 통일 이후 구서독 지역에서 구동독 지역으로 지원되는 공공부문의 이전금액을 의미하여, 이전의 주체는 독일 연방정부, 주정부(서독 지역), 사회보험이며, 여기에 유럽연합의 지원을 포함하고 있다.

독일 정부는 통일비용을 1998년까지만 발표하고(표 2 참조) 이후에는 공식적으로 발표하지 않았다. 발표하지 않는 이유로 공식적으로는 통계상 구서독 지역과 구동독 지역으로 나누는 것이 더 이상 어렵다는 것을 들었지만, 실제로는 통일비용이 정치적 쟁점의 중심에 있어서 통일비용을 둘러싼 논쟁을 피하려 한 측면도 있었던 것으로 보인다. 〈표 2〉는 위의 정의에 따라 1991년부터 1998년까지 구서독 지역에서 구동독 지역으로 이전비용, 즉 통일비용을 정리한 것이다.

<표 2>: **구동독 지역에 대한 공공부문의 재정이전**(1991-1998), 단위=10억 DM[3]

	1991	1992	1993	1994	1995	1996	1997	1998	합계
1. 총재정이전(A)	139	151	167	169	185	187	183	189	1,370
연방정부	75	88	114	114	135	138	131	139	934
서독 주정부와 지자체	5	5	10	14	10	11	11	11	77
사회보험	24	29	23	30	33	31	34	32	236
독일통일기금	31	24	15	5	-	-	-	-	75
EU의 대동독 이전	4	5	5	6	7	7	7	7	
2. 재정이전금 지출 내역									
사회보장	56	68	77	74	79	84	81	84	603
보조금	8	10	11	17	18	15	14	16	109
투자	22	23	26	26	34	33	32	33	229
일반 재정교부금	53	50	53	52	54	55	56	56	429
3. 동독 지역의 재정수입(B)	-33	-37	-39	-43	-45	-47	-47	-48	-339
연방 세수	-31	-35	-37	-41	-43	-45	-45	-46	
연방행정수입	-2	-2	-2	-2	-2	-2	-2	-2	
순재정이전(A-B)	106	114	128	126	140	140	136	141	1,031
독일 전체 GDP 비율(%)	3.7	3.7	4.0	3.8	4.0	4.0	3.7	3.7	
서독 GDP 비율(%)	4.0	4.1	4.5	4.3	4.6	4.5	4.2	-	
동독 GDP 비율(%)	51.5	42.9	39.6	34.4	35.2	33.9	32.2	-	

---

3) 출처: Rudolf Hickel, 「독일통일 10년에 대한 중간평가」(프리드리히 에버트재단, 2000)

우선 통일비용은 총이전액과 순이전액으로 구별할 수 있다. 총이전액은 구서독 지역에서 구동독 지역으로 이전된 전체 금액을 의미한다. 표 2에서 보듯이 1991년의 총재정이전액은 1,390억 마르크이다. 순이전액(A-B)은 총재정이전액(A)에서 동독 지역에서 연방에 납부한 세금, 사회보장 기여금 등(동독 지역의 재정수입: B)을 감액한 것으로, 1991년 동독 지역의 재정수입액은 330억 마르크이며, 따라서 순이전액은 1,060억 마르크가 된다.

통일비용의 용도별 지출 내역을 보면 1991년의 경우 사회보장비로 560억 마르크를 지출하고 있으며, 이는 순이전액의 50%를 넘어서고 있다. 그리고 총이전액이 서독 GDP에서 차지하는 비율은 4%이고 동독 GDP에서 차지하는 비율은 51.5%에 이르고 있어 이전금액이 동독 GDP에 얼마나 큰 비중을 차지하고 있는지를 알 수 있다. 다만 통일비용이 동독 GDP에서 차지하는 비율은 점차 감소하여 1998년에는 32.2%였고, 현재는 많이 감소하였다.

이전비용으로 위의 통일비용에 포함되지 않은 통일에 따른 비용으로서 통일 관련 특별비용도 통일비용으로 감안하여야 한다. 동독의 국가 및 대외부채 141억 유로와 화폐통합으로 발생한 645억 마르크의 비용은 채무정리기금으로 이관되었고, 동 기금이 폐지된 1994년 12월 31일까지 총부채는 524억 유로였고, 동 금액은 채무정리기금이 폐지되면서 구채무상환기금으로 다시 이관되었다.

그리고 신탁관리청을 통한 동독 국영기업 사유화로 인해 발생한 적자 금액 1,050억 유로가 발생하였고 동 채무는 신탁청 폐지와 함께 마찬가지로 구채무상환기금으로 이관되었다. 이외에도 지방 공공임대주택 부문의 부채 160억도 구채무상환기금으로 이관되었다.

이로 인해 구부채상환기금은 1,719억 유로로 출발하게 되었고, 1997년에는 구동독의 공공기관(학교, 문화 청소년 센터 등)의 기존 부채 약 43억 유로도 구채무상환기금에 포함되었다. 구채무상환기금의 부채 규모는 2002년에 1,813.8억 유로에 달하였고 현재는 모두 상환된 것으로 간주하고 있다.

여기에 다시 1994년 동독 지역에서 철수한 소련군의 철수비용도 통일비용에 포함하여야 하며 독일 정부는 약 120억 마르크(61억 유로)를 지원하였다. 따라서 이들 일회성 통일비용을 모두 합하면 총 1,875억 유로에 이른다. 여기에는 동독이 남겨 놓은 환경오염 정화를 위한 비용(연방정부가 60-75% 부담하고 해당 주정부가 25-40% 부담)은 포함되지 않았다.

이 글에서는 순이전비용으로 통일비용을 베스트(H. Best)와 게바우어(R. Gebauer)가 추정한 대로, 즉 통일 이후 2016년까지 총 1조 7,200억 유로로 추정하였다. 순이전비용에 일회성 비용으로 통일비용으로 추가할 수 있는 항목이 동독 국유재산을 사유화하면서 발생한 적자와 화폐통합으로 발생한 비용 그리고 동독의 채무 등인데 이들 합계는 위에서 산출한 대로 1,875억 유로로 계산하였다. 따라서 2016년까지 순이전비용과 통일 관련 특별비용을 합하면 통일비용은 1조 9천억 유로로 추정할 수 있다.

Ⅳ. 통일편익

통일편익(統一便益, Wiedervereinigungsnutzen, unification benefits)
이란, 국가 분단 상태가 해소되어 하나의 통일 국가로 전환됨으로써
발생하는 정치적·경제적·사회적·문화적 이익의 총합을 의미한다.
대표적인 통일편익으로는 독일이 통일됨으로써 분단 시기보다 안보
상 위협이 사라지면서 감소한 국방비 지출을 들 수 있다. 일종의 평
화 배당금이라고 할 수 있는 금액이 통일로 분단의 적대가 해소됨
으로써 절약될 수 있게 된 것이다. 구체적으로는 독일 내부 동서독
간 국경 유지, 국경 부대 유지 등이 국방비 감소의 요인이 되었다.
독일 연방군은 분단 시기 495,000명에 이르기도 하였으나(동독 인민
군은 약 168,000명 수준), 현재는 180,000명 정도를 유지하고 있으며,
2011년부터는 서방 선진국 중에서 유일하게 운영하고 있었던 징병
제를 폐지하고 모병제로 징병 방식을 바꾸었다.

서독이 경제적으로 강력하였던 1970년대 초반 국방비는 전체 국
민총소득의 3.1%였고 1990년까지는 적지만 감소하는 추세를 보였
다. 통일과 함께 국방비는 감소하기 시작하였고, 2013년에는 전체
국민총소득의 1.2%까지 감소하였고 이후에는 유사 수준이 지속되
기도 하였다(1991년부터 2016년까지 실제 독일 국방비가 GDP에서 차지하
는 비율은 1.14%~2%였다). 베스트와 게바우어는 통일로 인해 발생한
감소된 국방비를 산출하기 위하여 다음과 같이 가정하였다. 1970년
대 및 1980년대의 위기 상황이 지속되어 전체 국민총소득의 3.1%가
국방비로 지속 지출되는 것으로 가정하였고 통일 이후 실제로 지출

되고 있는 국방비와의 차액을 평화 배당금, 즉 통일편익으로 산정하였다(World Bank에 따르면, 서독의 국방비는 1960년 이후 1962년 GDP의 6.2%로 최대치를 나타냈으며, 1979년까지 3.5%로 점차 감소하였고 1980년대는 4.3%로 다시 증가하기도 하였으며, 1990년 통일 시에는 3.3%였다. My Data Jungle에 따르면, 서독의 국방비는 1960년 이후 1962년 GDP의 4.9%로 최대치를 나타냈으며, 1970년부터 1990년까지는 2.5%에서 3.3%를 유지하였다. 물론 우크라이나 전쟁 이후 다시 국방비는 증가하고 있고, 2025년에는 GDP의 2.4%를 국방비로 지출하고 있으며, 2029년까지 3.5%까지 증액한다는 계획을 가지고 있다. 그러나 이는 통일과 무관한 새로운 외부의 안보 위협으로 발생한 것으로 보아야 할 것이다). 국방비 절감액 규모만을 가지고 통일편익을 산출하였지만, 군 복무기간이 감소하고 징병제가 모병제로 변경됨으로써 사회경제적으로 기여한 부분도 경제적으로 산출하기 어렵지만 이것 역시 통일편익이라고 할 수 있다.

〈그림 1〉의 가장 상단에 있는 실선(③)은 통일이 없었다고 가정한다면, 서독 총 GDP의 3.1% 수준의 국방비가 차지하는 액수이며, 매년 국방비의 절대적 금액은 계속 증가하는 것으로 볼 수 있다. 그러나 가장 아래에 있는 두 실선은 실제에 있어서는 통일 이후 10년간 절대적인 국방비가 감소했음을 보여주고 있는데, 가장 아래에 있는 실선(②)은 서독에 해당하는 국방비 지출이고 가장 아래의 바로 위에 있는 실선(①)은 통일 독일의 실제 국방비 지출을 의미한다. 즉 1991년(3%)부터 국방비가 점차 감축되기 시작하였으므로 국방비 절감액을 보여주는 점선(④)은 점차적으로 증가하는 모습으로 나타나고 있다. 2018년 연간 국방비 절감액은 540억 유로로 증가하였고, 베스트와 게바우어는 1991년부터 2016년까지 국방비 절감액이

8,620억 유로로 달하는 것으로 계산하였다. 즉 동 금액은 분단이 지속된다고 가정하면 서독이 지출해야 했던 국방비라고 할 수 있다.

〈그림 1〉: 통일에 따른 평화를 전제로 한 통일 전후 국방비 지출액 비교

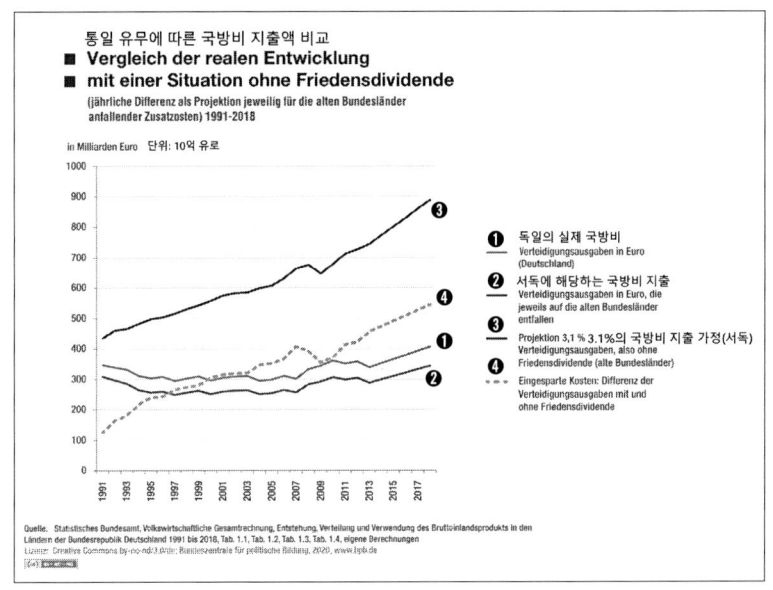

베스트와 게바우어는 이러한 금액을 대표적인 통일편익으로 보았다. 베스트와 게바우어는 계산하지 않았지만, 국방비에서 1950년부터 1990년까지의 분단비용 산출도 가능한 것으로 보인다. 즉, 2013년 통일 독일이 국방비로 지출하고 있는 전체 국민총소득의 1.2%를 기준으로 1950년부터 1990년까지 서독이 매해 1.2% 이상을 국방비로 지출한 금액의 총계를 분단비용으로 산출할 수 있을 것이다.

통일편익의 또 하나 중요한 요소로 통일 이후 구동독 지역 주민이

구서독 지역으로 이주하여 경제활동을 하면서 납부한 세금과 사회보장 기여금도 통일편익에 포함하여야 한다. 이를 위해 베스트와 게바우어는 구동독 지역에서 구서독 지역으로 이주한 구동독 지역 주민을 250만 명으로 추정하였다. 또한 서독기업들은 통일로 인하여 구동독 지역에서의 내수 판매가 증가하였고 구동독 지역 주민의 소득 상승으로 인한 소비의 증가도 있었다. 아울러 통일로 시장 규모가 커지면서 규모의 경제가 작동하였고 이는 국제시장에서 서독기업의 경쟁력을 증가시켰다. 이 또한 수출증가로 이어졌으므로 이러한 서독 기업들의 통일로 인한 흑자에 따른 세수 증가도 통일편익으로 보아야 한다. 이러한 통일 편익을 계산하기 위하여 베스트와 게바우어는 울리히 블룸(Ulrich Blum)의 계산 방식을 도입하여 2016년까지 구서독 지역으로 이주한 구동독 지역 주민이 납부한 세금과 사회보장기여금, 그리고 서독 기업의 수출 증가에 따른 세수 증가액 등을 총 1조 4천억 유로로 추정하였다.

그러면 통일 이후 2016년까지의 국방비 감소에 따른 통일편익 8,620억 유로에 2016년까지의 구동독 지역 주민의 구서독 지역으로 이주에 따른 세수 증대 및 사회보장 기여금 그리고 통일에 따른 서독 기업의 흑자로부터 발생한 세수 증대 산출 금액 1조 4천억 유로를 더하면 통일 이후 2016년까지 총 통일편익은 2조 2,620억 유로가 된다.

여기에서는 통일편익에 우선 수치화할 수 있는 두 가지 대표적 영역만 계산하였는데, 통일이 가져온 구동독 지역 주민의 자유 획득과 이에 따른 정치적 발전, 사회적 안정 및 경제적 규모 확대 그리고 통일 독일의 국제적 위상 증가에 따른 국익 증대 등도 금액으로 환산하기 어려운 통일편익이라고 할 수 있을 것이다.

V. 독일 통일의 대차대조표

1. 통일비용 vs 분단비용+통일편익

앞에서 산출한 독일의 분단비용(1950-1990), 통일비용(1991-2016), 통일편익(1991-2016)에 근거해 이제 독일 통일의 경제적 득실을 확인해 보고자 한다. 즉 분단 상태의 유지가 이익인지 통일을 이루는 것이 이익인지를 살펴보기로 한다. 여기서 우리는 2016년까지를 기준으로 통일비용, 통일편익을 산출하였다. 그리고 분단비용은 1990년까지 분단이 야기한 비용이고 통일로 더 이상 지출이 되지 않게 되었으므로 통일편익의 일종으로 계산될 수 있다.

통일비용, 즉 구동독 지역으로의 순이전비용은 1조 7,200억 유로이고 여기에 통일에 따른 여러 가지 일회성 특별비용 1,875억 유로를 더하면 2016년까지의 총 통일비용은 약 1조 9천억 유로로 추산할 수 있다. 분단비용으로 1950년부터 1990년까지 지출된 금액은 총 4,985억 유로로 산정하였다. 통일편익은 두 가지로 산출하였는데, 하나는 통일 이후 국방비 지출 감소로 절약한 8,620억 유로이고 다른 하나는 구서독 지역으로 이주한 구동독 지역 주민이 납부한 소득세 등 세금과 사회보장 기여금, 그리고 서독의 기업이 수출흑자(동독 시장 포함) 등으로 납부한 법인세 등으로 합계는 1조 4천억 유로이다. 따라서 이러한 두 가지의 통일편익 금액을 합하면 2조 2,620억 유로가 된다. 이러한 통일비용, 분단비용 그리고 통일편익은 〈표 3〉과 같이 정리할 수 있다.

〈표 3〉: 독일 통일의 대차대조표

(단위: 유로)

		통일비용		분단비용	통일편익	
		순이전비용	일회성 비용		국방비 감소	세수 등 증대
		1조 7,200억	1,875억	4,985억	8,620억	1조 4,000억
계		1조 9,000억		4,985억	2조 2,620억	

통일비용에서 분단비용과 통일편익을 더한 금액을 뺄 때, 금액이 플러스가 나오면(통일비용 > 분단비용+통일편익), 통일비용이 더 큰 셈이므로 적어도 경제적으로는 분단이 통일보다 이익인 것이고, 마이너스가 나오면(통일비용 < 분단비용+통일편익), 통일에 따른 이익이 분단보다 더 큰 것이므로 적어도 경제적으로는 분단보다 통일이 이익이 되는 것이라고 볼 수 있다.

〈표 3〉에 따라 2016년까지의 통일편익(분단비용+통일편익) 2조

7,605억 유로에서 통일비용 1조 9천억 유로를 빼면 8,605억 유로의 통일편익이 남는다. 따라서 통일로 2016년까지 독일은 8,605억 유로 (한화 약 1,463조 원, 1유로=1,700원)의 이득을 본 것이라고 할 수 있다.

2. 통일편익에 계산되지 않은 통일편익 그리고 통일비용

여기서 통일편익은 국방비 감소분과 동독 주민이 서독으로 이주하여 납부한 세금과 사회보장기여금 그리고 구서독 지역의 기업의 시장 확대 등에 따른 세수 증가분만을 계산하였다. 그러나 이외에도 특히 서독 주민에게만 통일편익으로 계산될 수 있는 항목들이 다수 있다. 우선 정치사회문화 분야에서 엘리트 이동으로 인하여 서독 주민들이 가질 수 있었던 혜택이다. 전체 독일 인구에서 구동독 지역 주민이 차지하는 비율은 약 19.4%이다. 그러면 독일 전체의 엘리트 지위에서 구동독 지역 주민이 차지하는 비율도 19.4%에 가까워야 한다. 그렇지 않다면 이것은 통일이 서독 주민에게 더 많은 기회를 제공한 것이 된다. 라이프치히 대학이 약 2,800개에 이르는 독일의 정치, 경제, 언론, 대학, 법률, 군대 등 전체의 엘리트 지위에서 구동독 지역 출신이 차지하는 비율을 조사하였다. 이에 따르면 2018년에는 이러한 엘리트 지위에 동독 출신이 10.9%였고, 2022년에는 12.2%인 것으로 조사되었다. 이것이 의미하는 바는 통일이 서독 주민에게 많은 기회로 다가왔다는 것이다. 이러한 이익이 통일편익에는 산정되지 않았다.

경제적 분야에서 서독 주민이나 서독 기업에게만 돌아간 통일편익이 있다. 1990년 동서독이 통일이 되면서, 동독의 국영기업을 경쟁력 있게 개편하고자 약 13,000 여개에 이르는 동독 국영기업을 사유화하였다. 사유화 결과 동독 국영기업의 80%는 서독 주민에게, 15%는 외국인에게, 그리고 단지 5%만이 동독 주민에게 소유권이 넘어갔다. 이렇게 서독 주민이 얻은 경제적 이익을 수치화하기 어렵겠지만 이것도 서독 주민에게는 통일이 커다란 기회를 가져다 준 통일편익이라고 할 수 있다.

통일이 되고 나서 많은 동독기업은 가격자유화 등으로 상품가격은 상승하고 또한 상품의 경쟁력이 낮아서 문을 닫을 수밖에 없었다. 이의 당연한 결과로 많은 소비재, 즉, 자동차, TV, 냉장고, 세탁기 등은 서독에서 생산되는 제품을 동독 주민이 구입할 수밖에 없었다. 이것이 의미하는 바는 서독은 통일로 인해 새로운 1,600만 명의 소비시장을 가질 수 있었다는 것이다. 이를 수치로 나타내는 통계는 〈표 4〉로 확인할 수가 있다. 1991년부터 1994년까지 서독 경제는 동독과 교역을 통해 매년 평균 1,800억 마르크의 흑자를 보았다. 이러한 교역상 흑자가 없었다면 서독의 사회적 생산은 매년 약 6-7% 정도 감소하였을 것이다. 여기서 연간 1,800억 마르크라는 수치는 사실 구서독 지역에서 구동독 지역으로 통일 초기에 통일비용으로 이전한 연간 금액과 비슷한 수치이다. 이를 달리 해석하면 구동독 지역에 지원한 통일비용으로 구동독 지역 주민은 구서독 지역의 상품을 구입하는 데 사용한 것이라고도 볼 수 있다.

<표 4> 동서독 간 상품과 서비스 교역량, (단위: 십억 마르크)[4]

	1991	1992	1993	1994
동독이 서독에서 구입	187.6	232.3	248.8	269.9
동독이 서독으로 판매	37.8	52.4	58.9	72.1
계	-149.8	-179.9	-189.9	-197.8

통일 이후 구동독 지역에서 인프라 건설이 동독 경제발전의 중심 축이었는데, 철도, 도로, 건축 분야에서 이를 수주하여 주도한 기업들은 거의 모두 서독 지역에 본사를 둔 서독 기업이었다. 독일은 통일과 함께 1991년 도로, 철도, 수로 등 동서독을 잇는 17개 교통프로젝트를 465억 유로의 재원을 마련하여 착수하였는데, 이러한 교통 프로젝트를 수주할 수 있는 기업들은 대부분 서독의 자본력과 기술력을 갖춘 기업들이었고 이러한 기업들은 본사가 있는 서독 지역에 세금을 납부하였기 때문에 이 또한 통일편익으로 계산될 수 있고 그 혜택은 서독 지역이 보게 되는 것이라고 할 수 있다. 이렇게 경제적인 측면에서만 보아도 통일편익이 통일비용보다 크고 그렇게 발생한 통일편익의 적지 않은 부분이 구서독 지역에서 실현되었다.

좀 더 자세한 연구가 필요하겠지만 통일 초기인 1992년부터 1996 년까지만 구동독 지역에서 건설경기 붐으로 인해 구동독 지역의 경제성장률이 구서독 지역에 앞섰고, 이후에는 거의 모든 해에 서독의

4) 출처: Stefan Bach, Dieter Vesper, "Finanzpolitik und Wiedervereinigung: Bilanz nach 10 Jahren", *Vierteljahrshefte zur Wirtschaftsforschung*, Vol. 69, p. 202.

경제성장률이 동독의 경제성장률을 앞섰다. 이렇게 하나의 경제권으로 통합된 이후에도 구서독 지역이 저발전지역인 구동독 지역보다 높은 경제성장률을 누릴 수 있었던 것은 아마도 구동독 지역이 구서독 지역의 소비시장으로 편입되어서 나타난 결과로 추론해 볼 수도 있을 것이다.

통일편익 중에는 경제적으로 환산하기 어려운 항목들이 앞에서 제시한 것 이외에도 있다. 통일 이후 구동독 지역에서 생활 및 노동 조건의 개선, 환경 오염의 정화, 의료시설 개선 등으로 평균 기대수명이 서독 수준으로 급상승하게 되었다. 1991/93년 기준으로(1991년/1993년에 출생한 사람을 기준) 동서독 남자의 평균 기대수명은 3년 2개월, 여성의 평균 기대수명은 2년 3개월 차이로 구동독 지역의 남성 및 여성의 기대수명이 짧았다. 2017/2019년 기준으로 평균 기대수명의 격차가 좁혀져 구동독 지역 남성은 구서독 지역에 비해 1년 4개월, 여성은 0.2개월의 차이가 나고 있다. 결국 통일 이후 2017/2019년에 태어난 구동독 지역 주민의 남성은 1년 8개월, 여성은 2년 1개월을 더 오래 살 수 있게 된 것이다. 동독 주민의 평균 기대수명이 거의 2년 가까이 늘어났고, 그간 1,600만 명의 동독 주민들이 몇 개월에서 최대 2년까지의 기대수명이 늘어난 것을 금전적으로 환산할 수 있을까? 그리고 통일로 동독 주민이 누리게 된 자유의 가치는 어떻게 금전적으로 환산할 것인가? 그리고 여기서의 통일편익은 2016년까지 통일에 따른 이익을 계산한 것이다. 통일편익은 앞으로 통일 독일이 지속되는 한 계속 증가할 것이므로 통일편익이 통일비용을 압도하게 되리라는 것은 의심할 여지가 없다.

통일비용과 통일편익의 균형 잡힌 논의를 위해 한 가지 더 확인해야 하는 사안이 있다. 정확한 금액을 산정하기는 어렵지만 아직도 구동독 지역으로 이전액이 존재하고 있다. 2019년 연대협약 II가 종료되면서, 구동독 지역에 대한 통일에 따른 별도의 지원 방식은 존재하지 않고 있지만, 서독에 통일 이전부터 존재하고 있었던 "주 정부 간 재정균형제도"와 "연방정부의 보조금"을 통해 구동독 지역이 구서독 지역보다 더 많은 재정적 지원을 받고 있다. 주 정부 간 재정균형제도는 부유한 주가 그렇지 못한 주를 재정적으로 지원하는 제도로 2024년에 총 186억 5천만 유로가 16개 주에 재분배되었는데, 베를린을 포함한 구동독 지역에 139억 유로가 분배되어 총 재분배액의 75%를 수령하였다. 물론 재분배에는 구서독 지역의 주정부도 포함되어 있다. 그리고 재정이 취약한 주정부에 지원하는 연방정부의 보조금은 2024년에 약 100억 유로 규모였는데, 구동독 지역 분배 비율을 주정부 간 재정균형제도와 같이 약 75%로 추산하면 75억 유로가 구동독 지역에 대한 보조금으로 지출된 것으로 볼 수 있으며, 나머지 25%는 구서독 지역에 보조금으로 지급된 것으로 계산할 수 있다. 이러한 두 가지 재정제도에 의해 2024년에 약 214억 유로가 구동독 지역에, 47억 유로가 구서독 지역에 지원된 것으로 볼 수 있다. 베를린의 경우 통일 이후 동서베를린이 통합되었으므로 베를린 지원액(39억 4,000만 유로)에 대한 절반은 구서독 지역 지원액으로 보는 것이 타당할 것이다. 어쨌든 현재 독일의 재정 제도하에서 동서독 지역 모두 지원 대상이 되고 있지만, 재정 자립도가 낮은 구동독 지역이 재정 지원을 상대적으로 더 많이 받고 있어, 이를 통일비용이라고 할 수도 있을 것이다. 그러나 이러한 지원은 구서독 지역도 받고 있으므로 구동독 지역 지원액 총액 모두를 통일비용이라고 할 수는 없다. 어쨌든 현재에도 통일비용이 발생하고 있지만, 통일편익이 이를 압도하고 있다는 것은 분명하다.

VI. 맺는말

이 글에서 서독이나 남한의 여론조사에서 통일을 원하지 않는 이유로 제시된 "통일에 따른 경제적 부담"은 적절한 근거가 되지 못할 뿐 아니라 오히려 그 반대라는 것을 증명하였다. 분단도 비용을 일으키고 있고 통일에 따른 편익까지도 고려한다면, 분단 상태 유지가 오히려 경제적 부담을 야기하고 있다고 보는 것이 타당할 것이다.

우리가 유의해야 할 것은 경제적으로 발전된 나라와 발전하지 못한 나라가 합처질 때, 필연적으로 나타나는 현상이 독일 통일에도 나타났다는 것이다. 동독은 서독의 소비시장과 원료시장이 되었고 노동 인력을 공급하는 노동시장도 되었다. 특히 같은 언어를 사용하고 교육 수준이 높은 동독 주민들의 서독으로 이주는 언어가 상이한 다른 민족의 이주보다 노동시장 통합에서 구서독 지역으로 하여금 훨씬 더 많은 이점을 누리게 하였다.

우리가 정말 염려해야 할 것은 결코 통일비용이 아니라 체제 전환

과정에서 북한 주민이 겪어야 할 고통이나 사회적 갈등을 어떻게 극복해야 할지에 대해 지금부터 염려하고 대책을 세워야 하는 것이다. 통일 이후 구동독 지역에 민주주의 정치체제나 자본주의 경제체제에 투입할 인력이 부재하여 구서독 지역 정치인이나 행정관료, 기업가 등이 구동독 지역에서 높은 지위를 차지하는 것은 피하기 어려운 현상이지만, 결국 이는 동서독 간 갈등 요인이 되기도 하였다. 남북한이 통일이 된다면 처음부터 북한 주민을 어느 분야에 어느 정도로 엘리트 직위에 강제 할당할 것인지에 대해서도 사전에 검토하고 준비해야 할 것이다. 통일이 왔을 때, 이에 대한 준비가 없다면 이를 실행하기 어려울 것이고 통일이 가져올 수많은 과제에 묻혀 우선순위에서 밀려나 잊혀 버릴 수도 있으며, 이는 장기적으로 사회적 통합에 많은 부정적 영향을 미칠 수 있다.

경제 부문에서도 독일 통일의 사례에서 보듯이 경제적 과실의 많은 부분들이 남한으로 흘러 들어가게 될 것이다. 그리고 그것은 일정 기간이 지나면 남한 주민이 부담하는 통일비용을 상회할 것이다. 통일이 된다면 정치경제적 전환과정에서 북한 주민들은 새로운 정치 및 경제 체제의 전환에 적응해야 하고, 과거 북한 체제가 남긴 이데올로기적 유산과 싸워야 하고, 노동시장에서는 높은 실업률로 삼중고를 겪게 될 것이다. 통일과정에서 고통은 북한 주민이 전담하고 정치적/경제적 과실은 남한이 가져가는 상황이 발생할 수도 있다. 이러한 체제 과도기적 상황에서 북한 주민을 체제 내로 수용하려면 연금, 실업보험, 의료보험 등에서 우리 남한사회보다 훨씬 혜택 수준이 높은 사회보장제도를 제공하는 과도기적 방안도 검토해야 한다. 우리가 언급하는 통일비용은 전체가 비용이라 할 수 없고 투자 성격을 갖는 것도 있기 때문에 남한이 부담하는 통일비용보다 통일에 따른 이익이 크게 상회하게 된다. 따라서 이러한 통일편익을 북한에도 고루 나눌 수 있는 방안을 마련해야 한다. 그렇게 하지 않는다면 체제 전환의 강을 남북이 함께 넘는 것이 매우 어려워질 것이다.

우리의 대북정책:
관점, 접근방법, 한계와 과제

최보선

I. 서언

무릇 한 국가가 대외정책을 공개적으로 천명하는 이유는 자국의 국가적 목표를 분명히 함으로써 정책 담당자에게는 행위 규율을 제시하여 표준화된 접근을 하도록 하고, 국민에게는 그 목표에 집중케 하여 불필요한 노력의 낭비를 방지하고, 관련한 논란을 최소화하는 데 있다. 또 대외적으로는 상대국으로 하여금 자국의 의도를 알게 함으로써 상호 이익이 되는 길을 모색할 수 있는 길을 열어주기 위함도 있을 것이다. 어찌 되었든 대부분의 정책은 가급적 구체성과 명료성을 가지려고 하며, 여태까지 우리의 대북정책도 여기에서 크게 벗어나진 않는다.

1948년 대한민국 정부가 수립된 이후 대북정책과 관련하여 우리 정부가 밝힌 첫 공식적인 입장은 이승만 대통령이 제헌의회에서 밝힌, 유엔과 협의하여 실시하는 '북한 지역 자유총선거론'이었다. 이것은 대한민국만이 유엔의 승인을 받은 한반도 내의 유일 합법정부라는 국제법적, 도덕적 우월성에 기초한 것으로써 북한당국의 존재를 철저히 부정하는 대신, 한반도 문제를 유엔을 통해 해결한다는 시각을 드러낸 것이었다. 4.19 혁명으로 집권한 장면 정부의 대북정책도 그 활발한 논의가 있었음에도 제반 상황으로 인해 이전 정부와 다른 정책을 공식화하진 못했다. 민주당 정부 때 대북정책의 무한한 확장 가능성에도 불구하고 뚜렷한 정책적 지향과 변화를 보여주지 못한 것은 집권 기간이 매우 짧았다는 것이 한 원인이었을 것이다.

대북정책에서 하나의 큰 전환은 1970년 박정희 대통령이 8.15 경축사에서 밝힌 '8.15 평화통일구상 선언'에서 이루어졌다. 이 선언에서 처음으로 한반도 북반부에 사실상의 정권이 있다는 현실을 인정하고[5], 그 전제 위에서 정책을 펼쳐나간다는 인식이 공식화되었다. 박정희 대통령도 집권 후 상당 기간 북한의 실체 인정을 통한 대북정책을 추진하기보다는 이전 정부의 정책 방향을 그대로 이어받으면서, 소위 '선 건설, 후 통일'로 표상되는, '정책을 펼칠 수 있는 역량 배양'에 역점을 두었다. 그러던 중 1960년대 후반부터 일기 시작한 동서 데땅트(détente) 움직임과 북한과의 관계에서도 국력 우위를 확보하기 시작했다는 판단이 대북 인식의 큰 변화를 만드는 계기로 작용했다. 그러나 '8.15 평화통일구상 선언'에 따른 대북인식의 커다란 전환에도 불구하고 대북정책의 구체적 실행은 이전과 크게 달라지지 않았다. 북한과의 경쟁·대결이라는 기본전제 위에 여기서 승리하는 것이 정책의 알파요 오메가였다. 국내적으로는 반공의식이 강

---

5) 이 선언에서 북한 측이 유엔의 권위와 권능을 수락하는 조건하에 유엔에서의 한국문제 토의에 '북한의 참석을 반대하지 않을 것'이라고 밝힘으로써 대한민국이 한반도의 유일 합법정부라는 종래의 입장을 사실상 변경하였다.

조되었고 국제 사회에서도 정통성과 체제우위 확보를 위한 경쟁외교, 홍보외교가 중시되었다. 그 후 간헐적으로 남북 간 상호 내정불간섭과 상호 불가침을 규정한 '6.23 선언'이라든지, 통일을 하나의 과정으로 보고 단계별 절차를 제시한 '민족화합 민주통일방안'과 같은 괄목할 만한 정책들이 제시되었으나[6], 이러한 것들이 이념과 체제 대결·경쟁의 논리에서 벗어난 진정한 정책으로까지 나아가는 데는 한계가 있었다.

진정한 의미의 대북정책은 탈냉전과 더불어 시작되었다[7]. 1980년대 후반 사회주의권 붕괴로 대북정책도 이념과 체제라는 거대한 제약요인에서 벗어나 제로섬(Zero-sum)이 아닌 공존과 협력이라는 구조적 전환을 이룰 수 있었다. 상대의 존재를 인정하더라도 정책의 지평이 상대와의 제로섬적 공존에 그친다면 정책의 확장성에 한계가 있다고 보아야 할 것이다. 탈냉전 이후 남과 북은 협상을 통해서 서로의 이익을 추구할 수 있는 공간이 열렸고, 각자의 대외관계에도 영향을 주는 대북, 대남 정책을 추진할 수 있게 되었다. 진정한 의미의 대북정책이라고 하는 또 다른 이유는 사회주의권 붕괴 이후 추진되었던 정책은 지금도 살아있는 정책으로 기능하고 있다는 점이다. 물론 그 중간에 많은 변용이 있을 수 있고 거기서 벗어난 극단

---

6) 통일을 상태가 아닌 일련의 과정으로 보는 이러한 관점은 이후 우리의 모든 통일방안에서 일관되게 견지되었으며, 각종 대북정책도 이러한 인식 위에서 제시되었다.

7) 이것이 그 이전의 정책들을 경시하거나 폄훼하고자 하는 것은 결코 아니다. 그 이전의 정책들도 모두 정도의 차이는 있지만 당시의 국내외 상황과 국민들의 대북인식을 반영하여 소기의 목적을 이루었고, 후속정책 추진의 바탕이 되었다. 정책은 어떤 측면 면면히 이어져 오는 것이지 어느 날 갑자기 출현할 수는 없다.

도 있을 수 있지만, 여야 간 정권교체를 통해서 각각 현실에서도 실행되어 본 역사를 지녔음은 물론 지금도 뚜렷한 대립항을 이루면서 정책으로서의 자웅을 겨루고 있기 때문이다. 따라서 지금까지도 대북정책 논의의 중심적 위치를 내주지 않는 '두 흐름,' 즉 포용론[8]과 원칙론[9]을 화두로 논의를 전개하고자 한다. 우리의 거의 모든 대북정책이 이 두 줄기 속에 녹여져 있다고 보기 때문이다.

Ⅱ. 얄타 전통과 리가 전통

포용론과 원칙론 모두 그 뼈대는 우리 스스로가 창안한 정책이 아니다. 냉전 시기 자유민주주의 진영, 서구 민주주의 국가들이 사회주의 진영의 국가들에 대한 정책, 보다 특정하게는 당시 사회주의 국가의 맹주인 소련을 어떻게 다루어야 할 것인가를 둘러싸고 전문가들, 정책 집행자들 사이에서 두 가지 큰 견해의 대립이 있었다. 포용론과 원칙론은 이 두 흐름의 철학과 논리를 한국적으로 바꾼 것이라고 할 수 있다. 따라서 냉전 시기 미국을 비롯한 서방 국가들의

---

8) 일반적으로 지칭하는 포용정책을 의미한다. 관여정책(Engagement Policy)은 원칙적으로 상대를 내버려두지 않고 관여를 통해 자국의 정책목표를 확장(Engagement and Enlargement)한다는 지향을 갖고 있는 바, 우리의 포용정책은 유화적인 측면을 상당히 지니고 있으므로 관여정책보다 포용정책이라고 명명하는 것이 일응 내용에 더 부합하는 측면이 있다.

9) 이 흐름을 통칭하는 특정 용어는 없다. 봉쇄정책과도 다른 부분이 꽤 있다. 일반적으로는 대북 강경정책이라고 이해하는데 공통적으로 원칙을 매우 강조한다는 점에서 '원칙론'이라고 부르기로 한다.

대소정책의 두 흐름, 즉 '얄타(Yalta) 전통'[10]과 '리가(Riga) 전통'[11]을 미리 살펴보고, 그 기초 위에서 우리 대북정책의 두 흐름을 살펴보는 것이 보다 효과적일 것이다.

제2차 세계대전이 연합국의 승리로 거의 굳어갈 무렵, 루즈벨트 대통령을 비롯한 연합국의 지도자들 사이에서는 자유민주주의 체제와 전혀 다르면서도 군국주의 세력에 맞서 연합해서 함께 싸웠던, 소련을 중심으로 한 사회주의 국가들을 전후 어떻게 다루어야 세계 전체의 질서를 평화적으로 이끌어 갈 수 있을까에 대해서 크게 고민하였다. 왜냐하면 소련은 이미 당시부터 자유민주주의, 자본주의 국가들을 적대시하는 정책들을 음으로 양으로 공공연히 표시했는데, 이들에게는 어떻게 하면 소련이 서방 자본주의 국가들을 적대시하지 않고 나아가 전 세계를 공산화하겠다는 잘못된 정책을 버리게할 수 있는가가 당면 과제였다. 이들은 세계대전이라는 큰 전쟁의 참화에서 벗어난 전후 세계는 자본주의 국가와 사회주의 국가가 서로 협력하고 조화하고 타협하면서 평화로운 세계 질서를 구축하는 것이 바람직하다고 생각하였다.

이들은 먼저 소련이 자본주의 국가, 서방국가를 적대시하고 공산화하려는 정책의 근원에는 소련이 가지고 있는 안보 불안이 있다고보았다. 소련이 서방 자본주의 국가들이 가지고 있는 경제적 우위,

---

10) 제2차 세계대전 말 크림반도 얄타에서 열린 회담에 참석한 연합국의 지도자들이 전후 세계 질서에 임하는 기본 생각과 여기에 기반한 정책 흐름을 말한다.
11) 라트비아의 수도 리가에서 소련을 연구한 전문가들이 대소정책을 바라보는 입장과 이에 기반한 정책 흐름을 말한다.

여러 가지 제도적 우위 때문에 결국은 사회주의를 지켜내지 못하고 자본주의 국가에 의해서 종말을 맞게 될 것이라는 불안을 해소하기 위해서 자본주의 국가에 대해서 적대적인 정책을 취하고 있다고 분석했다. 즉 소련의 대서방 적대시정책의 근원은 소련 내부에 존재하는 것이 아니라 소련 외부에 있고, 그것은 소련보다 훨씬 강력하고 제도화된 전통이 있는 서구 민주주의 국가들이 갓 혁명을 성공시킨 사회주의 국가 소련의 종식을 획책할 것이라는 안보 불안이라는 것이다. 따라서 그들은 소련이 갖고 있는 이러한 안보 불안감을 해소해 주면 소련도 적대시정책을 버리고 자본주의 국가와 협력해서 새로운 세계 질서를 구축해 나갈 것이라고 믿었다. 다시 말하면 이들은 소련의 대서방 적대시정책을 바꿀 수 있는 힘은 자본주의 국가 특히 미국에 있으며, 함께 연합하여 군국주의 세력과 싸웠던 때처럼 미·소 협력을 계속할 것인가의 판단과 선택권도 미국에 있다고 보았다. 따라서 미국을 비롯한 자본주의 국가가 소련과 사회주의 국가를 적극 포용하는 방향으로 정책을 펼치면 소련도 자본주의 국가에 대한 적대시정책을 포기할 것이므로 양 진영 간의 긴장, 대립, 충돌이 방지되고, 장기적으로는 협력을 통한 세계 질서 구축이 가능할 것이므로 이러한 방향으로 대소정책을 펼쳐야 한다고 하였다.

이에 비해서 라트비아의 수도 리가 등에 직접 가서 프라우다, 이즈베스티야, 타스통신 등 소련의 각종 매체가 언술한 내용 등을 집중적으로 분석하여 소련을 이해하고자 한 리가 전통은 소련의 대서방 적대시정책의 원인이 소련 자체가 아니라 소련 외부에 있기 때문에 자본주의 국가의 협력적, 포용적 입장을 통해서 이를 완전히 바꿀 수 있다고 믿는 얄타 전통이 소련 체제의 성격을 완전히 아전인 수식으로 해석하고 있다고 비판했다. 이들은 소련 자체가 지닌 사회주의의 논리, 철학, 세계관, 혁명 이론에 입각해서 나온 각종 저술, 언술의 내용 등에 비추어 보았을 때 양 진영 간의 협력을 불가능하게 하는 구조적 요인이 소련 내부에 존재한다고 보았다. 그들은 소련이 만성적으로 불안정한 사회라고 분석했다. 즉 소련은 자유민주주의 국가들처럼 정권을 안정적으로 이어가게 하는 제도적 시스템이 부족하여 기본적으로 불안정하므로 자기 내부를 효율적으로 지배하기 위해서는 항상 외부의 적이 필요한 체제라는 것이다. 그러므로 소련이 대서방 적대시정책을 취하는 것은 안보 불안감 때문이 아니라, 체제 자체가 본질적으로 갖고 있는 비효율을 변명하고 내부를 효과적으로 지배하기 위해 불가피하기 때문이며, 이 때문에 항상 서방국가를 적으로 만들어 외부의 적을 명분으로 내부의 단결을 도모하는 정책을 취한다는 것이다.

또한 사회주의 국가는 계급 간 투쟁을 통해 문제를 해결하는 것이 기본적 정치철학이고 가치관이기 때문에 타협과 합의의 전통이 전무하므로 자본주의 국가와 사회주의 국가가 타협과 협의, 합의를 통해서 장기적으로 공존하면서 세계 질서를 평화롭게 유지해 나간다는 것은 원천적으로 불가능하다는 것이다. 따라서 소련을 비롯한 사회주의 국가의 적대시정책이 현실화되고 실제로 실현되는 것을 방지하기 위해서는 봉쇄(Containment)를 통해서 대서방 적대시정책과 사회주의 혁명의 세계적 확산을 차단하는 것이 급선무라는 것이다. 이렇게 함으로써 궁극적으로는 내부의 효율에 문제가 있는 사회주의 국가가 장기적으로 스스로 약화되고 종언토록 하는 것이 비용과 후유증을 최소화하는 바람직한 정책이라는 것이다. 서방 국가들은 종전 후 처음에는 얄타 전통에 입각한 정책을 전개하다가, 소련이 베를린을 봉쇄하고 북한이 남침하는 등 적대시 정책과 팽창을 현실화하려는 움직임을 보고 후에 봉쇄정책적인 요소를 많이 도입하는 방향으로 정책을 수정하였다.

III. 포용론의 접근

포용론은 기본적으로 북한에 대한 낙관주의에 기반하고 있다. 우선 북한을 보는 관점에 있어서 포용론은 북한도 중국, 베트남, 몽골 등 여타 사회주의 국가들과 마찬가지로 이성적 판단을 하는 보통의 사회주의 국가이므로 대내외 환경의 변화에 맞추어 자기 스스로 변화할 능력이 있고, 이미 탈냉전 후 세계사의 조류에 상응하여 상당 부분 변화했다고 본다. 다만 그 변화가 우리의 기준으로 볼 때 '현상의 변화,' '비정치적인 변화'에 불과한 것으로 보일 수는 있지만, 머지않아 '본질적인 변화,' '정치적인 변화'로 연결될 것이며, 그것은 시간의 문제라고 말한다. 따라서 이들은 우리와 국제 사회가 북한이 변화할 수 있는 여건과 환경을 적극적이고 능동적으로 조성해 주어 북한 스스로 변화토록 하는 것이 효과적이므로, 남북 간 화해를 통해 북한과 우호협력 관계를 맺은 후, 계속해서 협조체제를 유지하는 것이 북한을 변화시키고 한반도의 평화와 남북 관계의 안정을 가져올 수 있는 지름길이라고 주장한다.

이들은 각종 경제지표를 종합할 때 남북 간의 경쟁이 끝난 지는 이미 오래이며, 북한은 더 이상 우리의 위협이 될 수 없다고 간주한다. 따라서 남북 간에는 대화, 접촉, 교류, 협력, 지원이 많으면 많을수록 우리에게 유리하며, 심지어 북한이 원하는 것을 대부분 들어주어도, 그것이 군사력 강화로 전용되든 북한 정권의 유지·연장·강화에 이용되든, 각종 부작용에도 불문하고 북한이 그것을 발판 삼아 우리의 위협 세력으로 재등장하는 일은 없을 것이라고 단언한다. '다다익선' 즉 보다 많은 대화, 보다 많은 접촉, 보다 많은 지원, 이런 것이 선이며 이것이 곧 우리의 사상, 제도, 문물, 문화 등을 북한에 침투시키는 것이고, 민족 동질성 회복을 촉진하는 것이며, 우리에 대한 북한의 의존을 심화시켜 결과적으로 남북 관계를 우리 주도로 가져오는 효과적인 방책이라고 본다.

포용론은 또한 북한이 현대 문명사회에서 그 유래를 찾아볼 수 없을 만큼 온갖 비정상적인 행태를 보이고, 핵과 미사일 등 대량 살상무기를 개발하는 원인을 북한이 갖는 '안보 불안감'에 기인한다고 판단한다. 그들에 따르면 북한의 정권 담당자들은 북한이 조금만 실수를 하거나 작은 허점만 보이면 미국을 비롯한 자본주의 국가들이 북한을 붕괴시키려고 호시탐탐 노리고 있다고 생각하는 '피포위의식(Siege Mentality)'에 사로잡혀 있으므로, 우리와 주변 국가들이 북한이 가진 이러한 안보 불안감을 해소하여 주면 북한도 '사회주의 정상국가'로 돌아올 것이라고 생각한다. 실제로 이들은 북한도 사회주의 정상국가로의 복귀를 원하고 있으며, 북한이 핵과 미사일 등 대량 살상무기를 개발하는 것을 붕괴 위험 없이 안전하게 사회주의 정상국가로 돌아가기 위한 수단을 확보하기 위한 방편으로 이해하기도 한다. 그래서 일부이긴 하지만 북한의 대량 살상무기 개발이 북한의 입장에서 보면 "일리가 있는" 정책이라는 견해를 피력하기도 하였다. 따라서 이들은 우리의 대북정책의 초점은 무엇보다도 북한이 가지고 있는 안보 불안감을 해소하는데 맞춰져야 한다고 강조하면서, 북한이 가진 안보 불안감의 기저에는 '한반도 냉전구조'가 자리 잡고 있다고 분석한다. 즉 한반도 냉전구조의 해체야말로 북한이 가지고 있는 안보 불안감을 근원적으로 불식시켜 북한이 자신 있게 변화의 길로 나올 수 있게 하고, 나아가 남북 관계 발전으로 이끄는 초석이라는 것이다.

그런데 포용론자들이 말하는 '한반도 냉전구조'가 구체적으로 무엇인지는 명확하지 않다. 일반적으로 말할 때 '구조(Structure)'란 우리 눈에 보이지는 않지만 일단 형성되면 우리가 느낄 수 있고 체험할 수 있는 현상들이 생겨나는 상황을 의미한다. 즉 구조는 이를 형성하는 주체 내지는 구성분자들의 상호작용에 의해 형성되지만 일단 형성되면 그 주체 또는 구성분자들의 행위와 존재 방식에 영향을 미치는 외적인 힘으로 작용한다. 그리고 이 구조에 적응하지 못한 주체들의 경우에는 심대한 이익의 훼손을 감수하거나 존속에 어려움을 겪는다.

포용론자들이 말하는 '한반도 냉전구조'도 아마도 이러한 개념 범주에서 크게 벗어나지 않을 것이다. 이들은 사회주의권 붕괴로 냉전질서가 세계적 차원에서 해체되었으나 한국과 주변 국가들은 의식적이든 무의식적이든 여전히 냉전의 연장선상에서 북한을 불신하고, 화해·협력·변화의 동반자로서 북한의 발전을 조장하기보다는 어떤 틀 속에서 보려는 관념이 팽배하다고 본다. 그리고 한반도에 어떤 사안이 발생할 경우 관행적으로 한·미·일 대 북·중·미 구도로 접근하려는 경향이 빈발한다는 것이다. 더욱이 탈냉전에 따라 우리는 중·러와 외교관계를 수립했음에도 북한과 미·일과의 관계 정상화는 아직 요원한 상황이 계속되고 있다는 것이다. 더욱이 한국 전쟁이 정전(停戰)된 지 70여 년이 지났음에도 아직 '종전 선언'도 이루어지지 않은 채 법적으로는 여전히 전쟁 상황이 지속되고 있는 것은 문제가 있다는 것이다. 즉 우리와 주변 국가들이 만들어낸 이와 같은 의식, 관행, 현실 등이 복합적으로 어우러져 한반도 냉전구조를 형성하고, 이것이 북한의 안보 불안감에 엄청난 외부 영향력으로 작용한다는 것이다. 따라서 북한에 대한 적대적인 의식, 한반도 문제는 무엇이든지 일단 남방 삼각(한·미·일) 대 북방 삼각(북·중·러)의 대결로 접근하려는 태도, 많은 전제조건을 붙인 미·북, 일·북 수교 문제 접근방식 등에서 탈피하고, 현 정전체제를 평화체제로 전환하는 등 '한반도 냉전구조'를 희석·해체하는 것이 우리가 해야 할 일차적 과제라는 것이다.

포용론은 또한 북한 핵 문제도 협상을 통해 해결할 수 있다고 본다. 그들에 따르면 핵과 미사일 등 북한의 대량 살상무기 개발 이유에는 전술한 바와 같이 체제 붕괴의 위험 없이 안전하게 사회주의 정상국가로 돌아가기 위한 안전판 마련이라는 측면이 있으므로, 그들의 안보 불안감을 해소해 주는 바탕 위에서 적절한 보상을 해 주면 비록 시간이 걸리겠지만 협상을 통해 북한 핵을 포기케 할 수 있다는 것이다. 그래서 이들은 북한 핵을 우선 동결시키고 충분한 대화와 협상 및 신뢰 축적을 위한 인내의 시간을 감내한다면 북한 핵이 해결 불가능한 과제가 아니며, 이 기간 동안 북한이 간헐적으로 긴장을 조성하고, 어떤 때는 국지적 도발까지 감행하는 비이성적인 행위를 하더라도 이는 자기들의 입지를 강화하고 보상의 판돈을 올리기 위한 전술적 계산으로 추정할 수도 있다는 것이다. 따라서 한반도 냉전구조가 해체되고 핵 문제를 둘러싼 포괄적인 빅딜(Big Deal)이 이루어지면 북한은 그야말로 전략적인 선택을 할 것이고, 이렇게 되면 전술적 운행으로서의 주기적인 긴장 조성, 도발 행위도 더 이상 존재할 필요가 없다고 본다.

마지막으로 포용론은 북한의 우리식 사회주의 즉 수령제국가라는 특수성을 인정하고 존중하여 인권 문제 등 북한이 꺼리거나 민감하게 생각하는 사안들에 대해서는 북한의 입장에서 또는 북한의 처지를 감안하여 일정 기간 정책 추진을 유보하거나 신축적으로 운용하는 것이 보다 효율적이라고 주장한다. 이들은 인권 문제 등이 지닌 보편성을 부정하지는 않지만, 우리가 북한 인권 문제 등을 적극적으로 제기하거나 국제 사회의 공론화에 보조를 맞추는 것에 대해 회의적이다[12]. 그래서 북한 인권 문제 등에 대한 국제 사회의 문제 제기나 결의 움직임에 대해 참여하기보다는 중립적이거나 방관자적인 자세를 취하는 것을 선호한다. 이들은 개별적이고 부분적인

---

12) 이재명 정부는 2025년 유엔 북한인권결의안에 공동제안국으로 참여하였다.

인권 사안에 대한 문제 제기가 북한당국의 반발을 가져와 전체 인민의 전반적인 인권 향상에는 오히려 부정적인 영향을 가져오거나 남북 관계 발전을 가로막지 않을까 우려한다. 또한 이들은 경제가 사실상 붕괴되고 만성적인 식량 부족 사태를 겪고 있는 북한에 있어서는 먹고 사는 문제, 즉 생존권적 기본권이 가장 중요한 인권이므로 자유권적, 정치적 인권을 제기하기보다는 각종 지원을 통해 생존권적 인권을 향상시키는 것이 북한 인권 문제를 다루는 보다 적절한 방법이라고 본다.

IV. 원칙론의 접근

원칙론은 "신뢰하라, 그러나 확인하라"는 경구를 중시한다. 이들은 북한을 여타의 사회주의 국가들과는 근본적으로 다른, 엄밀히 말해 사회주의 국가라고 말하기도 어려운, 특이한 '변종 사회주의 국가'로 본다. 북한은 사회주의 국가가 일반적으로 지니는 국가운영의 기본원칙, 운영 메카니즘으로부터 크게 벗어난 신념체계와 치국(治國, Statecraft)의 논리를 가지고 있고, 북한의 현 체제는 구조적으로 그러한 신념 체계와 치국의 논리를 스스로 바꿀 수 없는 체제라고 생각한다. 즉 북한의 현 체제는 스스로 변화할 수 있는 조건, 의지가 완전히 결여된 체제이며, 일부 사람들이 주장하고 있는 북한 사회의 변화는 '피상적인 변화'일 뿐 결코 '본질적인 변화'로 연결될 수 없다고 간주한다. 만약 북한이 본질적으로 변화한다면 그때의 북한은 현재와는 성격이 전혀 다른 북한이므로, 현 체제를 유지하면서 그렇게 되는 것은 불가능하다는 것이다. 그래서 이들은 북한의 현 체제는 스스로 변화하는 것이 불가능하므로 아무리 변화할 수 있는 여건과 환경을 조성해 주어도 변화할 수 없기 때문에 생존을 위해 변화할 수밖에 없는 대내외 조건을 부과하는 것이 북한을 변화시킬 수 있는 보다 확실한 방법이라는 것이다.

이들도 남북 간 화해·접촉과 교류·협력을 통한 남북 관계 개선을 부정하지 않고 중시한다. 다만 그 과정을 엄정한 기준하에 끊임없이 점검하고 확인하여 북한의 잘못된 행위에 대해서는 그 책임을 묻고, 남북 관계의 발전을 가져오는 언행에 대해서는 과감하게 확대하는 원칙을 확고히 견지하는 것이 '제대로 된' 남북 관계를 형성하는 첩경이라고 믿는다. 이들은 또한 북한이 비록 경제적인 측면에서는 더 이상 우리의 상대가 될 수 없을지라도 정치·군사적 측면에서는 비대칭전력인 핵무기와 다양한 종류의 생화학무기를 가지고 있고 엄청난 규모의 상비군을 유지하고 있으므로, 여전히 현존하는 직접적 안보 위협이라는 사실을 직시해야 한다고 본다. 따라서 안보에 관한 한 항상 위험의 최대치를 상정하고 그 경각심과 억지력을 유지하는 것이 국가로서 당연한 태도이므로 북한과의 대화, 접촉, 교류, 협력, 지원이 대북 경각심을 느슨하게 하는 요인으로 작용하거나 우리 안보의 초석인 한미동맹을 훼손하는 요소로 작용하는 우를 범해서는 안 된다는 점을 강조한다. 그래서 원칙론은 단순히 '많기만 한' 대화, 접촉, 교류, 협력, 지원이 아니라 '제대로 된' 대화, 접촉, 교류, 협력, 지원을 중시한다. 즉 남북 간 상호작용의 양이 아니라 우리가 목표로 하는 남북 관계의 모습에 이바지할 수 있는 교류, 협력, 지원 및 진정성이 있는 대화와 접촉이 중요하다는 것이다.

또한 이들은 남북 간 대화와 접촉, 교류와 협력 및 지원의 과정에서도 우리의 국가적 존엄과 국민적 자존심이 유지되어야 한다고 주장한다. 대화와 접촉의 과정을 북한이 마치 우리에게 은전이나 시혜를 베풀듯이 일방적으로 주도하고, 지원을 하면서도 그 용도나 분배 투명성을 확보하지 못하고 오히려 끌려다니면서 퍼주기식, 묻지 마식으로 진행하는 것은 남북 관계의 발전을 위해서도 결코 바람직하지 않다고 본다. 이러한 교류, 협력, 지원 방식이 핵무기의 개발·고도화를 포함한 북한의 군사력 강화로 전용되는지는 확신할 수 없지만, 적어도 북한당국을 변화의 길로 나오게 하기보다는, 대주민관계 등에서 민생에 집중하기보다는, 지금과 같은 비정상적 행태를 지속하고 정권을 유지·강화하는 데 도움을 줄 수 있는 시간을 벌어주고 있는 것은 분명하다는 것이다.

원칙론은 북한의 핵, 미사일 등 대량 살상무기 개발의 동기는 북한 외부에 있지 않고, 북한의 잘못된 국가 목표에 있다고 본다. 즉 수령제국가의 영구화, 백두혈통의 대를 잇는 세습이 위협받지 않는 안전판을 구축하겠다는 북한의 전략적 선택이 핵 개발로 이어졌다는 것이다. 수령인 백두혈통이 어떠한 정치를 펼치든 외부에서 이를 간섭하거나 흔들 수 없는 국가를 만들겠다는 의지가 잉태한, 북한의 대량 살상무기 개발 원인을 북한이 느끼는 안보 불안감 혹은 외부의 구조에서 찾는 것은 현실과 맞지 않을뿐더러 북한을 면책하는 잘못을 범하고 있다고 비판한다. 실제로 우리는 물론 주변 어느 국가도 북한의 붕괴 획책이나 물리력의 사용을 통한 한반도의 현상 변경을 의도하지 않고, 평화적인 공존과 현상의 유지를 원하고 있다는 것이다. 따라서 이들은 안보 불안감은 '대북 적대시정책'과 함께 북한이 만들어 낸 유령, 필요할 때 언제든지 꺼내 드는 전가의 보도 같은 것이라고 생각한다. 과거 소련처럼 북한도 효용성이 결여된 내부를 효과적으로 지배하고 체제를 유지하기 위해서 늘 외부의 적을 상정하고 만들어 왔다는 것이다. 이들은 북한이 대량 살상무기 개발과 국제 사회를 향한 도발 행위들을 가공(架空)의 대북 적대시정책 또는 실체도 없는 안보 불안감으로 정당화하고 있다고 본다.

따라서 이들은 협상을 통해 북한 핵 문제를 해결할 수 있다는 믿음에 회의적이다. 북한의 핵 개발은 백두혈통인 수령이 세습을 통해 대대손손 북한을 통치하는 국가를 건설하겠다는 잘못된 국가 목표에 기인한 전략적 선택이므로 그 목표가 흔들릴 때, 즉 이것이 수령 제국가의 존속과 체제 유지의 보장책이 아니라 오히려 그 반대라는 자각과 상황 인식이 있을 때 포기하는 것이지, 협상과 보상을 통해 포기할 성질의 것은 아니라는 것이다. 그러므로 이들은 북한이 핵과 경제, 두 마리 토끼를 동시에 잡을 수 없다는 확고한 원칙 아래 국제 사회의 대북제재에 적극 참여하면서, 북한의 비핵화가 남북 관계 발전과 교류, 협력, 대규모 지원의 대전제임을 분명히 하는 정책을 일치된 목소리로 일관되게 추진하는 것이 필요하다고 본다. 아울러 확고한 힘의 우위와 대북 억지력의 지속적인 강화를 통해 우리가 주도하는 평화를 확보함으로써 대량 살상무기 개발로 자원의 비효율적 배분이 불가피한 북한을 소진시키고, 북한당국의 통치 기반 약화를 초래하는 정책을 병행해야 한다는 것이다. 또한 국제 사회의 각종 제재로 내부 자원 부족이 발생하여 배급제가 원활히 작동할 수 없는 북한의 현실에서 시장의 확산은 필연적이니만큼 현금유입을 적극 차단하고 교류, 협력과 물자의 지원도 북한의 시장 활성화라는 하나의 목표에 집중해야 한다는 것이다. 시장이라는 매개수단을 통해서 주민 이동을 조장하고 정보의 유통을 배가시켜 주민 통제의 비용을 제고시키는 정책을 지속하는 것이 바람직하다고 본다.

원칙론은 북한의 주기적인 긴장 조성과 국지적 도발 행위는 협상에서 우위를 확보하기 위한 전술적 운용이 아니라, 북한의 현 체제로서는 불가피한 '체제의 속성'으로 이해한다. 즉 체제 유지와 내부 결속을 위해 '제도적으로 내재화된 속성'이므로, 각종 지원을 통한 대남 적대의식의 완화나 교류, 협력을 통한 대남 의존도의 심화를 통해서 제어할 수 있는 문제가 아니라고 본다. 오히려 압도적 힘의 우위를 바탕으로 단호하게 응징해야만 비록 도발 행위 자체를 근절하지는 못할지라도 도발의 강도를 약화시키고 그 주기를 길게 가져갈 수 있는 효과를 가져온다는 것이다. 이들은 북한도 아무런 계산 없이 맹목적으로 움직이는 모험 국가는 아니라고 판단한다. 이성의 논리에 따라 합리적으로 행동한다고 볼 수는 없지만 힘의 논리에는 대단히 민감하다고 보는 것이 옳다는 것이다. 따라서 주기적인 긴장 조성과 도발 행위가 강력한 저항에 직면할 경우 내부의 불안 요인과 취약 요소가 많은 북한으로서는 움찔할 수밖에 없으므로 힘의 우위에 입각한 강력한 대응을 통해서 이들의 도발적 행위를 제어하는 것이 효과적이라고 본다.

　원칙론은 또한 북한의 특수성을 고려하여 각종 민감 사안에서 북한을 예외적으로 취급하기보다는 대외관계의 일반적인 관행과 규범에 따라 다루는 것이 북한이 국제규범을 준수하고 국제 사회의 책임 있는 성원이 되도록 하는 데 효과적이라고 본다. 따라서 이들은 북한 인권 문제 등 인류 보편적 문제에 대해서는 원칙과 기준의 잣대를 가지고 국제 사회와 공조하여 적극적으로 대처하는 것이 바람직하다고 보며, 이것이 열악한 북한 인권상황을 하루라도 빨리 개선할 수 있는 길이라고 이해한다. 이들은 우리가 지레 겁을 먹고 여태까지 대북협상 등에서 인권 문제 등을 논의의 대상으로조차 삼지 않은 것은 인권 문제 등의 제기가 남북 관계를 파탄시키고 오히려 전반적인 인권상황 악화라는 역풍을 불러올 것이라는 북한의 선전 논리에 '사회화'되었기 때문이라고 비판한다. 우리가 하루빨리 대북 관계에서 인권과 인간의 존엄성을 존중해야 한다는 원칙을 초지일관하게 밀고 나가야 인권을 억압하는 북한 체제에 조그만 구멍을 만들어 낼 수 있고, 또 북한 내부에서 그에 상응하는 반응을 만들어 낼 수 있는 가능성을 창출한다는 것이다. 북한이탈주민들의 증언과 국내외 북한인권단체들의 노력에 의해 속속들이 밝혀지고 있는 정치범수용소의 존재와 그 상황들은 북한에도 저항의 목소리가 존재하고 있다는 명백한 반증이므로 이를 더 이상 외면하는 것은 도덕적으로도, 정책적으로도 우리가 지향하는 통일국가의 미래 비전의 관점에서도 바람직하지 않다는 것이다.

V. 대북정책의 한계와 과제

상기에서 논한 바와 같이 우리는 우리가 동원할 수 있는 대표적인 대북정책 두 개 모두를 실행해 보았지만 북한과 남북 관계의 현실은 우리가 바라는 지점에 이르지 못하고 있다. 사람에 따라서는 고작 두 유형의 정책을 시행해 보았을 뿐이라고 자위할 수도 있지만, 한반도 상황을 안정적으로 관리하면서 평화통일에 이르는 방법으로서 사실상 상기 두 정책이 이루는 축의 범위에서 벗어나는 다른 정책을 고안하기가 쉽지 않다는 것도 현실이다. 또한 어느 정책이었든 정부 교체에 상관없이 한 가지 정책으로 일관했다면 지금은 상황이 달라졌을 것이라고 주장하는 사람도 있지만, 그 가능성에서나 결과에서 동의키 어려운 점이 많다. 그렇다면 왜 우리의 대북정책이 의도했던 목적을 달성하지 못하고 부분적인 성과만을 거두는 한계를 노정했을까? 여러 가지 이유가 있겠지만 다음과 같은 요인들이 작용하지 않았나 생각된다.

우선 한반도 문제에 관한 한 미국과 중국이 전략적으로 대립하는 상황을 들 수 있다. 한반도는 오랫동안 중국의 영향권 아래에서 해양 세력에 대한 완충지대(Buffer Zone)로서의 역할을 담당해 왔다. 역사적으로 볼 때도 오랜 기간 중국과 이념, 사상, 문화 등을 공유해 왔으며, 어떻게 보면 중국의 영향권에서 자유로운 최근 100여 년간은 오히려 예외적 현상이라고 할 수 있다. 중국은 이처럼 역사적으로나 안보적 측면에서 자국 안보의 급소라고 할 만한 한반도가 자국과 이해관계를 달리하는 상황에 놓이는 것을 감내하기가 어렵다고 보고 있다. 한반도는 또한 미국의 대아시아 전략에 있어서 그 비중이 적지 않다. "태평양은 이제 앵글로색슨의 호수다."라는 더글라스 맥아더의 언급이 시사하는 바처럼 전후 세계 제국으로 성장한 미국은 전략적으로는 태평양을 자국의 내해(內海)로 간주하고자 하는 욕구가 있는데, 한반도는 이러한 내해 관념에 있어서 무시할 수 없는 전초기지(Outpost)이다. 또한 전후 미국적 가치, 즉 민주주의와 시장경제 확산의 대표적 성공 사례로서 한국의 중요성도 간과할 수 없는 측면이다. 따라서 미국과 중국은 한반도를 둘러싼 양국의 이해 대립이 양국의 전략적 충돌로 비화되는 것을 서로 피해 왔다. 그 결과 북한 문제도 포용론에서 접근하든 원칙론에서 접근하든 정책이 지향하는 극한까지 철저하게 시행되지 못하고, 미·중의 전략적 갈등으로 전화되기 이전 단계에서 적절하게 관리되는 경향을 보여 왔다. 다시 말하면 우리의 대북정책은 미국과 중국의 전략적 이해를 뛰어넘기가 역부족이었다.

다음으로 우리 체제의 특성에서 오는 한계이다. 우리 체제의 특성상 당파적 이해를 넘어서고 정권의 변화에도 크게 영향을 받지 않는 초당적이고 지속성 있는 대북정책을 추진하기가 지난하다.

현대 국가에서는 대부분 인권, 환경, 낙태, 복지, 노동 등의 사안을 두고 이념적, 정책적 스펙트럼이 펼쳐지면서 여·야 간의 주된 경쟁구도가 형성된다. 반면 대외정책에 있어서는 정권의 변화에도 불구하고 큰 대립·갈등을 보임이 없이 일관성을 보이는 경향이 있다. 그런데 특이하게도 우리나라의 경우에는 대북정책을 둘러싸고 여와

야가 첨예하게 대립하고 있으며, 정부가 바뀔 때마다 전 정부의 대북정책이 크게 부정되는 관행을 반복하고 있다. 그래서 우리의 경우 정부 교체를 넘어서는 정책의 지속성 확보가 어려운 상황이 계속되었고, 이는 북한의 신뢰를 획득하고 북한을 설득하는 데도 장애로 작용해 왔다.

북한 체제의 특성도 무시하지 못할 제약요인이다. 주지하다시피 북한은 자신의 정책을 펼침에 있어 시간과 여론으로부터 받는 제약과 압박이 전무하다시피 하다. 그래서 북한은 우리의 정책에 대한 반응을 한없이 늦게 가져갈 수 있으며, 또 사실 늘 한 박자 늦은 반응을 보여주고 있어 정책의 모멘텀과 추동력을 살려 나가기가 쉽지 않았다. 북한은 또한 시스템보다는 인치(人治)의 나라이다. 국가 차원에서 나오는 언술과 행동이라고 믿고 그 진로를 예측하기 어려울 정도로 불규칙성이 강하고 진폭이 커서 그에 맞춘 정합성 있는 정책을 추진하기가 매우 어렵다. 또한 북한은 인치의 특성상 동시에 여러 가지 사안을 처리하는 데 익숙하지 않고, 살아 움직이는 정책의 자기변화를 따라잡는 데 힘겨워한다. 그러나 현대사회의 정책은 매우 복합적 요소로 이루어져 있고 상호작용을 통해 끊임없이 진화한다. 우리의 대북정책도 예외가 아니다. 북한으로서는 이러한 현대적 요소를 지닌 우리와 주변국의 대북정책을, 더욱이 정권 변화 때마다 정반대의 성격을 띄기까지 하므로 여기에 발맞추어 따라오기가 매우 힘들었을 것이다.

그렇다면 이러한 구조적 한계를 지닌 우리의 대북정책을 보다 효과적으로 추진하기 위해서는 어떻게 해야 하는가? 여러 가지가 있을 수 있겠지만 우리 내부의 단합된 힘이 무엇보다도 중요하다고 본다.

국민 모두가 남북 관계 개선과 통일에 대한 의지를 결집하고, 우리 헌법이 정한 통일의 미래상과 그 방법에 대해 내면화되고 체화(體化)된 국민적 합의를 이룬다면 대북정책을 보다 힘 있게 추진할 수 있는 견인차가 될 것이다. 이런 맥락에서 본다면 지난 이명박 정부에서 시도해 본, 국민 한 사람 한 사람이 참여하는 통일기금 적립도 그 재원 규모의 과다에 상관없이 그 과정 자체가 우리 국민의 통일 의지를 대내외에 과시하고 북한 주민과 국제 금융계에 작지 않은 메시지를 줄 수 있는 만큼 되살려 볼 여지가 있다 하겠다.

북한 주민의 민심을 획득하는 것도 우리가 한 시도 게을리할 수 없는 과제이다. 분배 투명성에 문제가 있고 또 비이성적인 북한당국의 생존력을 강화해 준다는 문제가 있지만 그러한 대가를 치르고서라도 북한의 기층과의 접촉을 지속적으로 강화하려는 노력은 계속되어야 한다. 왜냐하면 우리에 대한 북한 주민의 동경심을 유발하고 통일에 대한 열망을 유지하는 것은 우리 정책의 중요한 버팀목이기 때문이다. 자유민주주의와 시장경제라는 보편적인 시대정신과 궤를 같이 함으로써 민족사의 주체가 된 우리가 그 정책적 시야를 북한 주민에게까지 확장하는 것은 너무나 당연한 역사의 책무이다. 다행히 북한에게는 대중의존의 심화에 따른 불안심리가 항존해 있으므로 이러한 불안심리를 남북 관계 개선의 동력으로 활용한다면 북한 경제의 회복과 남북 간 호혜 발전에도 일조할 것이다.

통일의 국제적 정당성을 확보하는 노력도 잠시도 쉴 수 없는 과제다. 동북아시아는 지금 갈등과 협력이 동시에 나타나는 복합적인 양상을 보여주고 있다. 상호 간의 긴밀한 경제적 협력과 더불어 정치, 역사, 안보적인 측면에서는 갈등의 요소들이 상존하고 있다. 부상(浮上)하는 중국은 적어도 동북아시아에서만은 '신형대국관계' 즉 미·중 양강체제 구축을 밀어붙이고 있으며, 일본은 이러한 중국의 의도를 거부하고 미·일·중 간 3국 정립의 질서를 추구하고 있다. 러시아도 우크라이나 전쟁의 북한군 파견을 고리로 북러 간 전략적 협력을 강화하고 있으며, 북·중·러 협력 복원에 3국이 공동의 이해를 표출하고 있다. 이 와중에 미국은 한·일과의 긴밀한 협력을 통한 현상 관리를 선호하고 있으면서도 자국의 이해관계와 전략을 무엇보다도 우선시하는 행태를 보이고 있다. 이러한 복합 갈등 구조 속에서 우리는 우리의 대북정책을 통한 한반도 문제의 해결 과정이 동북아시아의 안정과 협력의 촉매제가 될 수 있음을 보여주고, 이를 통해 한반도 통일의 정당성과 편익을 그들과 공유하는 지혜를 발휘해야 할 것이다.

제2부

통일 의지가
흔들린다

5 '두 국가론'의 반역사, 반민족, 반국가성에 대한 비판

I. 적대적이든 평화적이든 '두 국가론'은 영구분단론이다

중국은 시도 때도 없이 '하나의 중국'을 강조한다. 세계 모든 나라에 대하여 대만에 대한 통일의 권리와 연고권을 인정하라는 것이다. 대만이 중국의 관할권에서 벗어난 것은 130년이 넘었다. 대부분의 나라에서는 100년의 국가 목표를 가지고 있으며 어떤 민족은 1000년의 목표도 가지고 있었다. 우리의 장기 국가 목표는 통일이다. 이게 100년 목표일 수도 있고 그전에 해결될 수도 있지만 그 이상의 기간이 걸릴 수도 있다. 우리 민족이 정상적인 자유발전을 위해서 이 목표는 반드시 달성되어야 하고 시간이 비록 많이 걸리고 끝이 보이지 않을지라도 이를 꾸준히 추구해야 제대로 된 민족이라 할 것이다. 우리 민족이 정세가 어렵다고 해서 조바심치다 100년도 버티지 못하고 지쳐 떨어져 통일의 장기 목표를 버린다면 그것은 경박스럽고 못난 민족이며 대단히 부끄러운 일이다. 이런 민족에게 좋은 앞날이 보장될 수 없고 자자손손 대대로 주변국들로부터 못난 민족으로서 취급받고 구박당하며 살 것이다. 우리 민족이 이렇게 살아도 괜찮다고 생각하는가.

그런데 한반도 남북에서 통일의 목표를 버리자는 소리가 나오고 있다. 두 국가론이다. 두 국가론이 공식적으로 제기된 것은 북한이 2023년 12월 고려연방제통일방안의 파탄을 선언하면서 남북 관계는 "더 이상 동족 관계 동질관계가 아닌 적대적 두 국가 관계, 교전국 관계"라고 선언한 것이다. 북한은 그 이후 통일을 지우기 위해 여러 가지 일을 했고 지금도 하고 있다. 통일을 명분으로 했던 모든 기관·단체들을 해체했다. 통일전선부가 해체되어 노동당 중앙위의 다른 부서로 변경된 것이 대표적이다. 조국통일 3대헌장 기념탑도 파괴했고 심지어는 평양 시내의 통일이 들어간 지역명과 거리 이름, 역사명을 바꾸었다. 그 이후에도 통일을 지우는 일들을 계속했다. 북한은 북한 내부에서 통일을 지우고 있을 뿐만 아니라 남한에 대해서도 통일을 지울 것을 요구하고 있다. 북한은 이재명 정부 출범 이후 몇 차례 발표한 담화 등을 통해 헌법의 영토조항(헌법 제3조)과 자유민주주의 평화통일조항(헌법 제4조)을 폐지하고 국가보안법을 철폐하며 통일부를 해체하고 한미연합훈련 및 비핵화 요구를 중단할 것을 강압하고 있다.

북한의 적대적 두 국가 선언은 남북 관계의 흐름과 민족사를 완전히 바꿀 수 있는 사변적 일이었다. 그러나 우리 정치권에서는 이에 대해 비판하는 동향이 거의 없었다. 그 대신 우리 내부에서도 두 국가 관계를 주장하고 통일을 지우는 소동이 벌어졌다. 2024년 2월 조국통일범민족연합 남측본부, 6.15 공동선언실천위원회 등 소위 통일을 주장하던 단체들이 스스로 해산했다. 그들이 주장했던 통일의 정체가 무엇인가를 의심받게 만든 일들이다. 해외에서도 북한에 편향되게 활동하던 통일 단체들이 무더기로 통일의 간판을 내려놓고 단체를 해산했다. 2024년 9월에는 문재인 정부의 대통령비서실장을 지냈으며 1980년대에는 운동권 학생조직 전국대학생대표자협의회(전대협) 대표로서 통일을 앞장서 부르짖었던 임종석 씨가 "통일, 하지 맙시다"라는 도발적 구호를 내걸고 남북한이 두 개 국가로서 평화공존하자고 주장했다. 이에 대해 일부 정치권 인사들이 비판하는 소리를 냈으나 이내 조용해졌고 임종석 씨는 여전히 통일을 꼭 해야 한다는 '강박관념'을 내려놓자고 하면서 통일을 하지 말자는 주장을 계속 펴고 있다.

통일하겠다는 것은 우리 민족이 자주독립과 자유 평등의 민주공화국을 세워 개인의 생명 자유 행복을 추구하고 자유 발전하며 인류의 발전에 기여하겠다는 것이다. 통일은 조선말부터 일제 치하를 거치며 형성되었던 한국민족주의의 꿈을 완성하는 일이다. 그래서 통일을 광복의 완성, 통일을 위한 노력을 독립운동의 연장선상에 있다고 보는 것이다. 통일의 꿈은 호활하고 개방적이며 발전지향적인 것으로서 강박관념과는 거리가 아주 멀다.

두 국가론은 이미 오래전부터 남한 내 일부 학자들이 주장하고 있었으나 공감을 얻지 못하고 있었다. 두 국가론이 민간 부문에서 머무르는 것이 아니라 이제는 정부 차원에서 공식적으로 거론되고 있다. 정동영 의원은 2025년 6월 이재명 대통령에 의해 통일부장관에 지명되자마자 통일부 부처 명칭에서 통일을 삭제하고 다른 이름으로 고치자고 했다. 통일부는 우리 민족의 통일의지와 통일의 권리를 국가기구로서 표상하고 있는 중요한 기관이다. 그래서 통일부는 통일이라는 이름이 그 존립 의미의 90퍼센트 이상이다. 통일부에서 통일을 떼어버리면 통일부는 무슨 이름으로 바꿔 부르든 폐지된 것이다. 이제까지 존재해왔던 통일부가 무슨 이유에 의해서든 없어지면 특히 북한까지도 통일을 부정하는 상황에서 우리 국민이나 국제사회는 우리나라가 통일을 포기한 것으로 이해할 것이다.

정동영 장관은 9월 18일 통일부 주최 한 행사에서 남북 관계를 '평화적 두 국가 관계'로 전환하는 것이 통일정책의 핵심이라고 주장했으며 10월 14일 국정감사 자리에서 "평화적 두 국가론이 정부입장으로 확정될 것"이라고 발표했다. 대통령실에서 그것은 통일부장관 차원에서 할 수 있는 발언 즉 '통일부안'으로 정정하는 등 상당히 혼선을 빚고 있다. 이 문제는 국가정체성에 관한 중요한 문제이기 때문에 어물쩍 넘어갈 일이 아니다. 정부안이 따로 있고 통일부안이 따로 있을 수 없다. 통일정책에 관한 정부입장은 대통령 또는 통일부장관의 발언으로 표현된다. 통일부장관의 주장으로 인해 이재명 정부는 국가 목표에서 통일을 지우고 영구분단으로 정책을 바꾼 것으로 이해될 수 있다. 그게 아니라면 정부가 합당한 조치를 취해야 할 것이다. 우리 민족은 지금 통일지향으로 갈 것이냐 영구분단으로 갈 것이냐의 갈림길에 서 있다.

Ⅱ. 한민족은 통일의 권리가 있으며
이는 국제법적으로 승인된 권리이다

자기결정권(self-determination)은 사람의 생래적 권리이며 각 민족은 민족자결권이 있다. 이를 유엔 헌장이나 국제인권규약에서 확인하고 있다. 한민족은 통일의 권리가 민족자결권에 속하는 문제임을 7.4 남북공동성명(1972), 남북기본합의서(1991), 6.15 남북공동선언(2000) 등을 통하여 선언한 바 있다.

대한민국 헌법은 통일과 관련하여 중요한 사항을 규정하고 있다. 즉 조국의 민주개혁과 평화적 통일의 사명에 입각하여 정의·인도와 동포애로써 민족의 단결을 공고히 한다(전문), 대한민국의 영토는 한반도와 그 부속도서로 한다(제3조)라고 규정하여 한민족은 하나의 민족이며 한반도에 하나의 국가를 이루고 살아야 한다고 선언하고 있는 것이다. 이는 해방 당시부터 남북한 통틀어 이론이 없었던 당위적인 명제였다. 다만 상대지역에 관할권이 미치지 못하는 현실을 고려하여 대한민국은 헌법에 "통일을 지향하며, 자유민주적 기본질서에 입각한 평화적 통일 정책을 수립하고 이를 추진한다"(제4조)고 규정했다. 대통령은 "조국의 평화적 통일을 위한 성실한 의무를 지며"(제66조 3항), 대통령 취임에 즈음하여 "나는… 조국의 평화적 통일의 사명을 완수하기 위해 노력한다"(제69조)고 선서한다. 북한도 남북 간 합의뿐만 아니라 당규약과 헌법 등에서 '하나의 조선(one Korea)' 구호를 내걸고 당국자든 주민이든 이를 줄기차게 외쳐왔다.

남북한은 원래 하나의 국가였고 해방 후 비록 분단되어 2정부 2체제가 되었으나 이를 극복하여 통일을 해야 한다는 것을 민족적 지상과제로 삼았다.

1989년 국제질서 전환기에 국민적 총의를 바탕으로 성안되어 지금까지도 우리의 공식적 통일방안으로 유지되고 있는 민족공동체 통일방안에서 통일의 중간단계로서 '남북연합'을 구성할 것을 제안했다. 남북연합이란 통일을 준비하기 위해 남북한이 동등하게 참여하는 협의기구를 상정하고 있다. 이때 우리 정부는 북한의 실체를 인정하되 남북한을 두 국가 관계로 보지 않는다는 점을 당시 설명 자료에서 분명히 밝히고 있다. 그래서 남북연합의 영어 표기를 confederacy(국가연합)가 아닌 Korean commonwealth로 한 것이다. 남북연합은 국가 간의 연합이 아니다.

유엔 동시가입으로 남북한은 국제 사회에서 주권국가로서 인정된 것이고 남북한은 상호 국가로서 인정한 것 아니냐는 주장이 있다. 그러나 유엔 가입은 유엔이 국가로서 승인한 것이지 회원국 상호 간 국가승인을 의미하지 않는다. 당시 남북한 지도자들은 1991년 9월 남북한 유엔 동시가입으로 인해 남북한 관계가 대내외적으로 상호 국가승인, 국가 간의 관계로 인식되면 장차 통일이 어려워질 수 있다고 보고, 이것을 방지하기 위해 심혈을 기울여 1991년 12월에 합의한 것이 "나라와 나라 사이의 관계가 아닌 통일을 지향하는 과정에서 잠정적으로 형성되는 특수관계"이다. 이는 남북대화 50년사에서 가장 중요한 합의라 할 것이다. 즉 남북한이 상호 실체를 인정하고 존중하며 평화 공존하되 국가로서 인정하지 않으며 통일을 지향하기로 한 것이다. 이는 한민족이 민족자결권에 입각하여 합의한 것으로서 한민족의 통일의 권리와 통일의지를 대내외에 천명한 것이라고 할 수 있다. 남북한은 이러한 합의를 하기 위해 1991년 1월부터 12월 13일까지 1년 동안 남북한 대표들이 판문점에서, 서울과 평양에서 여러 차례 심각한 협상을 했다.

국제 사회도 공식적으로는 한반도 통일을 지지한다. 1947년 11월 유엔총회는 한민족의 자결권 행사, 즉 한반도 전체 주민의 자유총선거에 의한 정부 수립을 결의했다. 그러나 당시 북한을 점거하고 위성정권을 수립하고 있던 소련의 반대로 북한 지역에서는 이 결의가 집행되지 못했다. 민족자결권 행사를 규정한 이 결의는 지금도 한반도 문제에 관하여 살아있는 최고의 국제법이다. 2000년 11월 유엔총회에서는 남북한 정상이 자주적 통일, 즉 민족자결권에 입각한 평화통일을 약속한 6.15 남북공동선언을 만장일치로 지지 결의한 바 있다. 1992년 한중수교 당시 중국은 "한반도가 조기에 평화적으로 통일되는 것이 한민족의 염원임을 존중하고 한반도가 한민족에 의해 평화적으로 통일되는 것을 지지한다"(한중수교공동성명 5항)고 천명했다. 중국은 지금도 한민족의 통일할 의지와 통일할 권리를 존중할 것이다. 수교 당시 우리 정부는 '하나의 중국' 정책을 지지한다고 한 바 있다. '하나의 중국'과 '한반도 통일'은 상호 연계된 양해사항이라고 할 것이다. 2023년 8월 한미일 3국 정상은 캠프데이비드에서 '자유롭고 평화로운 통일 한반도(a unified Korean Peninsula that is free and at peace)'를 지지한다고 선언했다.

북한이 지금 김정은 정권의 이익을 위해 조국의 자주적 평화통일 합의를 배신하고 '적대적 두 국가론'을 주장하며 영토 완정론(핵 무력에 의한 통일)을 추구하고 있다. 이 주장에 우리가 흔들릴 필요는 전혀 없는데 우리 사회에서도 '평화적 두 국가론'이 나오는 것은 이상한 일이다. 우리는 당연히 남북 간의 적대성을 배격해야 하지만 그 대안은 '평화적 두 국가론'이 아닌 '평화적이고 통일지향적인 특수관계'여야 한다. 북한이 특수 관계를 부정하고 두 국가 관계로 변경했다고 해서 우리까지 북한의 두 국가론을 복창하며 통일정책을 변경하는 것은 매우 잘못된 것이다. 적대적이든 평화적이든 두 국가론은 한민족을 '영구분단'시킨다. 지금도 분단지향의 원심력이 크게 작용하고 있는데 남한마저 두 국가 관계로 공식 인정하게 되면 통일의 구심력이 없어진다.

Ⅲ. 두 국가론은 왜 반민족이고 반역사이며 반국가인가

우리는 아직까지 완전한 광복을 이루지 못했다. 영토와 국민과 주권의 완전성을 회복하지 못하고 있는데 이것을 완전한 광복이라 할 수 없다. 우리는 1945년 해방이 됐으나 국토가 분단됐고 주권이 제약됨으로써 국가와 국민은 강대국이 만들어 놓은 타율의 질서에 갇혀 있으며 정당한 권리를 누리지 못하고 있다. 사람들은 미완의 광복, 분단과 통일 이러한 문제를 거대 담론으로만 인식하고 나와는 동떨어진 추상적인 문제로만 본다. 그러나 이 문제는 나의 피부에 닿아 있는 현실의 문제이다. 우리는 분단으로 인해 한번 세계대전 수준의 6.25 전쟁을 겪었다. 그때 우리 민족은 삼천 리 방방곡곡 가가호호 눈물 흘리지 않은 집이 없을 정도로 막대한 피해를 입었다. 지금도 우리는 그보다 더 큰 전쟁 위협 속에 살고 있으며 전쟁을 막기 위해 많은 인력과 자원이 투입하고 있다. 이 많은 자원과 인력이 경제와 문화와 학술과 예술에 투입된다면 우리는 지금보다 더 많은 발전을 했을 것이다. 지금 우리는 핵을 머리 위에 이고 살고 있다. 이것이 우리의 정신까지도 위축되게 한다. 분단은 나의 자유와 존엄을 엄청나게 제약한다. 우리는 세계 모든 나라를 자유롭게 갈 수 있지만 북한 땅은 갈 수 없고 이어진 대륙으로는 자동차를 타고 육로로 갈 수 없다. 남한은 분단으로 인해 강요된 섬나라이다. 우리는 분단으로 인해 우리의 꿈을 펼칠 수 있는 공간의 제약을 받고 있다. 이는 우리가 누릴 수 있는 기회가 축소됨을 의미한다. 우리는 분단으로 인해 엄청나게 많은 경제적 기회를 상실했다. 공간과 기회가 확대될 때 우리가 이룩할 수 있는 성취도 훨씬 커질 것이다. 우리 사회의 이념 갈등은 나라를 두 쪽 낼 정도로 심각하다. 이 이념대결도 분단이라는 구체제(Ancien Regime)에 우리의 사고가 얽매여 있기 때문이다. 우리는 국제 사회에서 강대국이 만들어 놓은 굴레 속에서 즉, 타율의 질서에서 살고 있는 민족으로 취급받는다. 우리의 존엄을 심하게 훼손하는 일이다.

우리는 분단으로 인한 엄청난 부자유와 불편과 손실은 다 헤아릴 수 없을 정도이나 분단이 오래되면서 이를 망각하고 분단에 익숙해지면서 안주하고 있다. 지금도 우리의 목표는 '완전한 광복과 자유'이다. 통일은 완전한 광복을 이루는 일이다. 우리는 분단이 계속되는 한 온전한 자주독립국가라고 할 수 없다. 통일은 타율의 질서를 타파하고 한민족의 자유와 존엄, 행복을 보장하며 자유발전과 항구적인 평화를 보장한다. 주변국이 우리의 통일을 흔쾌히 도와줄 것 같지는 않으나 어떤 나라도 우리에게 통일의 목표를 포기하라고 강요하지는 않는다. 그런데 우리 스스로가 통일의 목표를 포기하고 분단 두 국가로 살자고 주장하는 것은 무엇인가.

지금 우리 사회에서는 분단 상태가 길어지자 또다시 이에 순응하며 변절하는 지식인들이 생겨났다. 통일반대론이다. 남북한이 많이 달라져 이제 한 나라를 이루고 살기 어렵게 됐다, 미국과 중국이 패권경쟁 중인데 그 단층선에 있는 우리가 통일할 수 있겠느냐, 통일비용이 천문학적으로 들어갈 것이기 때문에 이를 부담할 능력이 없다, 통일은 대박이 아니라 재앙이다 등의 이유를 내걸며 차라리 통일하지 말고 분단된 두 국가로 사는 것이 현실적이라고 주장한다. 통일이 사실상 불가능하고 통일할 필요도 없게 됐는데 통일하겠다고 하면 상대방의 불신을 유발하여 남북 관계가 더 불안정해질 수 있으니 남북한이 두 국가로 서로 인정하고 평화체제를 구축하는 것이 더 바람직하다는 주장들이 제기된다. 소위 '평화적 두 국가 관계론'이다. 분단이 오래되고 지식인과 정치인이 앞장서서 분단고착 현실론을 주장하자 많은 일반인이 이에 동조하고 있다. 북한을 별개의 국가로 인식하고 통일할 필요가 없다는 사람들이 과반을 넘는 여론조사가 나오는 이유이다.

오늘날의 분단현실 안주론은 100년 전 일제하에서 독립이 어렵게 됐으니 일제 통치를 받아들이는 것이 현실적이라는 당시 일부 지식인들과 닮았다. 그때 식민제국 일본은 막강했다. 조선을 식민지로 삼았을 뿐만 아니라 만주국을 세우고 중국의 핵심지역을 모두 장악했다. 동남아시아 거의 모든 나라를 식민지로 삼고 태평양 섬들을 점령하였으며 인도를 침공하기 위해 군대를 보냈다. 마침내는 세계 최강이던 미국과 태평양 전쟁을 벌여 태평양 지배권을 두고 각축했다. 그때 지식인들이 그렇게 강력한 일본과 맞붙어 독립한다는 것은 현실적으로 불가능하다고 보았다. 그들은 조선인들에게 독립의 꿈을 접고 일제와 협력하여 잘 살아보는 길을 찾자고 주장을 했다. 그들은 그것이 현실적이라고 선동했다. 지식인들이 앞장서 그러한 주장을 펴자 조선 민중들이 움직였다. 언어가 끊기고 창씨개명이 줄을 이었으며 황국신민서사를 읊는 일이 있었다. 지금은 그런 지식인들에게 친일매국노, 반민족행위자라고 규탄한다. 일제하에서 독립 포기 친일 현실론과 지금의 통일 포기 분단 현실론이 무엇이 다른가. 인식의 구조나 논리구조가 똑같고 모두 민족정기를 훼손하는 반민족 행위이다. 정치에서는 가끔 본질을 파괴하면서 이를 감추고 합리화하기 위해 '현실적'이라거나 '전략적', '창의적'이라는 말로 포장하고 반복해서 선전 선동하는 일이 있다.

두 국가론은 대한민국의 정체성을 파괴하는 것이다.

통일은 대한민국의 정체성이자 국시이다. 대한민국 헌법에서 통일 문제만큼 여러 조항에 걸쳐 규정된 원칙이 없다. 대한민국은 1민족 1국가를 지향한다. 이는 우리가 대한민국 정부를 수립한 이후 줄기차게 유지해 온 국가 목표이고 헌법에 80여 년 동안 변함없이 규정해온 것이다. 대한민국 정부는 남북한이 두 국가 관계라고 주장해서는 안 된다. 대한민국 정부는 선언적으로든 실질적으로든 통일을 주장해야 한다. 특히 통일부장관은 두 국가론을 말할 수 없다. 남북한 특수관계는 통일부장관의 존재 이유이기 때문이다. 두 국가로 공존하자면서 왜 통일부장관은 필요하겠는가? 통일부장관의 가장 큰 사명은 우리 민족이 통일할 의지가 있고 통일할 권리가 있다는 것을 국민과 국제 사회에 당연한 사실로 받아들이도록 노력하는 데 있다. 통일부는 그렇게 하라고 설치된 국가기관이다. 북한이 특수관계를 거부하고 두 국가 관계라고 입장을 바꾸더라도 우리는 더욱더 통일할 관계, 즉 특수관계라고 해야 한다. 그래야 북한 지역과 북한 주민에 대한 발언권이 생기고 연고권을 주장할 수 있다. 이는 암울한 상황에서도 북한 주민에게 통일의 희망을 갖게 하는 일이기도 하다. 북한이 두 국가론을 주장하고 우리도 두 국가론을 주장하면 국제 사회는 한민족이 통일을 포기한 것으로 간주할 것이다. 이로 인해 우리는 북한 땅과 주민에 대한 연고권과 발언권을 주장할 수 없다. 남북한은 외국이고 외국인이기 때문이다. 북한 지역에 어떤 일이 일어나도 유엔결의 외에 우리가 북한에 직접 개입하는 것이 허용되지 않는다. 주권존중과 영토보전이 현대 국제법의 기본원칙이다. 우리가 직접 들어가 북한 주민의 생활을 안정시키고 영토를 통합하는 것은 불법이 되며 주변국이 용납하지 않을 것이다. 그래서 우리는 시시때때로 줄기차게 통일을 강조하고 주변국들이 우리의 통일의 권리와 북한에 대한 연고권을 인정하도록 해야 한다. 두 국가 관계가 되면 북한 주민은 외국인이 되어 탈북자는 우리나라에 들어오기 위해서는 난민심사를 받아야 하고 대부분 추방될 것이다. 우리는 계속해서 탈북자를 국민으로 받아들이고 정착시켜야 한다. 이것도 연고권을 축적시켜 나가는 중요한 일이다.

통일은 고조선부터 면면히 이어온 민족사의 정통성을 잇는 일이다.

두 국가론은 우리의 국사(國史)를 절단하고 파괴한다. 두 국가론은 한반도에 완전히 별개인 두 국가가 존재하고 그들은 완전히 다른 나라(외국)라는 것이다. 남북한이 완전한 두 국가 관계로 되면 남북한 즉 대한민국과 조선민주주의인민공화국은 역사를 다시 써야 한다. 대한민국의 국경은 현 휴전선이 될 것이다. 대한민국의 국사는 그 영역에 존재했던 신라 백제 가야부터 서술해야 한다. 대한민국의 국사에서 고조선, 부여, 고구려, 발해를 삭제해야 할 것이다. 북한, 즉 소위 조선민주주의인민공화국의 국경은 휴전선이고 국토는 그 이북 지역이다. 북한은 이렇게 주장하면서 휴전선에서 그들 나름의 국경화 작업을 진행하고 있다. 당연히 그들의 역사는 그 영역 내로 한정할 것이며 신라, 백제, 가야를 삭제할 것이다.

두 국가론은 역사를 다시 써야 할 뿐 아니라 이것이 민족의 문제, 영토의 문제로 연결된다.

북한 주민은 외국인이다. 나아가 이민족으로 될 것이다. 북한은 이미 남북한 주민이 다른 족속, 다른 민족이라고 하지 않는가. 대한민국 국사에서 떨어져 나간 북한 지역의 국사는 고립되어 독립적으로 존재하지 못하고 이웃 나라로 흡수될 가능성이 있다. 중국은 이미 고구려의 역사를 중국의 변방사라고 해서 자기 역사로 포함시키고자 한다. 북한 지역은 고구려 강역의 일부분이다. 중국은 북한 지역에 대한 역사적 연고권을 주장할 것이고 궁극적으로는 북한 지역이 중국에 흡수되는 일이 벌어질 수 있다. 두 국가론은 국민을 잘라내 이민족으로 만들고 이를 다시 이웃 나라에 넘기게 될 것이며 북한 땅을 주변국에 넘겨주게 될 것이다. 두 국가론은 국사를 단절하고 민족(국민)을 버리며 영토를 외국에 넘기는 일로서 이는 국가와 민족에 대한 분명한 반역이다.

또한 두 국가론을 수용하면 당장 우리 헌법을 개정해야 하며 남북교류협력법 등 통일과 관련된 모든 법제를 폐지해야 한다. 통일부와 민주평통은 물론 정부예산이 들어가는 통일 관련 모든 기관 단체들을 해체해야 한다.

통일은 우리 민족이 강대국이 되는 유일한 길이다.

분단의 족쇄가 풀리지 않는 한 우리는 내부 소모와 주변국의 작용으로 인해 강대국이 될 수 없다. 통일국가는 영국, 프랑스, 독일, 일본을 뛰어넘는 강대국이 될 것이다. 통일국가는 주변국의 간섭과 통제를 배제할 것이며 주변국이 함부로 할 수 없다. 통일국가는 주변 정세를 주도하는 위엄있는 나라가 될 것이다. 왜 우리가 이 길을 스스로 포기하고 주변국의 눈치나 보고 휘둘리면서 분단 약소국이 되는 길을 선택하려 하는가. 우리가 두 국가를 주장하는 순간 주변국은 한반도의 통일을 전혀 고려하지 않고 우리를 영원한 약소 민족으로 취급할 것이다. 한반도를 분단 두 국가의 굴레에 가둬두는 것이 그 나라들에 유리한 일이다. 요즈음 국제 사회에서 한반도 통일에 대한 언어가 사라지고 있다. 두 국가론은 약소국을 지향하며 주변국의 이익을 위해 굴종하는 사대주의이며 노예적 발상이다.

통일이란 당장 이루어지지 않는다. 그러나 우리는 통일하겠다는 의지를 줄기차게 주장해야 한다.

통일하는 일이 비록 어렵더라도 이를 추구하는 것이 타당하다. 한 민족이 통일을 치열하게 추구해야 그나마도 통일의 기회가 열릴 수 있다. 미래에 우리가 통일국가가 될 것이라는 의지를 강조하는 것만으로도 현재의 우리나라의 격을 높이고 힘있게 하는 것이다. 주변국들은 통일을 강력하게 추구하는 한민족을 더 존중할 것이다. 통일을 추구하는 한국과 그 목표를 잃어버린 한국은 완전히 다른 나라이다.

이런 이유로 북한이 아무리 두 국가 관계와 남북 간 다른 민족이라고 주장하더라도 우리는 하나의 민족으로서 하나의 국가를 이룩하겠다는 의지를 분명하게 하고 이를 대내외적으로 발신해야 한다.

동서독에서도 그런 일이 있었다. 동독은 1960년대부터 두 국가 관계를 주장하기 시작했고 1970년대에는 동서독은 같은 민족이 아니며 별개의 두 국가라고 선언했다. 독일은 2차대전 패전국이었으며 동서독 분단은 전승국이 일방적으로 정한 것이었다. 전승국은 독일 분단 현상변경을 금지했다. 그러나 1949년 정부 수립 이후 서독의 초대 총리 콘라드 아데나워는 전승국의 독일 분할 정책에도 불구하고 독일의 장래는 독일 민족의 자결권에 해당하는 사항이라고 하여 통일의 권리를 주장했고 독일 민족의 정체성 유지를 강조했다. 이러한 정신이 서독 기본법에 반영됐다. 서독은 동독의 끈질긴 국가승인 요구에도 불구하고 끝까지 국제법적으로 동독의 국가 승인을 거부했다. 서독은 1972년 동서독 기본조약 체결 직후 이에 대한 잘못된 해석을 방지하고자 서독 국민의 자결권에 의하여 통일을 이룩하겠다는 서독의 국가 목표에 변함이 없음을 공한으로 소련과 동독에 통보했다. 서독은 1973년 동서독 유엔 동시가입 이후에도 이 원칙을 바꾸지 않았다. 서독은 통일될 때까지 통일의 권리를 포기하지 않았고 동독을 국가로 승인하지 않았으며 동서독 간 대사관 설치를 거부했고 동독 주민을 여전히 서독 국민으로 받아들였으며 동서독 거래를 민족내부거래, 즉 무관세와 청산결제로 추진했다.

독일 통일을 흡수통일이라고 주장하는 사람이 있다. 독일 통일은 동독의 시민혁명에 의해 촉발되었고 동독 주민들이 자유선거에 의해 통일을 추구하는 정부를 수립했고, 그 이후 동서독 간 4차례의 통일회담과 통일조약에 대한 완전한 합의를 거쳐 2+4회담(독일문제에 대한 전승국의 권리 포기, 즉 독일 민족의 자결권 승인, 1990.9.12. 모스크바) 및 동서독 의회 비준을 통해 통일을 완성했다. 그 과정에 어떠한 강압도 작용한 일이 없다. 독일 민족이 원래 구상했던 민족자결권의 발로였으며 독일 국민들의 자기결정권 행사에 따른 완전하고도 자유로운 합의에 의해 합법적이며 완벽한 평화통일이었다.

'평화적 두 국가론'이 남북 관계 안정과 한반도 평화 정착에 도움이 될 것이라는 주장도 있으나 이는 근거가 없다.

특수관계이든 국가 관계이든 그 존재 양태는 평화적일 수도 있고 적대적일 수도 있다. 특수관계를 국가 관계로 전환한다고 평화적이

될 것이라는 것은 논리의 비약이다. 특히 핵무장 한 북한과 평화공존을 얘기하는 것이 허망하다. 북한은 남북 간 평화공존을 목표로 하지 않음을 분명히 하고 있다. 1945년 남북 분단 이후 한반도 전쟁과 불안정의 역사와 인과관계를 보면 평화란 몇 가지 개념 조작으로 이루어지는 일이 아니다. 또한 한반도는 지정학적 위치로 보나 자연지리적 특성으로 봤을 때 2개 이상의 국가체제가 존재하는 한 항구적 평화가 오지 않는다. 우리 역사에서 3국 시대, 후삼국 시대, 그리고 남북시대가 이를 증명한다. 한반도 2국가 체제는 평화가 아니라 한반도의 불안정을 영속시킬 뿐이다. 다른 나라의 예를 보면 하나의 나라가 두 국가로 분리돼도 대결과 긴장은 여전하다.

IV. 통일의 권리 보호와 실현을 위한 과제

한반도 전쟁을 방지해야 한다.

한반도 전쟁은 한민족의 생명 자유와 재산을 박탈하며 민족자결권을 크게 훼손한다. 6.25 전쟁이 그랬다. 우리 헌법은 평화적 통일을 규정하고 있다. 비평화적 방법을 배제한다. 북한의 대남노선에는 항상 무력행사가 자리 잡고 있었다. 지금도 유사시 핵 무력을 사용하여 남한 영토를 초토화한 뒤에 영토 편입하겠다는 입장을 분명하게 하고 있다. 북한은 2022년 2월 핵 국가인 러시아가 비핵 국가인 우크라이나를 침공하여 영토 변경을 시도했을 때 세계에서 가장 먼저 러시아의 침공을 영토 완정을 위한 '정의의 전쟁'이라고 규정하며 이를 지지했다. 그해 9월 북한은 핵 무력정책법을 제정하여 북한의 핵 무력을 영토 완정과 근본이익을 수호하기 위한 수단이라고 규정하고 있다. 2023년 말부터 남한과는 동족 관계가 아닌 적대적 두 국가 관계라고 하면서 핵공격의 합법성을 확보했다고 주장한다. 2024년 6월에는 러시아와 자동개입 조항이 포함된 군사동맹 조약을 체결했다. 북한은 국방발전계획 5개년 계획을 추진하는 등 전쟁 준비에 박차를 가하고 있다. 북한은 남한에 대하여 압도적인 군사력을 가지고 있다고 생각하며 무력 공격의 유혹을 느낄 수 있다. 한반도 전쟁 발발 시 초전부터 핵전쟁이 될 가능성이 농후하다. 중국은 6.25 전쟁 시 대군을 파견하여 북한의 멸망을 막았고 지금도 북한을 지지하고 있다. 한반도에서 핵전쟁의 그림자가 드리우고 있는 것이다. 남북 간 무력 충돌과 전쟁을 방지하는 것이 평화통일을 달성하는데 필요조건이다.

우리의 전쟁억제력 강화가 필요하다.

현재 우리의 억제력은 자주국방력과 한미연합전력 및 미국의 핵우산으로 구성돼 있다. 북한이 가장 껄끄러워하는 억제력은 주한미군이다. 북한의 대남전략에서 주한미군 철수가 항상 최우선순위를 차지했다. 주한미군이 있는 한 북한은 전쟁을 일으킬 수 없을 것이다. 주한미군이 있어야 확장억제의 신뢰성도 보장될 수 있다. 주한미군의 안정적 주둔이 보장될 수 있도록 한미동맹을 강화하고 발전시켜 나가는 것이 필요하다. 세계사에서 볼 때 동맹에만 의존하는 안보 전략은 위험할 수 있다. 만약의 사태에 대비한 비상의 안보 전략도 마련해야 한다.

통일의 기초를 확고히 다지는 것이 필요하다.

통일의 원천은 남북한이 원래 하나의 민족이었고 하나의 나라였다는 역사적 사실이다. 이를 확인하는 일을 지속적으로 하고 대외적으로 발신하며 국제 사회가 이를 상식으로 받아들이도록 노력한다. 헌법의 제3조 영토조항과 제4조 통일 조항을 불변의 조항으로 유지한다. 통일의 국가 목표를 확고히 유지하면서 국정과제로서 통일 및 남북 관계를 상시 배치하도록 한다. 이것이 비록 실현되지 않더라도 우리의 통일의지를 발신하는 길이다. 북한이 남북 관계 단절을 추구하고 있는 상황에서 남북대화와 교류가 불가능하게 됐다. 그럼에도 불구하고 정부는 북한과 대화를 제의하고 인도적 지원을 추진하며 남북 간 개방과 소통, 교류를 지속적으로 제의하고 북한의 문을 두드릴 필요가 있다. 비록 성과가 없더라도 이러한 행동을 통해 우리의 통일의지를 알리고 국민들에게 남북 관계를 인식시키며 북한 주민과 땅에 대한 연고권을 강조하는 것이다. 남북 간 이산가족, 탈북자 등 인적 연결고리를 드러내고 북한 주민의 인권과 민생 문제를 돕는 활동을 지속적으로 전개한다. 남북 간 물리적 단절이 있어도 소통의 길은 있다. 남북 간 동포의식이 함양될 수 있는 방식으로 교육하고 남북 간 언어가 달라지지 않도록 라디오, TV를 남북한 주민들이 시청할 수 있도록 한다. 남북 간 문화의 소통과 이해를 통해 문화적 동질성을 유지해 나가고 나아가 문화통일을 추진한다. 문화통일이 정치통일의 기초가 될 것이다.

통일의 권리를 강조하고 이를 확산시켜 나간다.

우리는 민족자결권에 기초한 한민족의 통일의지와 통일의 권리를 우리 스스로에게, 국제 사회에 지속적으로 강조하고 북한 지역과 주민에 대한 연고권을 인식시키기 위한 노력을 기울인다. 남북한 간 1972년 7.4 남북공동성명, 1991년 남북기본합의서, 2000년 6.15 남북공동선언 등에서 남북한이 합의한 공식인 '통일문제의 자주적 해결론'과 '남북한 특수관계론'을 계속 강조한다. 즉 남북한은 나라와 나라 사이의 관계가 아니며 통일을 지향하는 관계이고 민족자결권으로서 통일할 권리가 있음을 선언하였으며 상대 지역과 주민에 대한 연고권이 있다는 점을 국제 사회에 인식시켜 나간다. 평화적이든 적대적이든 두 국가 관계론은 우리가 가지고 있는 특별한 지위와 권리를 해체하는 것이므로 이를 철저히 배격한다. 주변 국가와 정상외교에서 한반도 통일을 의제화해야 한다. 미국 일본과의 정상회담에서는 2023년 8월 한미일 정상회의 캠프데이비드 선언의 공식을 거듭 확인한다. 한중정상회담에서 1992년 한반도 통일에 대한 한중수교 공식을 재확인한다. 한반도 (통일)정부 구성은 한국인의 자기결정권 행사로 이루어져야 한다는 1947년 유엔총회 공식을 강조한다.

통일국가에 대한 신뢰를 확산하고 불안감을 해소해 나가야 한다.

통일 후 국제적으로 혼란하고 주변 정세를 어지럽게 할 것이라고 전망한다면 우리 민족도 통일을 꺼릴 것이며 주변국들도 통일을 방해할 것이다. 통일 후 가장 중요한 과제는 민생 문제를 해결하는 것이다. 한민족이 주변국으로 유랑하여 사회 혼란을 일으키는 일이 없도록 충분한 지원을 할 수 있어야 한다. 나아가 통일 후 남북의 통합적 경제발전을 추진하여 한민족 전체에게 미래에 대한 긍정적 비전을 갖게 하고 주변국의 경제발전에도 기여할 수 있어야 한다. 경제성장을 지속적으로 추구하고 국가의 신인도를 높이며 재정건전성을 유지하는 것이 통일 준비의 중요한 부분이라 할 것이다. 통일 후 생활이 훨씬 좋아질 것이라는 신뢰를 가져야 남북한 주민이 통일에 적극 동참할 수 있고 통일 후에도 사회적 안정을 유지할 수 있다. 지역 차별을 완전히 철폐하고 국가통합 과정에서 발생할 갈등과 과제들을 신속하고 공정하게 해결할 수 있는 정치의 선진화와 효율적인 관료제를 발전시켜 나간다. 통일 전후에 통일국가의 비핵원칙과 평화원칙을 국제 사회에 공약하여 주변국의 의심을 해소하는 노력도 해야 할 것이다.

외교를 잘해야 한다.

지금 탈냉전과 세계화가 끝났고 신냉전, 전략적 체제경쟁과 진영이 재편되고 있다. 또한 과학기술에 의한 문명의 전환이 동시에 진행되고 있다. 앞으로 세계는 엄청난 변화를 겪게 될 것이며 그 변화의 물결이 우리에게 통일의 기회를 가져올 수 있다. 이 기회를 실제 통일로 이어가기 위해서는 외교를 잘하는 것이 중요하다. 독일 통일은 드러난 것으로만 보면 동독 시민들의 자유시위로 촉발됐다. 즉 독일 민족의 자결권이 작동한 것이다. 다만 이러한 민족 내부의 변화가 가능했던 이유는 미소 냉전에서 소련이 힘의 한계 때문에 동구 사회주의 국가들에 대한 통제력을 행사할 수 없었기 때문이다. 고르바초프는 호네커 동독에 대해서 지속적으로 개혁을 요구했고 동독 시민들도 개혁을 요구했다. 그 틈에서 동독 시민들의 자유 시위가 폭발했다. 독일 민족은 2차 세계대전 이후 사실상 완전한 주권 국가라고 할 수 없었다. 분단 독일은 전승국이 만들어 놓은 질서였으며 동서독은 이 질서를 변경시킬 권리가 없었다. 동서독 분단 현상 유지라는 전후 유럽 질서와 동독 시민혁명으로 촉발된 기존 질서의 흔들림이 충돌하는 혼란을 정리할 힘과 비전은 미국만이 가지고 있었다. 소련은 동구와 동독을 2차대전의 전리품으로 확보했지만 이를 관리할 명분과 힘을 상실했다. 독일이 일으킨 전쟁으로 인해 막대한 피해를 입었던 영국과 프랑스에게 독일 통일은 매우 불길한 일이었다. 분단의 현상 유지를 선호했을 것임은 두말할 필요가 없었다. 미국은 동독 정치변동에 따른 유럽 질서의 전환기적 상황을 정리할 구상을 서독, 영국, 프랑스, 소련에게 제시하고 이를 따르도록 했다. 미국의 구상은 독일의 통일과 통일독일의 나토회원국이었다. 미국의 구상이 상당히 일방적이었지만 3개 전승국은 혼란을 정리할 힘과 자기들의 기득권을 주장할 수 있는 비전이 없었다. 미국이 이러한 구상을 제시한 이후 7개월의 외교를 통해 1990년 9월 모스크바에서 2+4회의가 열렸다 이 회의에서 독일에 대한 전승국의 권리를 포기하고 독일 민족의 자결권을 인정했다. 미국이 서독을 도와 통일을 밀어붙일 수 있었던 배경은 냉전 시기 서독의 외교가 있었다. 미소 냉전의 중심지는 유럽이었다. 아데나워부터 시작된 서독의 친서방 외교와 미국과의 동맹관계는 변함없었다. 소련이 중립화 통일방안을 제시하며 서독을 유혹할 때에도 아데나워는 이를 단호하게 거부하고 친미정책을 선택했다. 서독이 냉전사에서 미국 편에 서서 한 역할은 지대하다. 미국의 지상군 20만~30만 명이 서독 영토에 주둔했다. 소련이 중거리 핵미사일을 배치하여 서유럽을 위협할 때 서독 정부는 국민들의 극렬한 반대에도 불구하고 미국의 중거리 핵미사일 배치를 허용해 미소 핵 균형을 실현할 수 있도록 도왔다. 중거리 미사일 배치는 소련의 몰락과 냉전 종식의 기폭제가 됐다. 서독은 미국을 도와 서방세계가 냉전에서 승리하는 데 중요한 역할을 했고 미국은 탈냉전 전환기에 서독을 도와 독일 통일을 이룩하는 데 결정적인 역할을 했다. 질서 전환기에 전략적 모호성이나 균형외교는 우리 체제의 정당성을 약화시킬 수 있고 특히 통일에는 전혀 도움이 되지 못할 것임은 독일 외교사를 통해 얻을 수 있는 교훈이다.

6 분단 80년, 통일 노력의 과거와 현재, 그리고 미래

김형석

I. 들어가는 말

한반도의 분단은 1945년 해방과 함께 시작되어 1953년 정전협정을 거쳐 2025년 오늘에 이르기까지 80년 가까이 지속되고 있다. 그동안 남북한은 정치·군사적으로 대립하면서도, 때로는 화해와 협력의 국면을 반복해 왔다. 하지만 전 세계가 실시간으로 소통되는 정보화 시대에 유일하게 전화나 이메일이 통하지 않고 가고 싶어도 가지 못하는 지역이 북한이다. 통일을 하지 말고 북한을 무시하고 살면 된다고 한다. 하지만 북한은 우리가 무시하려고 해도 무시할 수 있는 상대가 아니다. 지리적으로 혈통적으로 그리고 경제 문화 안보 등 모든 분야에서 우리와 연결되어 있고 우리의 일상생활과 미래에 있어 무시할 수 없는 대상이다.

분단으로 한강의 기적을 이룬 우리 대한민국은 또 다른 도약을 준비하고 있다. 한국 사회 내부의 세대와 가치관의 변화, 저출산·고령화의 심화와 경제성장률 둔화 등은 우리 모두에게 위기의식을 주고 한반도 통일문제도 과거와는 다른 관점에서 바라보도록 요구하고 있다.

짐 로저스와 같은 세계적 투자자들은 한반도 통일이 합계출산율이 1도 되지 않는 저출산과 인구 고령화로 국가 소멸 위기에 처한 한국을 소멸의 위기에서 벗어나도록 할 수 있다고 예측하고 있다. 경제 안보 등 복합위기의 시대에 한반도 통일은 대한민국의 성장을 가능케 하는 중요한 역할을 할 수 있다는 점에서 더 이상 추상적인 민족적 과제가 아니라, 앞으로의 대한민국의 생존과 직결된 문제라고 할 수 있다.

이하에서는 분단 80년 한반도 통일 노력의 과거 현재 미래를 주제로 첫째, 분단 80년 동안 한국이 추진해 온 통일의 전통적인 의미와 미래지향적 의미를 살펴본다. 둘째, 현재 한반도 정세, 특히 북·중·러 밀착과 미·중 갈등, 러시아-우크라이나 전쟁, 중동전쟁 등 복합 위기 상황이 한반도 통일 환경에 어떠한 영향을 미치는지를 분석한다. 셋째, 분단 80년 동안 축적된 통일노력의 성과와 한계를 비판적으로 평가하고, 넷째, "북한 개방 유도", "북한 주민의 역할 강화", "젊은 세대 중심의 통일 준비"라는 과제를 체계적으로 재구성하여 향후 통일전략을 제안하고자 한다.

Ⅱ. 통일의 의미 변화: 민족·이념에서 공감·실용으로

1. 전통적 통일 논리

전통적인 통일의 이유는 "민족, 자유민주, 공동번영"으로 정리할 수 있다. 즉, 단일민족의 정통성 회복, 공산주의로부터의 자유민주주의 수호, 그리고 남북의 공동번영 추구가 오랫동안 통일담론의 핵심을 이루어 왔다. 이러한 논리는 분단 초기와 냉전기에는 상당한 설득력을 가졌다. 특히 한국 전쟁의 기억이 생생했던 세대에게 통일은 "잃어버린 국토와 민족을 되찾는 정의로운 과제"이자, "공산주의와의 체제 경쟁에서 승리하는 최종 목표"로 받아들여졌다.

그러나 시간이 흐르면서 이러한 전통적 통일 논리는 점차 흐릿해지고 있다. 이산가족 상봉과 같은 민족을 강조한 통일은 이산가족 고령화와 세대 간 절박성의 차이로 동력이 약화되고 있다. 자유민주를 강조하는 소위 동서독식의 통일은 미중 간의 갈등과 북·중·러 결속 등 한반도를 둘러싼 국제정세의 대립적 구도가 지속되면서 실망감과 좌절로 통일에 대한 기대가 현저히 감소하고 있다. 남북한 공동번영의 통일도 개성공단 등 남북 간 협력사업이 정치 군사적인 이유로 중단되어 재개되지 못하고 2023년 들어서는 북한이 같은 민족임을 거부하면서 적대적인 두 개 국가론을 제시하면서 경직된 북한의 태도 변화가 없이는 불가하다는 인식이 팽배해져 있다. 이러한 상황에서 전통적인 통일논리를 우리가 무시하기는 어렵지만 한반도 통일은 "해야 하지만 당장 하기 어려운 일" "과연 할 필요가 있나?", "장기적이고 추상적인 국가적 과제"로 인식되는 경향을 보이고 있다.

2. 공감과 실용에 기반한 새로운 통일 논리

통일에 대한 인식이 저하되는 상황 속에서 우리는 통일의 이유를 "전통적인 논리인 민족·이념·번영에 멈추지 말고 공감과 실용을 더하는 방향"의 새로운 통일 논리를 만들 필요성이 있다.

한반도 통일은 북한 주민에 대한 인간적 공감이다. 북한 동포들은 공산체제 하에서 구조적 빈곤과 인권 침해, 정보통제에 시달리고 있다. 우리가 자유 대한민국에서 당연하게 누리고 있는 일상적인 행복을 같은 동포인 북한 주민들은 누리지 못하고 있는 실정을 우리는 탈북자들의 증언을 통해 알고 있다. 북한 주민들의 인간적인 고통을 알면서도 어찌할 수 없다고 방치하는 것은 인간적인 공감 능력의 부족이고 북한 주민들의 고통을 당연시하는 것과 다름이 없다. 내 자신이 북한 주민의 자리에 있을 수도 있다는 공감 능력을 바탕으로 북한 주민의 고통 해소를 위한 노력 즉 한반도 통일 노력을 외면하지 말아야 할 것이다.

하마스가 이스라엘을 공습하고 어린아이를 끌고 가는 장면을 보도를 통해 접한 이스라엘 미국 유학생이 있었다. 이 여학생은 자기 동생은 아니지만 끌려간 어린아이를 구하기 위해 장래가 보장되는 미국 유학 생활을 접고 하마스와 전투 중인 고국 이스라엘로 돌아갔다고 한다. 이는 단순한 애국심을 넘어 인간적 공감이 작용했기 때문일 것이다.

　다음으로 체제나 이념의 대립, 과거의 상처에서 벗어나 현실적으로 도움이 되는 실용의 방향에서 한반도 통일을 바라보자는 것이다. 남북한 체제경쟁은 이미 끝났다. 하지만 우리 체제로의 통일 실현 가능성은 북한의 반발과 중·러 등 국제적 정세에 의해 쉽지 않으며 우리의 역량을 벗어난 사안이다. 독일의 통일은 80년대 말 공산진영의 약화라는 구조적 변화 시기에 가능하였으며, 지금과 같은 대립 구도의 국제질서 하에서는 불가능했을 것이다. 중요한 것은 기회가 왔을 때 이를 활용해서 통일을 이루고자 하는 마음가짐과 준비태세, 의지라고 할 것이다. 남북한 간에 있어 과거의 상처는 6.25 전쟁이다. 서로 총을 겨누고 죽이던 전쟁은 남북한 주민들에게 불신을 넘어 적대감을 고취시켜 주고 있다. 하지만 2025년 현재 우리가 살고 있는 지금은 6.25 전쟁만을 상기하면서 '때려잡자 공산당, 무찌르자 공산당'을 외치면서 대결과 대립 일변도로 북한 문제를 다루어 나갈 수 없다. 전쟁이 아닌 평화적인 방법으로 한반도 통일을 이루어 내야 한다. 이를 위해서는 체제나 이념의 대립, 과거의 상처에서 벗어나 실용적인 자세로 쿨하게 북한과의 소통과 협력이 필요하다. 힘없이는 평화가 없다. 그래서 북한의 군사적 위협에 확고히 대응하면서 북한과의 대화와 협력의 문을 열어 남북 관계를 변화시키고 궁극적인 한반도 통일을 이루어 내야 한다. 변화하는 국제정세와 북한의 움직임을 보면서 우리에게 도움이 되고 북한에게도 도움이 되는 사안을 중심으로 진중하면서도 실용적으로 한반도 통일을 위해 접근해 갈 수 있을 것이다. 체제가 다르더라도 관광하고 사업도 하는 한-중관계, 한-베트남 관계처럼 남북 관계를 변화시켜 보자는 것이다. 베트남 다낭과 나트랑에 여행가듯이 신의주와 개마고원으로 여행을 가는 남북 관계를 만들어 보자는 것이다.

저출산·고령화로 인한 국가 경쟁력 약화, 연금과 복지 재정의 악화, 청년세대의 기회 축소 문제를 고려할 때, 실용적인 한반도 통일 노력은 남북한의 자원과 인구, 토지를 통합하여 새로운 성장 경로를 만들어 낼 수 있을 것이다.

우리는 "불편하더라도 감내해야 하는 의무로서의 통일"에서 벗어나, "우리 삶을 긍정적으로 변화시키는 인센티브로서의 통일"이라는 인식을 가질 필요가 있다. 이는 통일이 가져올 수 있는 경제적 기회, 지정학적 이점, 문화적 다양성, 사회적 역동성을 종합적으로 고려할 때, 통일이 부담이 아니라 기회일 수 있다.

Ⅲ. 통일 비전: 행복과 풍요, 자유와 기회의 한반도

한반도 통일 비전은 "행복과 풍요, 자유와 기회의 한반도"이다. 이는 단순히 남북한 정치체제를 하나로 합치는 정치적 통일을 넘어,

개인의 삶의 질이 향상되고, 자유로운 이동과 선택, 다양한 경제·사회적 기회가 보장되는 통합된 공동체로서의 한반도를 상정한 것이다. 이러한 비전은 남북한 어느 일방의 체제를 강요하는 방식이 아니라, 서로의 차이를 인정하면서도 보편적 가치와 실용적 기준에 기반하여 새로운 협력과 번영, 남북한 통합 구조를 만든다는 함의를 담고 있다.

공산진영국가 중에 시장경제를 받아들이지 않은 유일한 나라는 북한이다. 중국은 등소평의 '흑묘백묘론'(쥐를 잡는데 고양이 색깔이 중요하지 않다는 의미로 중국 경제를 위해 시장경제를 받아들임)으로 개방을 했고, 베트남은 '도이모이'로 전쟁을 했던 미국과의 관계 개선을 통해 경제 발전을 이루었다. 북한만이 '모기장식 개방'으로 현재와 같은 경제적 어려움을 경험하고 있다.

경제주체들의 자발적인 활동을 위한 인센티브가 없는 폐쇄적 공산 경제의 구조적 한계와 북한 핵 문제로 인한 국제 사회의 대북제재로 인해 북한은 중국이나 베트남과 같은 경제 발전을 위해서 개방의 길로 나설 수밖에 없을 것이다. 나서지 않을 경우 북한 주민의 불만과 김정은 정권 엘리트층의 균열로 정권 유지가 어려워질 수도 있음을 북한 지도부는 무시하지 못할 것이다. 북한의 개방은 이미 2018년의 미북 간의 비핵화 대화에 북한이 복귀하고 유엔의 대북제재가 일부 해제되는 상황에서부터 시작되었다. 트럼프 대통령과 김정은의 만남이 중요한 이유이다.

북한이 비핵화 대화에 나서고 이의 결과로 개방이 시작된다면 남북 관계는 지금의 한-베트남 관계처럼 체제를 존중하면서 상호 필요에 의해서 관광도 하고 사업도 하는 소위 '실용적 통일' 상태로 진입할 것이다. 그렇게 되면 고령으로 상봉을 학수고대해 온 이산가족 문제도 자연스럽게 해결되고 한반도 안보 불안 해소와 함께 남북한의 동반 성장이 가능할 것이다. 이러한 상태의 한반도 특히 대한민국에 대한 국제적인 이미지는 제고될 것이며, 한류 문화로 진가를 발휘하고 있는 대한민국이 평화 번영, 행복의 선진 국가로 인식됨으로써 국가 브랜드 가치가 상승할 수 있을 것이다. 이는 한반도 통일을 위해 북한 무대에서 활동하지 않더라도 전 세계에서 활동 중인 대한민국 국민들에게 의미 있는 긍정적인 효과를 줄 것이다.

Ⅳ. 현재 한반도 정세와 북한 내부 상황

1. 남북 관계 단절과 긴장 고조

분단 80년인 2025년 현재 한반도 정세는 "남북 관계 단절"과 "국제 사회의 복합위기"라는 두 축으로 설명 가능할 것이다. 2018년과 2019년에 세 차례의 남북정상회담이 개최되었음에도 불구하고, 2019년 2월 하노이 미북 회담 결렬 이후 강경 자세로 돌아선 북한의 남북 공동연락사무소 공개 폭파, 전술핵 무기 사용 위협 등 군사적 긴장 고조 등으로 남북 관계는 사실상 단절 상태에 놓여 있다. 남한에 대해 '삶은 소대가리'라 칭하고 북한과의 관계 개선 제안을 '검푸른 바다가 뽕밭으로 변하길 기대하거나 사막에서 꽃이 피기를 기대하는 환상'이라고 폄하하고 있다. 그러면서 남한과는 '마주 앉을 일도 없고, 마주 앉지도 않을 것'이라고 경직된 입장을 보이고 있다.

특히 북한은 2023년 말 남한을 대한민국이라고 호칭하면서 더 이상 "통일의 상대"가 아니라 "전쟁 중인 적대 국가"로 규정하고, 조국평화통일위원회와 같은 대남기구를 해체하고 통일 관련 상징물들을 철거하는 등 남북 관계의 근본적 변화를 시도하고 있다. 자신들이 늘상 강조해 왔던 '우리 민족끼리' 정신을 스스로 버리고 '백두에서 한라까지'를 '백두에서 송악까지'라고 하고 있다.

이러한 흐름은 북한이 기존의 "민족과 통일" 담론을 의도적으로 지우고, 남한과의 제도적·상징적 연결고리를 차단함으로써, 내부 통제와 체제 보위를 강화하려는 전략적 선택으로 볼 수 있다. 이러한 북한의 움직임은 "북한식 통일이 어렵다는 현실 인식에서 비롯된 조치"로 해석할 수 있으며, 북한은 자신들에게 유리하지 않은 남한 주도의 통일 담론을 약화시키고 북한 주민들의 마음을 흔들고 있는 한류를 차단하면서 남북한 연결도로를 절단하고 방벽을 설치하는 등 북한 주민들의 남한에 대한 적개심 고취와 남한 의존도를 줄이려 하고 있다.

2. 국제정세의 복합위기와 북·중·러 밀착

2025년 국제 사회 역시 안정과 협력보다는 갈등과 경쟁이 심화되는 방향으로 움직이고 있다. 중국의 성장과 미국의 쇠퇴가 가져온 미·중 전략경쟁의 장기화, 러시아-우크라이나 전쟁, 중동전쟁 등은 국제질서를 다극화·분열화시키고 있다. 이러한 상황에서 북한은 중국과 러시아와의 관계를 강화하며, 북·중·러 협력 구도 속에서 "전략적 지위를 보장받는 국가"를 자처하고 있다. 북한은 2017년 "국가핵무력 완성"을 선언한 이후, 비핵화를 협상 카드로 활용하여 우리 및 미국과의 협상을 통해 체제 안전 보장과 제재 완화를 시도한 적이 있었다. 그러나 2019년 2월 하노이에서의 미북 정상회담이 영변 핵시설 폐기라는 일부 비핵화와 실질적인 대북제재 전면해제라는 김정은의 욕심에 의해 결렬되었다. 이후 북한은 '강 대 강'의 입장에서 남한 및 국제 사회에 대해 강경한 입장을 취하고 있다. 2024년부터는 우크라이나 전쟁에 전투병 파병과 군수물자 지원 등 러시아와의 군사협력을 강화하고, 2025년 중국 전승절에 참가하는 등 중국과의 전략적 밀착을 도모하고 있다. 북·중·러 구도에 편승하고 있는 북한은 '미국이 비핵화를 요구하지 않으면 만날 수도 있다'는 입장을 보이면서 2025년 10월 경주개최 APEC 계기로 방한한 트럼프 대통령과의 만남 기회도 흘려보내는 등 우리 및 미국과의 대화보다는 중러를 등에 업고 군사력을 고도화하면서 "핵보유국 지위 인정"과 "전략국가 지위 보장"을 우선시하는 방향으로 행동하고 있다.

3. 북한 내부의 정치·경제·사회적 상황

북한 김정은 시대의 통치 성적은 "정치·군사는 탁월하나 경제는 저조"하다고 평가할 수 있다.

정치적 차원에서 2011년 12월 북한 최고사령관으로 등극한 이후 김정은은 장성택 처형과 이복형 김정남 암살 등으로 정적을 제거하고 확고한 권력을 유지하고 있다. 딸 김주애를 부인 이설주 대신에 공식 행사에 등장시키는 등 후계자 가능성이 제기되고 있지만 2025년 현재까지 김정은 통치에는 이상징후가 보이지 않고 있는 상황이다.

군사적 차원에서 북한은 핵무기·미사일 개발 등 군사력 고도화를 통해 체제 안전과 국제적 존재감을 높이는 데 성공했지만, 그 대가로 국제 사회의 강력한 경제제재와 자원배분 왜곡을 감수해야 했다. 일종의 안보딜레마 현상이다. 북한의 핵탄두가 늘어날수록 북한에 대한 제재는 늘어가는 상황이라고 할 것이다. 중국과 러시아의 북한의 뒷배 역할로 인해 대북제재의 효과가 없다는 평가도 있지만 대북제재 이전과 이후의 북중 교역액이 대폭 감소한 현실은 무시할 수 없을 것이다. 북한 핵이 북한 주민들의 자긍심을 가져다 줄 수 있지만 일상의 삶은 여전히 어려우며, 장마당을 중심으로 한 시장경제 요소의 확대에도 불구하고 경제적 어려움에서 벗어나지 못하고 있다.

또한 북한은 "반동사상문화배격법"과 같은 법률을 통해 한류 문화 확산의 경우 최고 사형에 처하는 등 외부 정보와 문화의 유입 차단을 위한 강력한 조치를 취하고 있다. 북한이 해외 문물에 대한 주민들의 동경과 내부 정보유통을 두려워하고 있으며, 이를 통제하기 위해 사상 단속과 처벌을 강화하고 있음을 보여주는 사례이다. 이러한 상황이 지속되면 북한당국은 체제 유지를 위해 사회 통제의 경직성을 심화시키고, 이는 북한 주민들의 불만과 이탈을 촉발할 가능성을 내포하고 있다.

V. 분단 80년 통일 노력의 성과와 한계

1. 민족공동체통일방안과 통일정책의 연속성

분단 이후 한국의 통일정책은 비록 남북 관계가 어려운 상황에 있지만 "45년 분단 이래 일관되게 통일을 추진해 왔다"고 평가할 수 있다.

북진통일론, 반공과 선건설 후통일, 체제경쟁을 통한 선의의 통일, 기능주의적 접근 등 각 시대의 통일전략은 달랐지만, 역대 정부는 기본적으로 "민족공동체통일방안"이라는 3단계 구도를 유지해 왔다. 1단계 화해협력, 2단계 남북연합, 3단계 통일국가로 이어지는 이 구도는 단번에 통일국가를 수립하기보다는, 점진적 신뢰 형성과 제도적 통합을 통해 통일을 준비하자는 실용적 접근이었다. 이는 독일 통일, 유럽통합 등 국제 사례에서도 알 수 있듯이 남북한 간 상호 의존성과 신뢰를 축적하는 과정 없이는 통일이 실현되기 어렵다는 인식이 전제된 것이었다.

이러한 점에서 한국의 통일정책은 정권 교체에도 불구하고 일정한 연속성과 안정성을 유지해 왔다고 평가할 수 있다.

분단 80년 동안 북한도 나름의 통일 노력을 기울여 왔다. 하지만 북한의 통일 모습과 우리의 통일 모습이 다르다. 남북이 '동상이몽'을 한 것이다. 바로 이 때문에 지금도 남북한이 분단되어 있는 것이다.

2. 667회 남북 당국 간 대화에도 불구하고 미흡한 성과

아쉽게도 80여 년간의 통일 노력에도 불구하고 한반도 통일은 실현되지 않았고, 분단 구조만 심화되었다. 1972년 7.4 남북공동성명 채택을 계기로 시작된 남북 당국 간 대화는 2025년 기준 667회에 이르렀고 무수히 많은 합의를 했지만, 이산가족 상봉행사와 같은 일회성 행사를 제외한 남북 관계의 근본적 변화를 가져올 수 있는 의미있는 사안에 대한 합의는 이행되지 않았다. 그 결과 남북한 간 불신과 적대감은 아직까지도 근본적으로 해소되지 못하였다. 이러한 결과를 가져온 요인으로는 다음과 같은 점을 들 수 있다.

첫째, 북한 체제의 경직성과 폐쇄성이다. 북한은 남북대화와 경제협력을 체제 유지에 유리한 범위 내에서만 수용해 왔으며, 근본적인 개혁·개방으로 나아가는 데에는 매우 소극적이었다. 북한은 남북 간 합의 보다는 정치 군사적 상황을 우선하면서 합의 이행에 적극성을 보이지 않았다. 91년과 92년에 체결된 '남북기본합의서'와 '한반도비핵화공동선언'이 전형적인 예로 합의 내용과 다른 방향으로 북한이 행동했음은 주지의 사실이다.

둘째, 한국의 통일정책이 주로 당국 중심에 머무른 한계이다. 그동안 정부는 북한 당국과 북한 주민을 분리한다고 했지만, 북한 주민에 대한 통일 노력은 사실상 전무했다. 이는 남북대화와 경협이 북한 주민의 삶을 실질적으로 변화시키기보다는, 당국 간 상징적 이벤트나 제한된 경제협력에 그쳤다는 비판적 인식에 토대하고 있다. 엄청난 기득권을 가지고 있는 북한당국이 우리에게 유리한 방향으로 양보를 하거나 변화할 가능성은 매우 낮음에도 불구하고 그동안 우리 정부는 북한당국의 선의에 기대했다고 할 수 있을 것이다. 동독 주민들이 동독 당국의 변화를 가져왔듯이 북한 주민들이 북한당국의 변화를 가져올 수 있도록 북한 주민들과의 안정적이고 지속적인 소통과 협력이 중요하다 하겠다.

셋째, 국제정치 구조의 제약과 한국 내부의 남남갈등도 통일정책의 일관된 추진을 어렵게 만들었다. 2019년 조건 없는 개성공단과 금강산 관광사업 재개에 대한 북한 제의를 한국 정부는 국제 사회 대북제재로 인해 수용하지 못했다. 남북 관계에 적극적이었던 김대중 정부는 같은 성향의 클린턴 정부를 뒤이은 북한 문제에 엄격한 부시 정부를 맞아 통일정책을 추진하는 데 어려움을 겪었다. 국내적으로 보수 정부와 진보 정부는 차별화 차원에서 통일정책을 활용한 측면이 있었다. 이전 정부의 통일정책을 계승하지 못하고 이전 정부와 다름을 보여주려고 하다 보니 북한과의 안정적인 관계 유지가 어렵고 김정일 사망 등 북한 내부의 상황 변화로 그동안의 남북 협력에 대한 동력이 상실된 사례도 있었다.

3. 분단 구조의 고착화와 상시분쟁지역 가능성 경계

국제적 역학구도와 북한의 경직성으로 유지된 분단 80년의 결과로 한반도의 분단 구조가 고착되고 북한의 쓰레기 풍선 도발과 같이 한반도가 "상시분쟁지역"으로 변화할 수도 있음을 경계해야 한다. 국제 사회에서는 우크라이나 전쟁과 중동 전쟁 이후 분쟁예상지역으로 대만해협과 한반도를 지켜보고 있다. 북한의 호전적인 언사와 거침없는 핵·미사일 개발, 남북 관계 악화에 따른 남북 간 군사적 충돌 가능성, 미·중·러 등 강대국의 이해관계가 얽힌 한반도의 지정학적 구조 속에서, 한반도는 실제상황과는 달리 안정과 번영보다는 위험과 불확실성의 이미지로 인식되기 쉽다. 이렇게 될 경우 외국인 투자, 국제 금융시장, 글로벌 공급망 재편 과정에서 한국에 불리하게 작용할 수 있다. 이러한 인식이 확산되지 않도록 남북 관계를 잘 관리하고 북한이 국제무대에서 정상적인 행동을 하도록 변화시켜야 할 것이다.

폐쇄 체제를 유지하고 있는 북한은 한반도의 발전 번영을 방해하고 있는 일종의 "개발지 알박기"에 비유할 수 있다. 북한이 외부세계와 막혀 있는 한, 한반도 전체의 성장과 발전은 제약을 받을 수밖에 없으며, 대륙과 해양을 연결하는 지리적 이점은 제대로 활용될 수 없다. 반대로 막힌 북한 공간이 개방될 경우, 한국은 유라시아 대륙과 태평양을 잇는 핵심 거점으로 부상할 수 있으며, 이는 "코리아 프리미엄"이라는 새로운 기회를 창출할 수 있다.

분단된 상태에서 태어나 세계경제 10위권의 대한민국 풍요함을 누리고 있는 젊은 세대들의 통일의식이 약화되고 있다는 여론조사 결과가 나오고 있다. 우려스러운 일이다. 젊은 세대들이 한반도 통일의 편익을 이해하게 됨으로써 통일의식의 약화 현상은 변화할 수 있을 것이다.

VI. 한반도 통일을 위한 과제

1. 북한 개방 유도: 분단에서 벗어나기 위한 첫걸음

한반도 통일을 향한 첫번째 과제는 "북한 개방 유도"이다. 북한 사회가 중국·러시아·베트남처럼 국제 사회에 개방하는 방향으로 변화하지 않는 한, 남북 관계의 근본적 개선과 통일 논의의 진전은 어렵다. 중국과 베트남은 공산당 일당 체제를 유지하면서도, 시장경제 요소를 도입하여 경제성장을 이루었고, 국제 사회와의 관계도 확대해 왔다. 북한 역시 체제를 유지하면서 경제를 개방하는 모델을 선택할 수 있으며, 한국과 국제 사회는 이러한 선택을 유도할 수 있는 환경을 조성해야 한다. 이를 위해서는 무엇보다 북한 비핵화를 중심에 두고, 체제 안전 보장과 국제 사회 대북제재 해제를 연계하는 현실적 로드맵이 필요하다. 비핵화와 체제보장의 교환, 점진적 제재 완화와 경제지원, 국제금융기구와의 연계를 통해 북한이 개방을 선택하는 것이 체제 유지에도 유리하다는 인식을 심어주는 것이 중요하다. 이 과정에서 남북한 차원을 넘어 미·중·러 등 주변국의 관여와 국제적 공조체제가 필수적이다.

2. 북한 주민 중심의 변화 유도

두 번째 과제는 "북한 당국보다는 북한 주민의 핵심적 역할을 통해 북한 변화를 유도"하는 것이다. 북한의 변화는 외부에서 강요할 수 없으며, 결국 북한 내부, 특히 북한 주민들의 인식과 요구 변화에서 비롯된다. 남북 및 국제 사회는 외부 환경을 조성할 수 있지만, 변화의 실현 여부는 궁극적으로 북한 주민과 당국에게 달려 있다. 따라서 한국의 통일전략은 북한 주민에게 정보와 희망을 전달하고, 북한 주민들이 스스로 개방과 풍요를 요구할 수 있는 여건을 조성하는 방향으로 설계되어야 한다. 탈북민의 성공적 정착 과정을 지원하고 이를 북한 주민들에게 알려주는 것, 인도적 지원과 교류사업을 통해 남한 사회의 실체를 전달하는 것, 청년층을 중심으로 한 남북 간 직·간접적 소통 채널을 확대하는 것 등이 대표적인 예이다.

3. 보편적 가치와 실용을 기준으로 한 남북 관계, 젊은 미래 세대가 통일의 주역

세 번째 과제는 "북한 예외적 특별대우가 아닌 보편적 가치와 실용을 기준으로 남북 관계를 관리하는 것"이다. 우리는 국제 사회와 협력하고, 중국·러시아 등 북한 후원국도 거부할 수 없는 명분을 가지고 북한 변화를 유도해야 한다. 이는 남북 관계를 이념적·감정적 차원이 아니라, 인권, 평화, 번영이라는 보편적 가치에 기초하여 합리적으로 조정해야 한다는 의미이다.

또한 통일을 준비하는 과정에서 한국 내부의 중심세대가 변화해야 한다. 6·25 전쟁의 상처를 직접 경험한 세대보다는, 국제화·정보화 시대를 살아가는 젊은 세대가 통일시대를 주도해야 한다. 젊은 세대는 6.25 전쟁은 알고 있지만, 실용적·합리적 사고를 바탕으로 기성세대나 노년 세대가 가지고 있는 트라우마인 적대감을 극복하고 남북 관계를 "쿨"하게 바라보고, 북한과의 소통과 협력을 통해 한반도 통일로 나아갈 수 있는 잠재력을 가지고 있다. 2025년 파리올림픽에서 남북한 선수가 함께 셀카 장면을 찍듯이, 남북한 젊은 세대가 스포츠, 문화, 예술 등의 영역에서 자연스럽게 교류하는 모습이 미래 한반도 통일의 단초가 될 수 있을 것이다. 북한 사회의 대부분

을 차지하고 있는 '장마당' 세대는 정도의 차이는 있지만 외부 세계
와 북한의 차이를 알고 풍요롭고 행복한 일상을 보내고자 하는 열
망을 가지고 있다. 이들도 실용적인 자세로 한반도 통일의 길을 걸
어올 수 있을 것이다.

4. 일상에서 준비하는 통일: 탈북민과 함께 하는 "미리 온 통일"

마지막 과제는 "한반도 통일을 일상에서 준비하고 행동으로 실천하
는 것"이다. 통일 준비는 거창한 구호가 아니라, 분단 및 접경지역 방
문, 통일 콘서트와 같은 문화행사, 탈북민 지원, 통일교육과 토론모임
등 일상적인 활동 속에서 조용히 그러나 꾸준히 실천되어야 한다.

무엇보다도 "미리 온 통일"인 탈북민의 성공적 정착 지원이 중요하
다. 탈북민은 남북한 사회를 모두 경험한 존재로서, 장차 남북 통합
과정에서 가교 역할을 수행할 수 있는 소중한 인적 자원이다. 탈북
민이 한국 사회에서 차별과 소외를 겪지 않고, 안정된 삶을 구축할
수 있도록 돕는 것은 단순한 복지정책 차원을 넘어, 북한 주민에게
희망의 메시지를 전달하고, 북한 내부 변화를 촉진하는 전략적 의
미를 지닌다.

Ⅶ. 맺음말

분단 80년 동안의 통일 노력과 현재 한반도 정세, 그리고 향후 통일전략을 살펴보았다. 한반도 통일은 전통적인 민족·이념·번영 논리에서 한 걸음 더 나아가, 북한 주민에 대한 인간적 공감과 실용, 저출산·고령화와 성장둔화로 인한 한국 사회의 구조적 위기, 그리고 한반도의 지정학적 이점을 살린 미래 전략이라는 관점에서 재해석 되어야 한다.

분단 80년 동안 남북한은 667회에 달하는 당국 간 대화를 진행했지만, 북한 체제의 경직성과 당국 중심 접근, 국제정치 구조, 한국 내부의 갈등 등으로 인해 실질적인 통일 진전에는 한계가 있었다. 그 결과 한반도는 상시 분쟁지역으로 인식될 위험에 처해 있고 북한은 "개발지 알박기"와 같은 대한민국 발전의 장애 요인으로 작용하고 있다. 그러나 동시에 북한이 개방되고 남북이 협력할 경우, 한반도는 대륙과 해양을 잇는 핵심 거점으로 도약할 수 있는 "코리아 프리미엄"의 기회를 가진 지역이기도 하다.

앞으로의 통일전략은 북한 개방 유도, 북한 주민 중심의 변화 촉진, 보편적 가치와 실용을 기준으로 한 남북 관계 관리, 젊은 세대의 주체적 참여, 일상에서의 통일 준비라는 다섯 가지 방향에서 추진되어야 한다. 통일은 어느 날 갑자기 주어지는 사건이 아니라, 오랜 시간에 걸쳐 준비된 사회가 맞이하게 되는 결과이다. 분단 100년을 맞이하기 전에, 남북한 젊은 세대가 중심이 되어 행복과 풍요, 자유와 기회의 한반도를 함께 만들어 나가야 할 것이다.

통일의 꿈
: 북한 방문의 에피소드 등

서동원

I. 들어가며

요즈음 아침 출근길 잠시 운전하는 한강 고수부지의 도로는 일상의 작은 기쁨을 선사한다. 지나치듯이 시야에 들어오는 정갈하게 잘 가꾸어진 수목과 넓게 펼쳐진 한강 변의 모습은 잔잔한 행복감을 안겨 준다. 푸르른 초목 사이로 하염없이 흐르는 물결을 바라보노라면 마치 지난 수십 년 세월의 흐름이 눈앞에 펼쳐지듯 개인적인 추억과 민족사의 잔상이 주마등처럼 스쳐 지나가곤 한다. 지난 5~60년 동안 우리 국민이 함께 피나는 노력 결과 이루어 놓은 대한민국은 가히 기적이라고 불려도 지나치지 않을 것이다. 70여 년 전인 한국 전쟁 직후, 세계에서 가장 가난했던 나라를 오늘날 이처럼 살기 좋고 아름다운 부강한 나라로 건설한 사실은, 이 시대를 살아온 국민의 한 사람으로서 더없는 성취감과 자부심을 느낀다. 필자는 기독교인으로서 이 자유롭고 풍요로운 나라를 이룩하게 해주신 하나님께 무한한 감사를 드린다. 그러면서 같은 민족으로서 분단되어 다른 정치체제하에서 살면서 아직도 대부분이 빈곤과 억압된 삶에서 헤어나지 못하고 있는 약 2,600만 명의 북한 주민을 생각하면서 하루바삐 북한에도 우리와 같이 자유와 풍요가 깃들기를 간절히 기도한다. 이러한 간절함은 비단 기독교 신앙 여부를 떠나 이 땅에 사는 많은 국민들이 같은 마음일 것으로 믿어 의심치 않는다.

II. 분단의 현실과 통일의 기회

필자는 한국 전쟁이 한참이던 1952년에 피난 시 임시거처였던 부산에서 태어나 전쟁의 참화를 직접 겪지는 않았다. 서울에서 대대로 살아온 집안이라 북한에 친척이 없어 남북분단으로 인한 이산가족의 비애나 고통을 가까이에서 실감할 기회도 거의 없었다.

그러던 필자가 성인이 되어 군 복무를 거쳐 경제부처의 공무원으로 근무하면서 남북분단의 문제를 단순한 이념의 문제가 아닌 당면한 현실로서 뼈저리게 체감할 기회를 몇 차례 갖게 되었다. 그리고 분단의 현실을 피부로 느낄수록 통일이 한반도의 미래에 얼마나 중요한 시대적 과제인지를 깨닫게 되었다.

1. 해군장교 시절: 한반도 분단의 제약과 잠재력

첫 번째 계기는 해군장교로 복무하던 시기였다. 1977년부터 1981년까지 단기장교로 복무하면서 4년간 함대사령부, 해군본부 및 유엔군 사령부 상황실에 근무하였다. 백령도에 잠시 파견근무할 때와 함대사령부 상황실에서 근무하던 시절에는 북방한계선(NLL) 주변에서 남북 군함이 대치하여 간첩선의 출몰이나 북한어선의 NLL월경 남하 등으로 종종 포격이 오가는 등 긴장된 남북대치 상황을 직접 눈으로 확인하였다. 휴전 후 수십 년이 지나 겉으로는 분단상태에서 그대로 평화가 정착된 것 같은 착각에 빠지기 쉽지만 한반도는 엄연히 전쟁의 문턱에서 벗어나지 못하고 있음을 실감하였다. 이러한 분단 현실은 적대적 대치 상황에서 국가안보를 최우선시할 수밖에 없는 정치적 사회적 분위기가 자유롭고 민주적인 우리 사회의 발전에 일정 부분 제약요인으로 작용할 수밖에 없었고 경제적으로도 과도한 국방비 지출이 불가피하여 경제발전을 위한 재원 조달에도 큰 부담이 되었던 것이 사실이다.

필자는 당시 이러한 남북 대치 상황이 완화되고 궁극적으로 통일이 되면 이러한 정치적, 경제적 제약이 없어지거나 크게 완화될 것이라는 생각을 종종 해 보았다. 국토면적도 2배 이상 넓어지고 인구도 거의 8천만 명이 되는 통일된 대한민국은 경제력이 선진국 수준에 도달한다면, 영국, 프랑스, 독일, 이태리, 스페인 등 서구 열강과 규모 면에서 어깨를 나란히 할 수 있는 중견 강국으로 도약할 수 있을 것이라는 꿈과 기대를 품고 살았다. 당시 우리나라는 고도경제

성장 시기로 연평균 경제성장을 7%씩 지속하고 있어 그러한 꿈은 결코 근거가 없는 것이 아니었다. 그리고 실제로 그 후 40여 년이 지난 2019년에는 1인당 국민소득이 3만 달러를 돌파하여 인구 5천만 명 이상, 1인당 국민소득 3만 불 이상인 국가들을 지칭하는 소위 30~50 클럽에 우리나라가 속하게 되어 미국, 프랑스, 독일, 영국, 일본 및 이탈리아 등 선진 열강인 6개국과 어깨를 나란히 하게 되었다. 비록 통일은 이루지 못했지만, 남북분단상태에서 대한민국만으로 꿈같은 일이 현실로 실현된 것이다.

2. 경제기획원 방위예산2담당관 시절
: 전쟁의 문턱에서 통일을 바라보다

두 번째 계기는 군 복무를 마치고 공직에 복귀하여 1981년 11월부터 경제기획원에서 근무하면서 경제사회개발5개년계획 수립 등 경제정책 관련 업무를 수행하던 중 1994년 1월 예산실로 보직을 옮겨 국방예산 중 특별히 전력정비사업(율곡사업) 예산의 편성을 위해 신설된 방위예산2담당관을 맡게 된 시절이었다. 그때까지는 각 군에서 소요되는 각종 무기의 생산 도입에 대해서는 국방부와 각 군에서 소정 절차에 따라 독자적으로 결정하였고, 소요 예산에 대해서는 예산편성 당국인 경제기획원 예산실의 통상적인 사업별 심사를 받지 않고 전력정비사업 예산의 총액에 대해서만 경제기획원이 결정하고 세부 내역은 국방부에 일임하여 왔다. 그러다가 김영삼 정부가 들어서 감사원이 율곡사업(전력정비사업)에 대한 대대적인 감사를 시행한 결과 일부 비리가 노정됨에 따라 제도 개선방안으로 민간인이 군의 무기도입계획 심의과정에 참여하도록 한다는 취지에 따라 경제기획원 내에 율곡사업에 대한 예산 심사를 전담하는 기구를 신설하도록 하였고 그 결과 탄생한 것이 방위예산2담당관실이었다. 그 초대 담당관으로 필자가 임명되어 우리 군사력 정비사업의 소요판단 및 자원배분을 심의하였는데 업무상 필연적으로 육해공군에서 파견된 중견 장교들과 함께 남북한 군사력 비교 및 동향에 대해 전문적인 검토를 수행하게 되었다.

그런데 이 시기는 북한은 핵확산금지조약(NPT) 탈퇴를 선언(1993.3.12)하여 북한의 핵 문제가 국제 사회에 심각한 이슈로 대두되게 된 때였다. 이는 당초 북한이 (구)소련의 지원으로 실험용 원자로(흑연감속로)를 건설하고 (구)소련의 요청으로 NPT에 가입(1985.12.12.)한 후 안전조치협정에 서명(1992.1.30.)하였으나 그 후 IAEA의 사찰('92.5-93.2, 6회)을 받은 결과 협정위반이 문제가 되자 북한이 NPT를 탈퇴한 데 기인한 것이다. IAEA 사찰결과 북한 신고내용과 중대한 불일치가 발견되었고 특히 미신고 시설(2곳)은 재처리한 핵폐기물 저장소로 추정됨에 따라 IAEA는 미신고 시설에 대한 특별사찰을 요구하였는데 북한이 이를 거부한 것이다. 그래서 IAEA와 UN안전보장이사회는 북한의 NPT 복귀를 촉구하는 결의안을 채택하는 등 국제 사회의 규탄과 복귀 압력이 가해졌으며, 핵비확산체제를 주도해 온 미국은 북한과 핵 문제를 직접 해결하기 위한 양자협상을 수차 진행하였으나 1994년 3월 21일 제네바에서 열린 협상이 결렬됨에 따라 평화적 해결을 기대하기 어려운 상황이 되었다.

그래서 국내외에서는 북한의 영변지역 등에 위치한 핵 시설에 대해 미국이 공중폭격을 단행할 것이라는 예상이 매우 가능성있는 것처럼 거론되었다. 일예로 시사주간지 Time지의 표지에 "전쟁은 불가피한가? (Is War inevitable?)"라는 제목이 실리고 특집기사가 게재되기도 하였다. 1953년 7월 27일 휴전협정 조인 후 처음으로 한반도에 전운이 짙게 드리운 시절이었다.

당시 미국의 북한 폭격에 대해서는 국내외에 강경파와 온건파로 갈리어 논쟁이 치열했던 것으로 알려져 있다. 알려진 바에 따르면 온건파는 미국이 북한 핵시설을 폭격하면 권위주의 정권의 성격상 북한이 반발하여 기존에 휴전선 인근에 배치한 다수의 장거리포 및 방사포 등을 사용하여 남쪽을 대거 포격하여 막대한 재산 및 인명 피해를 입힐 수 있고 심지어는 쌍방의 교전이 확대되어 한반도가 새로운 전쟁에 휘말릴 가능성이 있다는 우려를 제기하였다. 반면 강경파는 북한 핵시설에 미국이 공중 폭격을 하더라도 북한의 능력이나 주위 여건에 비추어 볼 때 반격은 거의 불가능하거나 제한적일 수밖에 없어 크게 염려할 것이 없다는 의견이었다. 상술한다면 북한의 당시 전력으로는 대한민국과 주한미군의 군사력에 비하면 우세하다고 보기 어렵고 특히 주한미군의 신속한 증강을 고려하면 결국 현저한 열세로 볼 수밖에 없어 북한이 먼저 전쟁을 일으킨다는 것은 자멸 행위나 다름없다는 것이다. 그리고 북한이 미국을 상대로 전쟁을 일으키는 것은 중국 및 소련 등 배후세력의 지원을 확약받아야 현실적으로 가능한데 그 가능성도 거의 없다는 것이다. 필자가 당시 알고 있는 바로도 그 시점의 중국은 시장경제의 도입 및 개방 등을 추진한 초기 단계로서 한반도에 개입할 여력이나 실익이 없었고 러시아도 구소련 해체 후 아직 국력이 회복되지 않아 우리나라로 부터 30억 불 차관 지원을 약속받는 등 우호관계가 형성되어 있어 북한이 러시아의 지원을 얻을 가능성도 거의 없는 상황이었다. 회고해 보면 당시 미국이 영변 시설을 폭격했다면 2025년 6월 22일에 시행된 미국의 이란 핵시설 3곳에 대한 공격에서 보듯이 북한은 현장에서 대응 사격 이외에 별 뾰족한 대책이 없었지 않았을까? 미국의 북한 핵시설 폭격으로 일시적인 휴전선의 긴장 상태는 불가피했을수 있었겠지만 대한민국에 대하여 강도 높은 공격이나 도발은 북한측에서 오히려 전면전 확대가능성을 우려하여 시도하지 않았을 가능성이 높았던 것이 아닐까? 그래서 만일 그때 북폭이 단행되었다면 북한이 핵 개발을 포기하거나 아니면 핵무기 개발의 속도가 늦어져 지금과 같이 핵무기 보유 국가로 국제 사회에서 사실상 인정받는 상황은 안되지 않았을까? 물론 가정일 뿐이다.

그런데 당시 김영삼 대통령이 "한반도에서 전쟁은 절대로 안 된다. 우리 국군은 한명도 동원되어서는 안 된다."면서 당시 미국 클린턴 대통령에게 북폭에 대한 반대 의사를 전달했다고 알려져 있다. 그런 직후에 1994년 6월 15일 카터 전 미국 대통령이 평양을 방문하여 김일성과 면담 후 남북정상회담 및 미북간 회담 재개를 발표하였다. 이에 따라 일촉즉발의 긴장된 상황으로 경색되었던 미북관계는 완화되었고 미북양자협상을 1994년 7월 8일 제네바에서 다시 개최함으로써 미국의 북한 폭격 문제는 더 이상 거론되지 않게 되었다. 이렇게 미국이 폭격방침을 바꾼 것이 김영삼 대통령의 반대 때문이었는지 혹은 카터 전 미국 대통령의 방북 결과 때문인지 아니면 둘다 때문인지는 알 수 없다. 이는 미국 정부 내부의 정책결정 과정에 관한 것이므로 외부에서는 추측을 할 뿐이다. 다만 우리나라 정치권에서는 김영삼 대통령의 반대에 주목하는 시각이 많은 반면 국내외 외교 전문가 중에는 카터 대통령의 평양방문 결과에 보다 주목하여 미국 자체의 내부적인 정책 변화로 이해하는 시각도 적지 않은 것 같다.

필자는 국방예산을 담당하는 실무책임자로서 만약의 사태에 대비하여 당시 진행되는 미국과 북한과의 협상 과정과 국내외 군사정세 등에 대한 정보를 수집하고 비상시의 국방예산 차원에서의 대응방안을 강구하고 있었다. 그러다가 미국과 북한의 합의로 전쟁 가능성이 사라짐에 따라 일단 안도하고 대응 태세도 마무리하게 되었다. 통일을 염원하는 한 사람으로서 솔직히 말하자면 이러한 미북 협상으로 비록 우여곡절은 있을망정 통일의 기회를 극적으로 앞당길 천재일우의 기회가 사라진 것이 아닌가 하는 아쉬움도 있었음을 부인할 수 없다. 물론 이는 전쟁을 해서라도 통일하기를 희망했다기보다는 북한 체제의 불안정과 북한 주민의 고통을 생각할 때 모처럼 우리에게 제공된 군사적 외교적 수단을 충분히 활용하지 못한 것 아닌가 하는 안타까움이었다. 세월이 지나 2010년경 어떤 전문가 모임에서 정부의 고위직을 역임하고 퇴임한 인사가 미국을 방문했을 때 만난 미국의 일부 저명한 국제정치학자들이 해 준 이야기를 들었을 때 그 안타까움은 매우 컸다. 비록 미국의 국제정치학자 대다수의 의견은 아니지만 "1994년 당시 미국정부가 북한에 대한 폭격으로 한반도 정세에 개입하려고 시도했던 것은 큰 실수였으며 미국의 일관된 한반도 정책과는 다른 매우 예외적인 상황이었다고 하면서 한국정부가 그 기회를 그냥 흘려보냈다"라는 이야기였다. 같은 자리에서 전해 들은 참석자들도 대부분 비슷한 마음이었을 것이라고 생각된다.

3. KEDO 근무 시절: 북한 체제의 취약성과 지원의 역설

① KEDO의 탄생: 평화를 위한 노력과 통일에 대한 기대

1998년 2월 하순 당시 필자는 재정경제원의 국장급 공무원으로서 IMF 외환위기 대책T/F에서 임무를 마치고, 한반도에너지개발기구(Korean Peninsula Energy Development Organization, 약칭 KEDO)에 파견되어 1998년 2월부터 2000년 8월까지 기간중 New York 본부에서 재정 및 중유공급을 담당하는 부서의 책임자(Director of Finance ans Heavy Oil Division)로 근무하게 되었다.

KEDO는 1994년 초 북핵 위기시 전쟁 직전까지 갔다가 미국과 북한의 Geneva 회담에서 북한이 핵프로그램을 포기하는 대신에 북한에 1000메가와트 경수로 2기를 공급하기로 합의(Geneva 합의)하고 이를 추진하기 위해 설립된 국제기구이다. 참고로 1994년 10월 21일 미국과 북한이 합의한 소위 미북 Geneva 합의의 주요 내용은 다음과 같다.

⟨1994 미-북 Geneva 합의 내용⟩

첫째, 북한이 당시 운영하던 흑연감속로를 경수로 발전소로 대체하기로 하고, 미국측은 2003년을 목표시한으로 1,000MWe 경수로 2기를 제공하는 대신 북한은 흑연감속로와 관련 시설을 동결하고 궁극적으로 이를 해체하기로 한다. 동결 대상 시설은 1) 5MWe(운영 중인 실험용 원자로) 2) 50MWe(건설 중) 3) 200MWe(건설 중) 4) 재처리 시설 5) 핵 연료봉 공장 등이다. 5MWe 실험용 원자로의 사용 후 연료봉은 안전조치후 제3국으로 이전한다.

흑연감속로 동결에 따른 대체에너지로 미국은 중유 연간 50만 톤을 제공한다.

둘째, 미북관계의 개선을 위해 양측이 조치하기로 하고 1) 무역 및 투자 제한을 완화하고 2) 상호 연락사무소를 개설하고, 양국관계 진전 시 대사급으로까지 격상하도록 한다.

셋째, 한반도의 비핵화를 위해 노력하며, 이를 위하여 미국의 대북 핵 불사용을 보장하고 한반도 비핵화 공동선언을 이행하며 북한은 남북대화에 착수한다.

넷째, 북측의 비핵화 의무를 이행하기 위하여, 1) NPT 잔류 및 IAEA 안전조치협정을 이행하고 2) 비동결 핵시설에 대한 IAEA의 임시 및 일반사찰을 수용하며 3) 경수로 핵심부품 인도 이전 IAEA 안전조치 협정을 전면 이행한다.

이 합의 내용이 잘 이행되면 북한이 정상 국가가 되어 국제 사회의 일원이 됨으로써 남북한 평화 정착뿐만 아니라 남북 간 교류도 확대되어 통일을 앞당길 수 있을 것이라는 기대도 가능한 것이었다. 그래서 KEDO 사업에 참여한 상당수의 한국 직원들은 마음 한구석에 통일에 대한 기대를 자연스럽게 가지고 있었던 것 같다. 동시에 이러한 합의는 보는 시각에 따라서는 소위 너무 좋아서 믿어지지 않을 정도("Too good to be true")라고 할 정도로 이상적인 상황을 제시하고 있어 과연 실제로 실현 가능할 것인지 마음 한편에 의구심을 갖는 직원들도 적지 않았다.

제네바협정에 따라 경수로의 공급자로서 한반도에너지개발기구(KEDO)가 1995년 3월 9일 설립되었다. 회원국으로는 한국, 미국, 일본이 원회원국이 되고, 추가로 EU가 참여하였다. 상기 4개국을 집행 이사국으로 하고 일반 회원국은 나중에 참여한 핀란드, 캐나다, 뉴질랜드, 호주, 인도네시아, 아르헨티나 등 7개였다.

KEDO는 우리나라 외교 사상 아마도 처음으로 그리고 지금까지는 유일하게 우리나라가 주도적인 역할을 담당하는 국제기구였다고 할 수 있다. 당시 김영삼 대통령은 우리나라가 KEDO 사업의 중심적 역할(Central role)을 수행해야 한다는 입장을 천명하였다. 이에 따라 북한에 원자력 발전소 2기를 건설하는 비용(예상 총사업비 46억 달러, 환율 1,100원, 물가상승률 연 2.2% 기준)의 70%를 부담하기로 하였다. 그 대신 원자력 발전소의 시공자는 한국전력공사가 되고 공급되는 경수로도 한국 표준형 원전으로 채택되는 등 사업의 실질적인 내용을 우리나라가 주도하게 되었다. 한편 일본은 1,165억 엔(10억 달러 상당)을 확정액으로 기여하고 미국도 북한에 공급하는 중유 비용 및 KEDO의 여타 소요재원을 확보하기로 하였다. KEDO의 운영비는 한, 미, 일이 예산의 1/3을 매년 분담하고 사무국 직원도 사무총장은 미국인, 사무차장 2인은 한국 및 일본에서 담당하고 직원 수도 이에 비례하여 배정하였다. 그 결과 어느 국제기구에서보다도 우리나라의 발언권이 강한 조직이 되었다. 더구나 업무의 상대방이 북한이라 언어소통이나 문화적 이해가 높은 우리나라 직원들에 대한 의존도가 높을 수밖에 없었다. 그래서 당시로서는 우리나라의 국제적인 위상에 비해 파격적으로 높은 지위에서 주도적인 역할을 수행했다고 볼 수 있다. 한미일 3국에서는 외교관 출신, 경제부처 출신 및 원자력 전문부서 출신 등을 파견하였으며 특히 사무총장 및 사무차장은 모두 전현직 외교관으로 구성하였다. 일례로 초대 사무총장에는 훗날 주한미국대사로 부임하는 Steven Bothworth 였고 사무부총장에는 한국과 일본의 국장급 외교관이 파견되었다.

② KEDO 사업수행을 위한 북한 방문
: 통일에 대한 염원을 보다 (에피소드)

필자는 당시 재정경제원의 국장급 공무원으로 KEDO에 파견되어 재정 및 중유담당부장이라는 직책을 담당하였다. 소관 업무로는 KEDO 사업에 대한 한미일 및 EU와 기타 회원국들의 출연 독려 및 출연금 관리와 아울러 매년 중유 50만 톤을 공급하는데 관련된 업무(재원은 미국 부담)를 수행하였다. 이를 위하여 북한 대표팀과 뉴욕이나 베이징 혹은 북한의 향산(묘향산)이나 금호지구(신포 인근의 원자력 발전소 건설 지역) 등에서 회담을 하였고, 그 덕분에 북한의 평양이나 묘향산 및 함흥, 홍남 및 인근 신포지역까지 여행하여 북한의 도시 및 농촌 실정을 눈으로 직접 볼 수 있는 귀중한 기회를 얻었다. 필자는 1998년에 2차례 그리고 2000년에 1회 북한을 방문했다.

첫 번째 방북은 KEDO 부임 직후인 1998년 4월에 해상루트로 이루어졌다. 강원도 속초항에서 KEDO의 각국 대표 및 한전 직원들과 함께 배를 타고 북향하여 신포지역으로 향하였다. 휴전 후 사실상 설정된 해상 군사분계선을 건너 북쪽으로 항해하면서 온갖 감회가 스쳐 지나갔다. 초급장교 시절 백령도에서 북한 해안선 쪽을 바라보며 쌍안경으로 이상한 물체가 북방한계선을 건너 내려오는 것은 아닌지 눈을 부릅뜨고 감시하던 일이나 인근 해상에서 고속정을 타고 고속 기동을 하면서 우리 어선과 여객선을 보호하던 일 등 북방한계선과 관련된 추억들이 배가 가르는 물살처럼 튀어나왔다 사라져 갔다. 이러한 이례적인 항행은 지난해(1997년) 제1차 KEDO 실무대표단이 방북할 때 KEDO와의 합의에 따라 종전 후 처음으로 동해항에서 출발하여 해상 군사분계선을 건너 함남 양화항까지 항행한 데 이어 이루어진 것이다. 당시의 역사적인 항행에 이어 이번에도 해상으로 북한에 들어가게 되자 필자를 포함하여 그 배에 탔던 100여 명의 우리 KEDO 측 직원은 물론 다른 이사국의 외교관들 그리고 한전 직원들은 이러한 항해가 앞으로도 지속되어 정규 항로로 자리 잡을 수 있으면 좋겠다는 희망과 꿈에 부풀었다. 그러면서도 동시에 그동안의 대북협상의 경험을 비추어 볼 때 웬일인지 결국은 잘되지 않을 것 같은 불안감도 가졌었던 것이 사실이다. 실제로 이후로는 그러한 항해를 통한 인적교류는 KEDO 사업기간 중 사고 발생 등 특별한 경우 외에는 거의 허용되지 않았고 그 후에는 물자 수송 등에만 허용되었다. 그 당시 북한은 철저한 국경봉쇄 정책하에서 해상으로의 남북교류를 인정하지 않았으나 북한에 경수로를 건설하기 위해서는 대한민국의 물자를 해상으로 수송하는 것이 현실적으로 불가피하다고 보아 마지못해 극히 제한적으로 인적, 물적 해상 교류를 허용한 것이었다.

북한의 항구(신포) 인근에 내려 비포장 도로를 수십 킬로미터를 차로 달려 금호지구로 이동하였다. 비포장 도로 위를 달리는 차에 앉아 계속 시달리는 것이 너무 힘들어 중간에 잠시 휴식을 하게 되었다. 좌우를 둘러보아도 숲이나 산밖에 안 보이는 산중에서 모처럼 휴식 시간에 일행이 자유롭게 이야기하고 있는데 갑자기 10미터쯤 떨어진 곳에서 한 안내원이 우리를 향해 "통일합시다!" 하고 절규하듯이 소리치는 것이 아닌가? 처음에는 북한 안내원들이 위에서 지시를 받고 저런 행동을 하는 것이 아닌가 생각해서 우리 측은 아무런 반응도 하지 않았는데 나중에 곰곰이 생각해 보니 꼭 계획된 행동 같지는 않았다. 오히려 통일을 염원하는 개인의 절규로서 진정성이 느껴졌던 것 같다. 그 후 다시 비포장도로를 몇 시간 더 주행하여 지친 몸으로 목적지인 금호지구에 도착해서 원자력 발전소 부지 공사 현장을 살펴보고 북한 측과 회담을 하였다. 일단 북한과 이미 체결한 경수로 공급협정에 따라 이루어지는 현장공사를 위한 회의로서 아직 원자력 발전소 부지조성에 주력하던 시기라 민감한 정치적인 이슈는 없이 주로 공사 진행과 관련한 순수한 실무적인 이야기들이었던 것으로 기억한다. 속으로는 매우 긴장하면서도 겉으로는 협조적인 분위기에서 회의를 마친 후 저녁 식사 시간에는 북한측 인사들과 자유롭게 이야기를 나누었다. 한 북측인사는 "(남측이) 잘 나가다가 어떻게 (IMF 외환위기로) 파탄을 맞게 되었수?" 하고 물었다. 방북 중 만난 대부분의 북한 관리나 주민들이 자신들보다 풍요로운 대한민국에 대해 냉소적이고 비틀린 심사를 표시하는 경향이 있어 답변을 하지 않고 물끄러미 쳐다보기만 하니 "그래도 다시 잘 되겠지요." 하면서 의외로 대한민국에 대한 걱정과 기대를 표시하였다. 너무 뜻밖의 반응이라 그 순간 멍하는 느낌이 들었으나 곧이어 북한 주민이나 심지어는 관리들도 대한민국에 대한 기대를 하고 있는 것이 아닌가 하는 생각이 머릿속을 스쳐 갔다. 북한지역에서 며칠간의 긴장된 생활을 마치고 돌아올 때는 개인적으로는 일생에 남을 방북 기념으로 그 당시 우리에게는 귀한 물품인 북한의 각종 술과 동양화 등을 샀다. 비교적 친절한 안내원들과는 달리 근엄한 북한 세관 당국자들의 까다로운 통관절차를 거치니 조건반사적으로 위축감이 들어 배를 타고 속초항으로 돌아올 때는 좀 과장해서 표현한다면 마치 용궁에 갔다 온 거북이와 같은 안도감과 해방감을 느꼈다.

두 번째 방문은 1998년 가을에 북한의 묘향산에 있는 향산호텔에서 북측과 회담을 위해 이루어졌다. 중국의 베이징에서 북한 비행기를 타고 평양 순안 비행장에 내려 차량으로 묘향산으로 이동했다. 순안 비행장에서 내려 평양 인근을 지나 고속도로로 향하는데 거대한 건축물이 눈에 들어왔다. 이미 잘 알려진 금수산 궁전이었는데 건축비만 수 억 달러가 소요되었을 것으로 추정되는 거대하고 화려한 건물이었다. 당시 북한은 홍수 등 재해와 연이은 흉작, 경제의 파탄 등으로 소위 "고난의 행군" 중인 시기에 국제식량기구(World Food Organization)의 대규모 식량원조를 받고 있었다. 그러한 대형 건축물을 건설할 수억 불의 재원이 있으면 식량을 구매할 일이지 이러한 건축물에 사용할 것이 아니라는 생각이 들어 심경이 매우 착잡했다. 수백만의 인민이 기아에서 시달리며 막대한 아사자를 발생했는데 이는 상관하지 않고 이러한 토목공사에 재원을 투입할 수 있는 공산당 체제를 너무 이해할 수 없었고 솔직히 북한 체제에 대한 거부감 나아가 분노가 치밀어 올랐다. 2시간 이상 달린 고속도로에는 차량을 거의 보기 어려울 정도로 한산했다. 10분 정도 가야 차량이 열 손가락으로 셀 정도가 보이고 그나마도 대부분 고장나서 수리를 기다리는 차량 들이 대부분이었다. 이렇게 교통 수요가 없는 지역에 고속도로를 놓을 수가 있는지 이해가 되지 않았다. 일행 중 한 사람이 자신이 북한 측으로부터 들은 이야기라면서 전하는 바로는 1994년 김일성 주석이 묘향산에서 남북정상회담을 열심히 준비하느라 과로하여 갑자기 위독한 상황이 발생했는데 고속도로가 없어서 긴급 이동이 어려워 의료 조치를 적시에 하지 못해 사망했다고 하여 이를 계기로 고속도로를 놓았다고 한다. 계절에 따라 휴양지인 묘향산을 찾는 북한 사람들이 많을 수는 있지만 우리 일행만이 아니고 다른 시기에 다른 목적으로 북한을 찾은 사람들도 고속도로에 차량이 거의 보이지 않는다는 이야기를 많이 했다. 지방간 인적 물적 교통수요가 많지 않은 북한 체제의 특성을 이해한다고 하더라도 고속도로에 대한 투자가 매우 비효율적이 아닌가 생각되었다. 어쨌든 1차 방북 시절과는 달리 지방의 비포장도로 위에서 고생하던 때 비해 편안하게 여행을 할 수 있었다. 묘향산에 들어가 향산호텔에 짐을 풀고 북한 측과 중유 50만 톤 공급 일정 및 사용점검 등 실무적인 사항에 대한 회담을 했다. 당시 필자가 중유및재정담당 부장(directer of Heavy-oil and Finance division)으로서 KEDO측 대표단의 책임자였다. 그런데 북한 측에서는 향산호텔의 방중 좋은 방이 하나 있는데 이를 참석자 중 미 국무성 파견자에 배정하여 문제가 되었다. 북한 측은 당연히 한, 미, 일 대표들이 오면 미국 측에서 팀장을 맡을 것이라고 생각하고 조치한 것 같은데 KEDO에서는 직책상 한국측 국장급 인사가 중유 공급 및 재정을 담당하는 책임을 맡도록 되어 있어 당시 필자가 책임자였고 산하에 미 국무성에서 파견된 직원이 배속되었던 것이다. 당시 좋은 방 하나를 누가 사용하느냐를 가지고 논란을 벌이는 것은 개인적으로 마음 내키지 않는 일이지만 북한 측의 사고방식을 바꿔주어야 한다는 생각으로 미국 측 대표를 포함한 KEDO 측 대표 전원이 합심해서 주장해 방 배치 문제를 관철시켰던 것으로 기억한다. 그러자 북한 측은 갑자기 대안으로 다른 좋은 방이 하나 더 있다면서 결국 2개의 좋은 방을 제공하여 필자와 미 국무성 직원이 사용하도록 하였다. 북한이 얼마나 미국 측을 신경 썼는지를 보여주는 사례로서 두고두고 기억에 남는다.

향산호텔은 겉으로는 국제회의를 위해 그럴싸하게 지은 소위 "6성급" 호텔이고 특히 15층으로 기억되는 맨 위층은 스카이 라운지로

360도 회전을 하도록 되어 있어 사방의 경관을 감상할 수 있게 되어 있다. 그런데 방에서 회담장으로 이동하는 동안에 엘리베이터가 정전이 되어 도중에 걸어서 계단을 올라가고 회담장에서도 도중에 정전이 되어 회담이 중단되기도 하는 등 북한의 전력 사정이 매우 나쁘다는 것을 실감하게 되었다. 회담을 마치고 저녁 식사 후 15층 스카이 라운지에 올라가니 가운데 술을 파는 바가 있고 담당 여자 종업원들이 안내를 하고 있었다. 여자 종업원들은 매우 수완이 좋고 똑똑하여 고객이 방문하면 말로 잘 설득하여 술을 많이 먹도록 해서 매출액을 많이 올린다고 KEDO 직원 사이에서 소문이 난 사람들이었다. 그러다 보니 술을 먹고 먹이면서 우리 측 인원들과 온갖 이야기를 다 하는 것 같았다. 그래서 당시 들리는 이야기 중의 하나는 20대 중반인 여자 종업원에게 혼기가 다 되었어도 결혼을 하지 않는 이유를 물으니 "남북통일이 되면 남쪽 남자와 결혼하고 싶다"고 말했다고 한다. 이 이야기는 당시 KEDO 내 한국 직원들 사이에서는 화제가 될 정도로 널리 유포된 소문이었습니다. 필자도 그 소문을 확인하고 싶어 잘 먹지도 않는 술을 그 여자가 권하는 대로 거절하지 않으면서 깊은 이야기를 나누어 보려고 밤 늦게까지 바에 머물렀다. 초면이라 그런 이야기를 결국 주고 받지는 못했지만 옆에 동석한 다른 KEDO 직원이 그런 취지의 이야기를 하자 적극 부인하지는 않았던 것으로 기억된다. 이러한 소문과 같은 정황은 향산호텔 뿐만이 아니고 다른 지역의 식당 등에서 일하는 종업원들로부터도 느껴졌다. 필자의 북한 방문 당시 짧은 기간이나마 받은 느낌으로는 상당수의 북한 국민들이 북한 정권은 더 이상 오래 지탱하지 못하고 남쪽으로 통일될 것 같다는 생각을 하고 있는 것 같았다. 이미

1997-98년 당시 주요 언론에서는 남북협력을 위해 북한 측과 접촉한 우리나라 다른 대표단이 만난 북측 대표단 일원 중에는 "통일하면 잘 봐달라"는 부탁을 하는 경우도 있다는 보도가 나올 정도였다. 우리 KEDO의 동료들조차 그러한 정황을 시사해 주는 이야기를 자신의 체험을 가지고 이야기할 정도였다. 오죽하면 북한의 최고위급 인사 중 하나인 황장엽 노동당 비서가 가족을 놔두고 단신으로 남쪽으로 귀순을 했을까? 조만간 남쪽으로 통일이 될 것이 확실하다고 믿은 것이 아닐까? "아! 이제는 통일이 조만간 될 수 있겠구나" 하는 생각이 들은 것은 당시 전혀 무리가 아니었다.

③ 북한 경수로 건설비의 한국 부담 의미
  : 안보비용인가 통일비용인가?

당시 북핵 위기를 타개하기 위해 미국이 북한과 합의하여 KEDO 사업을 통해 46억 불이라는 거액을 들여 북한에 1,000MWE짜리 원자력 발전소 2기를 건설해 주면서 우리나라가 70%를 부담한다는 사실에 대해 비판적인 의견도 많이 있었다. 특히 당시 우리나라는 IMF 외환위기로 국가파산을 맞아 부실기업의 대대적인 정리와 이로 인한 대규모 실업으로 고통을 받고 있던 시기였다. 그래서 KEDO에서 총사업비의 분담 협상을 한미일 3국이 7~8회 거듭하면서 우리나라 협상팀은 조금이라도 출연금을 줄여보고자 노력했으나 허사였다. 당시 우리나라 협상팀의 대표였던 장선섭 대사는 협상 테이블에서 "지금 자신은 웃고 이야기하고 있지만 우리나라는 IMF 외환위기로 경제가 파탄이 나서 국민 다수가 어려운 상황이고 외환

보유고도 고갈되어 있는 상황이라 지금 거액을 출연한다고 하면 귀국해서 몰매 맞을 것이다'라고까지 발언하였다. 그러나 이미 김영삼 대통령이 대외적으로 확약한 "한국의 중심적 역할"은 한국 정부가 사업비의 70%를 부담한다는 의미라고 이해하고 있는 미국의 입장은 요지부동이었다. 예산부처인 재정경제원에서 파견 나간 필자로서도 도저히 가만히 있을 수 없어서 회의 중간 휴식시간에 미 국무성에서 파견 나온 KEDO 직원에게 따지듯이 물어보았다. 필자는 "우리나라가 미국의 핵비확산정책에 협조하여 핵무장을 하지 않는다는 약속을 하고 이행하고 있는데 그러면 한국으로서는 족한 것이지, 우리와 적대적으로 대치하고 있는 북한이 약속을 어기고 핵개발을 하려는 것을 억제해야 하는 의무까지도 부담해야 하는 것인가? 그래서 이를 위하여 우리가 막대한 돈까지 내어야 하는 것인가? 만일 그 비용이 필요하다면 이는 핵비확장정책을 추진하는 미국이 책임지고 부담해야 할 사항이 아닌가? 더구나 지금, 우리나라는 경제위기 상황에 있다."고 다소 격앙조로 말했다. 그러자 그 미국 대표는 좀 답답하다는 표정으로 필자를 처다보더니 "그렇다면 미국이 북한을 공격하기 위해 항공모함을 북한 수역에 파견해도 한국은 괜찮겠는가?" 반문했다. 솔직한 마음으로는 "그래, 괜찮다! 미국이 할 수 있으면 해 보라."고 되받고 싶었다. 그러나 이미 김영삼 대통령이 1994년 북핵 위기 시절 북한에 대한 공격은 안된다고 미 측에 이야기한 사실이 있다고 알려져 있으므로 공직자로서 차마 그런 소리를 할 수는 없었다. 결국 더 이상 할 말이 없었다.

한편으로는 당시 상황으로 보아 북한 정권이 오래가지 못할 것이므로 북한에 원자로를 건설해 주면 결국 통일된 대한민국의 소유가 되지 않겠느냐는 희망적인 기대를 표명하면서 우리가 70%를 부담하는 것이 결코 불합리하지 않다고 이해하려는 사람들도 있었다. 일견 황당한 사고라고 생각되면서도 실제로 당시 상황을 볼 때 북한의 붕괴와 통일은 시간문제라고 보는 시각이 국내외로 적지 않아 반론을 펴기가 쉽지 않았다. 심지어는 일부 외교가에서는 미국이 북한과 제네바 합의를 해준 것은 조만간 북한 정권이 붕괴할 것이라는 기대와 예상을 전제로 했던 것이라는 시각도 있었다. 어떤 정치인은 "북한은 고장 난 비행기"라고 표현하여 추락이 필연적이라는 인식을 보였다. 우리는 통일의 이해당사자로서 너무 낙관적인 전망인 것 같아 조심스러웠지만 당시 소련 등 공산권 국가들이 거의 모두 정권이 붕괴되고 민주화로 나아가는 추세여서 북한만 예외가 될 가능성은 낮다고 보는 것이 무리는 아니었다. 북한 내부를 포함하여 국내외 전문가나 심지어는 일반인의 시각에서 보더라도 당시로서는 북한의 붕괴와 남북통일은 시간 문제라고 보는 것이 대체적인 분위기였던 것 같다.

④ 지원의 역설-오해인가 필연인가?

그런데 1997년 말 대선에서 김대중 후보가 당선되어 국민의 정부가 출범한 후 분위기는 급속히 변화되었다. 남북한 긴장 완화와 평화 정착을 위해 북한에 대한 지원이 이루어져야 한다는 새 정부의 정책 기조하에 북한에 대한 각종 지원이 이루어지게 되었다. 나아가서는 2000년에는 역사적인 남북정상회담이 이루어져 남북 간에 평화로운 교류 분위기가 형성 확대되었다. 우리나라에서 남북 협력사업이란 고도의 통치행위라고 할 수 있어 정확한 실상은 파악하기 어렵지만 북한의 협조를 얻어내는 과정에서 막대한 지원자금이 북한에 들어갔을 것이라고 흔히 추측한다. 실제로 당시 정권의 실세 인사들은 2000년 남북정상회담을 앞두고 현대그룹으로부터 비자금 150억 원을 받고 4.5억 달러를 국가정보원 계좌 등을 통해 불법 대북 송금 과정에 개입한 혐의 등으로 송두환 특검 등에 의해 기소되어 일부 유죄로 형사처벌을 받기도 하였다. 당시 1~2억 달러만 하더라도 북한이 필요한 식량 부족분을 상당히 보완할 수 있는 금액이었기 때문에 이러한 북한지원은 북한의 식량난 해결에 큰 도움이될 수도 있었을 것이다. 북한의 고난의 행군이 끝나는 시점을 대체로 2000년으로 보는데 시기적으로 보아 이러한 대북지원과 관련성이 있다고 보는 시각도 일부 있는 것 같다.

그래서 그런지는 모르지만 2000년 여름에 다시 북한을 방문하여북한 대표들을 금호지구의 공사 현장에서 만나 회담을 했는데 과거의 초췌한 모습과는 완연히 달리 자신 있는 모습을 보였다. 얼굴에생기가 돌고 피부가 빛이 나는 느낌을 받았다. 최근 몇 년 전과는매우 사정이 달라진 것이 명백했다. 돌아오는 길에 방문한 평양의고려호텔에서 바라본 북한 주민의 모습도 전보다는 훨씬 여유와 자신 있는 모습들이었다. 이제는 더 이상 북한 주민들이 식량난으로고통을 받지 않는 것처럼 보였다. 또한 사상 처음으로 남북 간에 대통령도 만나는 등 각종 교류도 이루어지는 평화로운 분위기 속에서더 이상 공산당 체제가 곧 붕괴될지도 모른다는 불안감은 사라진 것처럼 보였다. 어쨌든 긴장된 남북 관계가 완화되어 평화로운 분위기가 형성된 것은 무엇보다 반갑고 환영할 일이었다. 그러면서도 그동안 손에 닿을 듯이 가까이 다가왔던 통일의 꿈은 이제 한참 멀어진 것만 같아 마음 한구석에 씁쓸하고 허전한 느낌을 부인하기 어려웠다. 그러면서도 한편으로는 어쨌든 남북 간에 평화로운 관계가 지속된다면 통일이 안 되더라도 괜찮은 것 아닌가? 하는 생각으로 마음을 달래며 2년 반의 KEDO 근무를 마쳤다.

⑤ KEDO 사업의 파국과 북한의 핵무장

2000년대에 들어와 KEDO의 원자력 발전소 건설사업은 양측에서 협정서에 약속한 대로 경수로의 중요 핵심 설비의 북한 도입과 북한이 그동안 기피해 온 핵시설 사찰을 동시 이행하는 문제로 결정적인 시기를 눈앞에 두고 있었다. 이 단계를 지나면 더 이상 뒤로 돌이킬 수 없는 상태가 되는 것이었다.

문제는 북한의 핵사찰 수용이나 KEDO의 원자로 핵심설비의 제공은 모두 상대편에 대한 신뢰가 형성되어야 가능한 사항이다. 상호 불신이 조금이라도 존재한다면 이행을 주저할 수밖에 없다. 그런데 필자의 KEDO 재직시절(1998.2-2000.8) 이미 북한에 대해서는 비록 제네바 합의에 의해 원자력 발전소 건설을 추진하고 기존의 흑연감속로 등을 포기하더라도 핵무기 개발 프로그램은 생존을 위해 결코 포기하지 않을 것이라는 추측이 유럽 외교관들 사이에서 제기되고 있다고 KEDO의 동료가 필자에게 사적으로 알려준 적이 있었다. 나중에(2002년 10월) 북한도 스스로 밝혔지만 북한은 비밀리에 고농축우라늄(HEU)프로그램을 추진한다는 증거는 이미 서방세계에 포착되고 있었다. 일례로 천영우 전 외교안보수석의 월간조선 2024년 9월 17일자 인터뷰 기사에 따르면 미국 클린턴 행정부 시절 백악관에서 핵비확산 특보를 맡았던 게리 세이모어는 "북한은 제네바 합의의 잉크가 마르기도 전에 과학원 산하에 개발팀을 만들어 우라늄 농축 프로그램을 시작했다"고 말했다고 한다. 소문을 떠나 객관적 사실에 기초하여 판단해 볼 때 미국과 북한 간에 상호신뢰 관계가 거의 개선되지 않았다. 일례로 제네바 합의에서는 미북간의 관계 개선이 이루어지도록 조치하기로 하였으나 실제로는 거의 진척되지 않았다. 미국의 대북 무역 및 투자 제한이 완화되지 않았고 상호 연락사무소 개설 등 외교관계의 개선도 이루어지지 않았다. 북한으로서는 취약한 정권의 안정을 위협할 가능성이 높은 대외 개방은 극력 회피하려고 하였을지 모르나 이러한 대외개방의 회피는 상호 신뢰 형성을 위한 모처럼의 기회를 박차버린 것이나 다름없었다. 나아가 외교적 교섭창구인 연락사무소 설치마저도 그런 위험 요소가 적었음에도 불구하고 전혀 진전이 되지 않았다. 미·북 간 외교관계 개선의 실패를 북한의 책임만으로 돌릴 수는 없겠으나 북한이 미국과의 외교관계 개선에 아쉬울 것이 없다는 식의 특유의 자존심 세우기로 소극적인 입장을 취하였던 측면과 외교분야 조직의 관료적인 경직성 등이 주요 원인으로 거론되기도 하였다. 다소 이해하기 어려운 사항이라 다른 속사정이 있을 수 있겠지만 아무튼 양측이 이 사업의 성공을 위해 필수적인 전제가 되는 신뢰 형성을 위해 노력해 이룩한 흔적을 찾기 어렵다. 냉정히 말하자면 양측이 경수로 건설사업은 겉으로는 일정 수준 추진하여 시간을 벌되 실제로는 다른 목적을 추구한 것이 아닌가 생각될 수 있는 대목이다. 다른 목적이라 함은 북한은 그 시간 동안 미국의 제재를 회피하고 심지어는 매년 중유 50만 톤을 제공받으면서 비밀리에 다른 방법으로 핵 개발을 추진하고 반면에 미국 등 KEDO 측은 북한이 핵 개발을 중단하여 시간이 경과 함에 따라 스스로 무너지기를 기다린 것 아닌가 하는 것이다. 어쨌든 진실의 순간은 다가오고 있었다.

 2002년 1월 미국의 정권교체에 따른 대북관계에 대한 시각이 변화되는 상황에서 북한은 2002년 10월 16일 제임스 켈리 미국 국무부 차관보의 방북 시 고농축우라늄(HEU)을 이용한 핵무기 개발프로그램의 존재를 시인하면서 "그보다 더한 무기도 개발하게 돼 있다"라고 천명하였다. 이에 따라 미국은 10월 제네바 합의를 파기하였고 2002년 11월 14일 KEDO 이사회가 사업의 재검토를 결정함으로써 경수로 건설사업은 종말을 맞이하게 되었다. 1995년 10월부터 2002년 11월까지 총사업비 46억 불 중 약 22억 불이 집행되었으며 이 중 우리나라가 약 70% 수준인 11억8,660만 불을 지출하였던 사업이 무위로 돌아간 것이다. 결과적으로 북한의 핵무기 개발을 불과 몇 년간 늦추기 위해 값비싼 대가를 치른 셈이다. 이후 북한은 2003년에 NPT를 탈퇴하고 2006년 10월 첫 핵실험을 강행하였다. 그 이후 2017년까지 6차에 걸친 핵실험을 통해 핵무기 개발을 완료한 것으로 알려져 있다. 언론 보도에 따르면 현재 북한은 최소 50개의 핵탄두를 보유한 것으로 평가되고 있다.

III. 역사의 교훈 : 놓쳐버린 통일의 기회와 전망

당시를 돌이켜 생각해 보면 1990년대 후반기는 북한은 지속된 흉작 등으로 인한 식량난과 경제의 파탄 등으로 파국으로 치닫고 있었다. 한편 국제정세는 통일에는 아주 적합한 상황이었다. 중국은 대외개방의 초기 단계라 외부에 개입하기에는 여력이 없었고 소련은 해체되어 새롭게 탄생한 러시아 연방은 대한민국의 경제원조를 받는 등 극히 우호적인 관계를 유지하고 있었다. 심지어는 차관 상환을 위해 북한이 보유한 무기보다 훨씬 성능이 좋은 비행기, 전차, 헬기 등 무기를 제공하겠다는 입장이었다. 미국도 북한의 자연스러운 붕괴로 인해 핵문제가 해결된다면 한반도의 통일을 수용할 생각이 있는 것처럼 보였다. 과거 역사를 평가함에 있어 가정을 통해 "가지 않은 길"을 거론하는 것이 너무 미련스러운 집착일 수 있으나 통일을 염원하는 사람으로서 만일 당시 북한이 붕괴되었다면 어떤 결과가 되었을지를 상상해 보지 않고 그냥 넘어가기는 매우 어려운 일이다. 실제 북한 정권이 당시 붕괴되었다 할지라도 독일의 통일사례처럼 곧 대한민국에 의한 통일로 순조롭게 이어질 수 있었을지 또 다른 외세의 개입 등 국제정치의 과정을 통해 예상치 못한 결과를 낳았을지는 누구도 알 수 없을 것이다. 그러나 필자의 사견으로는 북한의 내부적 리더십이 상당 부분 붕괴되고 민심이 이반된 상태에서 대한민국의 강력한 통일 의지만 있었으면 성사될 가능성이 어느 때보다도 높았던 시기가 아니었던가 생각된다. 천시와 지리가 부합된 절호의 기회에 인화(지도자)가 적절하지 않아 기회를 놓친 것 같아 안타까운 심경이다.

2023년 12월 30일 북한의 김정은 국방위원장은 노동당 중앙위 제8기 제9차 전원회의에서 남북관계를 "더 이상 동족관계, 동질관계가 아닌 적대적인 두 국가 관계"라고 천명하였다. 이는 북한이 정권 수립 초기부터 유지해 온 통일지향적인 정책을 완전히 변경함으로써 남북통일의 가능성에 대해 쐐기를 박은 것이다. 이제 당분간 통일 논의는 남북 간 이루어지기 어려울 것으로 보인다.

2002년 KEDO 사업의 파국 후에도 남북간의 화해 노력으로 가냘프게나마 유지되어왔던 통일의 꿈은 이제 2023년 말 김정은 위원장의 정책 전환 천명으로 가능성은 영영 사라진 것일까?

필자는 아직도 북한 방문 중 우리 옆에서 안내원이 "통일합시다!"라고 외치던 구호를 생생히 기억한다. 향산호텔 등에서 남북통일을 기다리며 결혼도 미룬다던 식당의 여종업원들의 눈동자도 잊을 수 없다. 북한과의 협상을 위해 북한을 방문 중 만난 적지 않은 북한 주민과 안내원, 관리자 등의 태도를 회고해 보면 비록 지금 북한의 김정은 위원장이 통일을 포기하고 적대적 국가관계를 선언하였지만 북한 주민의 머리와 가슴속에 오랫동안 새겨진 통일에 대한 기대와 염원은 쉽게 사라지지 않을 것이라고 생각한다. 그리고 그러한 통일의 염원이 남북한 주민의 마음속에 존재하는 한 통일의 꿈은 언젠가 이루어질 수 있을 것이라고 믿는다. 앞으로 우리 정부의 당국자들이 그동안의 시행착오를 거울로 삼아 통일문제에 대하여 국제정세에 대한 냉철한 판단을 토대로 인내심을 가지고 지혜롭게 대처해 나가면 틀림없이 통일의 문은 열릴 것이라고 믿고 기원한다.

8 남과 북의 '통일 지우기', 약소국으로 가는 길

정준희

I. 혼돈의 국제정세, 격랑의 한반도

21세기 초, 인류 문명은 17세기 이전으로 후퇴했다. 4차 산업혁명의 지식기반 정보화 사회, 글로벌 초연결 사회라는 말이 무색할 지경이다, 2022년 2월 러시아의 우크라이나 침공은 세계를 오직 힘만이 지배하는 정글의 무법지대로 만들었다. 오늘날 국제관계와 국제질서의 기본이 된 1648년 베스트팔렌 조약의 국가 주권과 주권 평등의 원칙이 강대국의 국익에 따라 무참하게 짓밟혀진 것이다.

트럼프 시대의 미국 또한 러시아 못지않다. 고립주의 노선에 기원을 둔 '미국우선주의'는 경쟁자보다도 오히려 친구에게 냉혹하다. 미국의 일방주의 외교는 자유무역에 기반하는 국제질서를 깨뜨렸다. 동맹 관계를 약화시키면서 경쟁국인 중국에 반사적인 효과도 주고 있다. 경제적으로도 글로벌 공급망 재편과정에서 불확실성을 높여 국제 사회에 혼란과 불안정을 키우고 있다.

중국 역시 국제적으로 듬직한 안정자이기보다는 힘을 주체하기 어려운 거인이 되어 가고 있다. 중국 굴기는 21세기 국제 관계의 가장 중요한 변수로 작용한다. 미국 중심 질서를 대체하고자 하는 근본적인 도전을 제기하고 있다. 미·중 전략경쟁을 심화시키면서, 지구촌 동반자들에게 묵시적으로 줄서기를 강요하고 있다.

주요 강대국들의 움직임은 국제 사회와 동북아 지역에 갈등과 긴장을 몰아오고 있다. 북한은 핵보유국을 자임하면서 국제적 플레이어가 되고자 한다. 일본은 보통국가화를 추구하며 재무장을 향해 한발씩 나아가고 있다. 중국과 일본은 가상의 대만 유사 사태를 두고 핵심 이익을 다투고 있다. 러시아는 북한과 동맹을 맺고 불의의 주먹을 휘두르면서 대한민국을 '비우호 국가'로 지정했다.

지금의 한반도 상황은 강대국들의 놀이터가 되어가고 있던 19세기 말과 비슷하다. 달라진 것이 있다면, 비록 한반도는 분단되었지만, 대한민국은 그때처럼 허수아비는 아니라는 점이다. 그렇다고 미중 전략경쟁 심화, 러시아-북한 동맹으로 상수가 된 대남 핵 위협과 같은 복합적인 국제정세로 인한 위기의 강풍을 헤치고 성장을 지속할 수 있는 힘과 지혜가 있는지는 잘 모르겠다.

조선 말기 국왕과 정부는 무기력하고 분열되어 파당의 이익만을 추구했다. 당시에도 많은 인재들이 있었다고 하지만, 망국으로 가는 길을 피하지 못했다.

지금의 대한민국 정부가 과연 조선 말기 정부와 다른지 묻지 않을 수 없다. 19세기나 지금이나, 공통점은 정부의 문제해결능력이 약하다는 것이다. 대한민국 정부가 미래 비전을 갖고 세계를 향해 나아가고자 하는지, 아니면 반대로 과거를 볼모 삼아 포용과 통합보다는 그럴듯한 선전선동으로 권력투쟁에만 몰두하고 있지는 않은지 자문해 보면 긍정하기 쉽지 않다.

하지만 민간의 역량은 세계적 수준으로 도약하였다. 대한민국이 선진국의 문턱에 도달하게 된 이유이다. 그렇다 한들, 민간 부문이 국제정치의 파고를 감당할 수는 없는 일이다. 더욱이 분단된 현실은 민간의 지속가능한 성장을 제약하는 한계로 작용한다.

국민인식조사 결과는 우려스럽다. 대다수 우리 국민들이 분단의 현실에 안주하고 있음을 보여주고 있다. 남한만의 반쪽짜리 성공에 취하여 미래에 닥칠 위기에 대해 무심한 듯하다. 하지만 국제정세가 요동치는 광풍 속에서 반쪽만으로는 헤쳐 나가기 쉽지 않다. 인구도 감소하고, 산업의 성장 동력도 점점 제한되고 있기 때문에 남한만의 반쪽으로 지속가능한 성장이 낙관적이지만은 않은 상황이다.

지금 남과 북은 각기 반쪽만으로도 잘 살아갈 수 있는 것처럼 생각하는 것 같다. 통일로 가는 힘든 길을 버리고, 싸우지 않고 분단의 길로 계속 걸어가는 것이 당장은 편할 수 있겠다. 하지만, 그것이 남북의 지향점이라면 결국 비극을 피할 수 없을 것이다. 국제질서가 재편되는 격동의 시간 속에서 남과 북이 갈라져 편한 길로만 가다가는 세계 역사에서 한반도는 주변부로 밀려나 있을 것이다.

Ⅱ. 북한의 노선 전환과 '통일 지우기'

1. 통일을 버린 북한의 대남노선

북한 김정은은 2023년 말 당 중앙위 8기 9차 전원회의와 2024년 1월 최고인민회의 제14기 제10차 회의에서 남북 관계를 '적대적인 두 개의 교전국 관계'라고 규정했다. 또한, 지난 80년간 남북 관계사에 종지부를 찍으면서, 병존하는 두 개 국가를 인정한 기초 위에서 대남정책을 새롭게 法化하고 민족 역사에서 통일, 화해, 동족 개념을 완전히 제거하라고 지시하였다.

이미 이러한 북한의 움직임은 오래전에 시작되었다. 2015년도에 평양시간을 설정하여 3년 넘게 유지하기도 하였고, 2019년 하노이 미북 정상회담이 성과 없이 끝난 후 김정은은 '남쪽 것들과 상종하지 말라'는 지시를 내려 남북교류를 일절 중단시키기도 하였다. 또한, 금강산의 남측 시설을 정리하라고 지시하였고, 2020년 6월에는 남북연락사무소를 폭파하고 그 장면을 북한 내부에 공개하였다. 2022년에도 김여정 부부장이 담화를 통해 '남북이 서로 의식하지 말고 사는 것이 소원'이라고 언급하기도 했다. 2023년 현대 측이 방북 신청했다는 보도가 나오자 북한 외무성이 나서 입국을 불허한다고 공개적으로 선언했다. 이미 남북 관계를 민족이 아닌 국가 관계로 다루고 있다는 점을 시사하기도 했다.

김정은의 '적대적 두 개 국가' 발언이 나온 직후, 이런 상황의 연장에서 북한은 선대의 상징이기도 한 「조국통일 3대 헌장탑」을 철거하고, 북한 애국가의 명칭도 바꾸고 가사에 있는 '삼천리'라는 대목을 '내나라'라고 고치기까지 하였다. 또한, 최선희 외무상 주도로 대남 사업기구들도 정리하기 시작하여 통일전선부, 조국평화통일위원회, 민족화해협의회 등은 폐지된 것으로 알려졌으며, 2024년 1월 중순부터 대남선전방송 송출도 전면 중단한 상황에 이르렀다.

2. 인민의 「개인화」를 견제하려는 「국가」 개념의 강조

김정은이 집권한 2012년부터 북한은 신년사에서 '민족'보다 '국가'를 언급하는 빈도가 훨씬 증가했다. 김정은 집권을 전후하여 북한은 화폐개혁이 실패하고 붕괴된 배급제의 여파로 「시장화」를 불가피하게 허용할 수밖에 없었다. 체제 유지를 위해 김정은은 불가피하게 시장을 묵인하는 「5.30 조치」를 시도했다. 일종의 개혁조치를 추진한 것이다. 즉, 권력이 시장에 무릎을 꿇은 것이었다. 시장이 성장하면서 인민들은 당의 혜택보다는 각자 벌어먹는 생활에 익숙해지고, 권력의 통제도 뇌물 앞에서 점차 약화되었다. 개인들의 성장은 권력을 위협하고 김정은에게 위협적일 수밖에 없었다. 필요한 대응조치의 하나가 바로 「국가」의 강조였다. 또한, 2014년과 2015년의 대남 대화공세도 실패로 돌아가고 남북교류에 대한 쓸쓸한 경험만 축적되었다. 「민족」은 역시 도움이 되지 못했다.

한편, 북한은 2017년부터 핵 개발의 성공이 가시화되는 국면에서 더욱 국가주의를 강조했다. 역시 北이 스스로 해결했다. 우리(北)

「국가」가 최고이다. 대견하다고 되뇌고 있다.

이렇듯 북한은 시장의 확대와 인민들의 개인주의화가 심화되는 내부의 위기 상황을 타개해 나가는 과정에서 '적대적 두 개 국가'를 내세우게 되었다.

3. 김정은의 남북교류에 대한 부정적 인식과 내부결속의 필요

「적대적 두 개 국가론」은 선대와는 완전히 다른 김정은의 시대 인식의 소산이다. 김정일 시대의 남북 관계에 대한 부정적 인식에 기인한다. 김정은은 선대에 진행된 남북교류협력이 북한에 보탬이 되기보다는 사상적인 해이와 같은 체제균열요소로 작용했다는 판단 하에 부정적인 인식을 수시로 표출해 왔다. '남쪽 것들과 거래하지 말라'는 교시와 북한 주민들에게 남북공동연락사무소 폭파 장면을 공개하도록 하고, 금강산의 남한 재산을 일방적으로 철거하도록 지시하였으며, 코로나 전파 원인도 남한에 책임을 전가하며 보복을 공언하기도 했다.

「적대적 두 개 국가론」은 남북교류와 대남기대감을 차단하고 반동 사상문화배격법, 청년교양보장법 제정 등을 통해 내부를 통제하고 결속하기 위한 배경이 되었다. 남한을 교전국으로 규정함으로써 민족적 동질감에 기반한 남한 등 외부 사조의 영향도 차단하려는 것이다. 평화통일 논의도 배제시킴으로써 체제의 사상적 기반도 강화할 수 있다.

또한, 북한은 민족 개념을 배제함으로써 북한 정통성에 입각하여 무력 통일까지도 정당화하면서 대남적대감을 키우려는 의미도 있다. 남북 관계를 "더 이상 동족 관계, 동질관계가 아닌 적대적인 두 국가 관계, 전쟁 중에 있는 두 교전국 관계"로 규정함으로써 민족적 연민을 배제하고 오직 승리해야만 하는 상대방으로 인식하도록 하는 논리적 근거를 제시한 것이다.

러시아가 민족적 뿌리인 우크라이나를 상대로 「특수 군사작전」으로 호도하며 나치 세력을 제거하기 위한 명분을 내세워 전쟁하는 이면에는 민족적 동류를 공격한다는 부담감을 의식한 측면도 있는 것처럼, 대남 적대감을 키우기 위해서는 민족이라는 인식을 제거해야 할 필요가 있는 것이다. '조선 반도의 두 국가'라는 개념이 국제적 기준에 맞는 동등한 국가를 의미하는 것이 아니라, 남한을 '미국의 식민지 졸개에 불과한 괴이한 족속', '미국에 의존하는 반신불수의 기형체, 식민지 속국'으로 폄하하면서 '괴이한 족속들과 통일문제를 론한다는 것이 우리의 국격과 지위에 어울리지 않는다'고 강조함으로써 대남 우월감과 정통성의 의미를 부여하려는 의도도 있다고 본다.

대외적으로도 두 개 국가라고 선전, 겉으로나마 남한을 인정하고 평화적이고 정상적인 외교관계를 지향하는 것처럼 국제 사회를 호도하려는 것이다. 「대한민국」 국호를 불러줌으로써 남한 내에서 대북 인식의 혼선과 정쟁까지도 초래하는 효과도 기대할 수 있다.

4. 「무력통일론」 공식화

김정은은 「적대적 두 개 국가」와 함께 「무력통일」도 공개적으로 강조하고 있다. 김정은이 2023년 말 당 전원회의에서 "유사시 핵 무력을 포함한 모든 역량을 동원하여 남조선 전 령토를 평정하기 위한 대사변 준비에 계속 박차를 가해야"라고 언급함으로써 무력통일 의지를 거듭 피력하였다. 그동안, 김정은은 수시로 핵 무력은 전쟁 억제와 평화 안정 수호가 '제1의 임무'라며 억제 실패 시 '제2의 사명'도 결행하게 될 것이며, 제2의 사명은 분명 '방어가 아닌 다른 것'이라고 언급함으로써 핵을 사용한 무력통일을 시사해 왔다. 2023년 9월에 핵 무력 정책을 헌법에 명시하면서, 김정은은 한반도 영토 완정을 언급하였으며, 12월에 남조선 전 영토를 평정하겠다고 거듭 강조한 바 있다.

이를 뒷받침하듯 북한은 군사도발을 강화하여 2024년 초 극초음속으로 추정되는 중거리미사일을 발사하였고, 수중핵무기체계(해일-5-23) 시험과, 잠수함발사순항미사일(SLCM)을 발사하였으며 정찰위성까지 쏘아 올렸다. 2025년 초에도 신형 극초음속 중장거리 탄도미사일(화성-16나 추정)을 시험발사하고, 영변 핵무기 연구소와 우라늄 농축시설을 공개하기도 했다.

무력통일론은 1948년 9월 10일 북한 정권의 기조를 밝히는 '조선민주주의인민공화국 정부의 정강' 8개를 발표하면서 첫째 조항에서 '국토의 완정(完整)'과 '민족의 통일'을 최우선 과제로 제시한 데서 시작되었다. 이후 2023년 최고인민회의 제14기 제9차 회의에서 핵 무력 정책을 헌법에 명시하면서, 영토 완정을 다시 제기하였으며,

2023년 말 김정은이 당 전원회의에서 '조국 통일 3대 원칙'을 폐기하고 "남조선 전(全) 영토 평정"을 언급함으로써 공식화되었다.

북한은 '무력통일론'의 배경으로 한미일 군사협력 강화, 한미 핵협의그룹 가동, 유엔군사령부를 통한 힘의 균형 등을 제시하였다. 또한, 남한의 '정권붕괴와 흡수통일' 기조를 거론하며, '북침도발책동으로 하여 언제든지 전쟁이 터질 수 있다는 것을 기정사실화하고 전 영토를 평정'하겠다는 점을 강조하고 있다.

북한의 무력통일 선언은 실행 여부와 무관하게 '두 개 국가론'과 함께 북한 내부에서 남한 인식에 대한 혼선을 정리하려는 것이다. 핵보유에 따른 김정은의 자신감의 표출인 동시에 무력통일론을 통해 공포정치도 정당화하려는 의도까지 보인다.

대외적으로는 대북 군사적 압박이 오히려 전쟁을 불러올 수 있다는 경고의 의미로 볼 수 있다. 전쟁을 위협함으로써 한반도 내 힘의 균형이 아닌 압도적 군사력 유지를 기정사실화하려는 의도도 부가된 것 같다.

남쪽에 대해서는 흡수통일을 둘러싼 남한 내부의 논란을 부추길 수 있다. 평화를 위해 흡수통일은 절대 안 된다는 논리를 확산시켜 친북세력의 입지를 강화시키려는 효과도 있다.

하지만, 남한의 흡수통일 추진 가능성을 무력통일의 배경으로 시사하는 것은 오히려 북한 체제를 유지하는 데 대한 취약점과 두려움을 드러내는 것이다. 체제경쟁에서 뒤처지는 상황에서 더 이상 선대로부터의 통일전선전술 방식은 통하지 않는다는 현실적 한계를 나타낸다.

북한이 입만 열면 강조하던 민족과 통일이라는 단어를 폐기하고 남북 관계를 적대적인 교전국 관계라고 규정하고, 무력통일을 강조하고 있는 것은 어떤 의미인가? 이런 북한의 대남노선의 변화는 남한에서 대북유화적인 정부로의 교체 혹은 국제정세가 변화되면 바뀔 수 있는 일시적인 현상인가, 아니면 상당 기간 지속될 수밖에 없는 근본적인 변화인가? 아울러 북한의 두 개 국가 노선을 우리가 수용한다면 과연 남북 간 평화는 가능할 것인지, 통일은 진정 완전히 멀어지는 것인지 등 질문이 끊이지 않는 가운데 한반도 문제의 해결이 훨씬 복잡해졌다.

Ⅲ. 남한의 선제적 평화 노력의 허상

1. '통일'을 미루며 '평화' 조치

이재명 정부는 2025년 6월 출범 직후 남북 간 긴장 완화와 신뢰 회복을 위한 명분으로 몇 가지 선제적인 대북 조치를 취했다. 대선 공약 실천의 일환으로 남북 접경지역에 설치된 고정된 대북 확성기를 철거하고 대북방송을 중단했다(6.11). 우리 측의 대북방송 중지 조치 이후 북한도 다음 날 대남 확성기 방송을 중단하며 일정 부분 호응하는 모습을 보였다.

또한, 대통령은 민간단체의 대북 전단 살포와 관련해 관련 부처에 예방과 사후 처벌 대책을 엄중하게 대처하도록 지시했다(6.14). 이에 따라 처벌과 규제의 실효성을 확보하기 위해 통제구역내 무인 비행 기구 운용을 전면 금지하는 항공안전법 개정안('사실상 대북전단금지법')을 국회에서 통과시켰다. 더구나 북한에 억류된 우리 국민에 대해서는 사실관계도 파악하지 못하면서 비전향장기수 송환을 거론하기도 했다.

군사 분야에서는 전임 정부 시기에 효력이 정지된 9·19 군사합의도 선제적·단계적으로 복원하겠다면서 실질적 긴장 완화와 신뢰 회복 조치도 일관되게 취해나갈 것임을 밝혔다(광복절 경축사). 11월에는 북한에 군사분계선(MDL) 기준선 설정을 논의하자고 군사회담을 공식 제의하기도 했다(11.17, 국방부 정책실장 담화).

이와 함께, 대통령과 통일부 장관 등 고위 당국자들은 남북의 '평화 공존'을 핵심으로 하는 발언을 지속하고 있다.

대통령은 "상대의 체제를 존중하고 어떠한 형태의 흡수통일도 추구하지 않을 것"이며, "일체의 적대 행위를 할 뜻이 없다(2025년 광복절 경축사 및 유엔총회 연설 등)"고 언급했다. 제80차 유엔총회 기조연설에서는 한반도의 냉전 종식을 위한 'E.N.D. 이니셔티브'를 제안했다. 이는 Exchange(교류), Normalization(관계 정상화), Denuclearization(비핵화)를 중심으로 포괄적인 대화를 통해 '평화 공존과 공동 성장'의 새 시대를 열겠다는 구상이다. 12월에도 "허심탄회한 대화 재개를 위해 우선적으로 남북 간 연락 채널 복구를 제안" 하고, 대화를 되살려 군사 문제부터 이산가족, 다양한 현안을 논의하자고 언급하였다(12월 2일, 제22기 민주평화통일자문회의 출범회의).

통일부 장관은 취임 직후부터 통일부의 명칭 변경을 적극 검토할 필요가 있다는 언급부터 시작했다. 시중에서 통일부 대신, 남북교류부나 평화협력부와 같은 명칭이 거론되고, 국정기획위원회에서도 부처 명칭 변경 의견이 나온 것을 의식한 발언이어서 자연스레 논란의 중심이 되었다. 이어, 이재명 정부의 대북정책의 핵심이 '평화 공존'이라면서, 남북 관계를 '평화적 두 국가 관계'로 전환해야 한다고 강조(2025년 9월)하는 등. 통일부장관이 앞장서 '통일 지우기'에 적극 나서고 있다. 국정원장도 다르지 않다. 국정원장 취임 후 "흔들림 없는 굳건한 평화 구축에 이바지하겠다"면서, "통일을 꼭 해야 한다는 강박관념"을 내려놓고, 당장은 평화 구축에 집중하자고 제안하고, 통일을 지향하는 것은 유지하되, 현재 남북이 '두 개의 국가'로 분립된 현실을 인정하고 받아들여야 하며, 가장 절실한 과제는 평화라고 주장했다.

이재명 정부의 선제적인 대북 조치들과 고위당국자들의 평화를 강조하는 발언들은 이전 정부의 대북정책과는 뚜렷한 차이를 보이고 있다. 남북 관계 악화가 우리 대북정책 잘못 때문인가? 선제적인 평화 노력에 북은 호응할 것인가? 상당히 논쟁적이다.

2. 의도와 배경

이재명 정부의 대북 선제적 조치와 입장 표명은 남북 관계 단절의 원인에 대한 왜곡된 인식에서 비롯된다. 북한이 남한을 적대시하며, 민족과 통일을 포기하고, 남북 간 대화를 끊은 이유가 남한 탓이라고 본다. 보수적인 남한 정부가 대북강경정책을 추진했기 때문이라고 책임을 전가하는 것이다. 북한과 동일한 인식이 아닐 수 없다.

북한 김정은은 2019년 하노이 미북 정상회담이 결렬된 이후, 원인을 남한 탓으로 돌렸다. 영변 핵시설만 포기하면 제재 해제 등과 맞교환할 수 있다는 한국 측의 조언을 따랐다가 실패했다는 것이다. 김정은은 즉각 남북교류를 일거에 단절시켰다. 이후 서해 공무원 총살사건과 같이 북한이 아쉬운 경우에만 선택적으로 남한과 연락했다. 남북 관계 단절은 대북 저자세로 일관했던 문재인 정부에서 이미 일어난 것이다. 잘 알다시피, 김여정이 대북 전단을 비난하며 '법이라도 만들라'고 말한 지 불과 4시간 만에 문재인 정부는 '대북전단금지법'을 추진할 정도로 북한에 굴종했지만, 결과는 기대와 정반대였다. 굴종의 대가로 돌아온 것은 '머저리' '삶은 소대가리' 등 조롱과 멸시와 도발이었다. 대한민국 자존감은 구겨질 대로 구겨졌다. 지금의 남북 관계 단절은 이미 문재인 정부에서 시작된 것이 역사적 진실이다.

반대되는 정보를 무시하거나 심지어 왜곡해서 받아들이는 경향, 사람이 보고 싶은 것만 보고자 하는 '확증 편향(confirmation bias)'이 대북정책에 작용해 왔다. 이념지향을 넘어 만연된 현상이다.

확증편향이 아니면, 사실을 알면서도 거짓으로 국민들을 호도하는 것이다. 남북 관계 단절이 대북굴종적 정부에서 시작되었다는 불편한 진실을 받아들이기 싫은 것이다. 개인들이 '인지 부조화(cognitive dissonance)'로 인한 스트레스를 회피하기 위해 불편한 진실을 외면한다면 개인적 손해만을 감수하면 된다. 하지만 국가적 손실이 발생하면 누가 책임을 질 것인가?

이런 인식은 정적을 향한 지극히 정략적인 발상일 뿐이다.

이재명 정부 대북 입장의 또 다른 근원은 대북포용정책의 성공 경험이다. 김대중·노무현 정부에서 추진했던 교류협력정책의 일부 성과를 맹신하고 있다.

김정일 시대에는 남한을 이용하고자 했다. 좋게 말해 윈-윈 이다. 북한은 돈이 필요했고, 남한은 정책 성과가 절실했다. 북은 고난의 행군 시기 동안의 체제 위기에서 벗어나는 데 남북교류가 도움이 되었다. 남한 정부는 북한의 닫힌 문을 열었다는 역사적이고 정치적인 레거시를 얻었다. 이를 재현하고 싶은 것이다.

이를 위해서는 돈이면 해결된다는 인식이 저변에 깔려있다, 북이 필요로 하는 경제적인 도움은 결국 남한만이 해결해 줄 수 있다는 자만도 더해졌다. 과거 교류협력시대처럼 경제적 수단을 통해 북한을 변화시킬 수 있다는 기능주의 방식의 사고에서 비롯된 것이다. 그런 기능주의적 접근방식이 더 이상 북한을 변화시키지 못했다는 것은 지금 모두가 공감하는 사실이지만 정작 당국자들은 과거에 사로잡혀 모르는 것 같다. 어쩌면, 북한이 좋아할 만한 조치를 취하는 것 이외에 다른 방도가 없다고 생각하고 있는지도 모른다.

　이재명 정부 당국자들도 말로는 '적대적 두 국가 관계'를 공식화한 북한의 변화된 현실을 반영해야 한다고 한다. 그러나, 김정일과 김정은이 다르다는 점을 간과하고 있다. 아버지와 달리 김정은은 실용적이면서도 돈보다는 위신을 더욱 중시한다. 남한보다는 다른 나라와의 협력을 통해 목표를 이루려고 한다. '과거와 같은 행동을 하면서 다른 결과를 기대하는 것은 미친 짓'이라는 아인슈타인의 일갈이 생각난다.

　다음, 남북 관계의 긴장을 해소하고 화해협력 국면으로 되돌리려는 충정에서 비롯된 측면도 있다. '통일'을 강조하거나, 북한 인권 문제를 거론하는 것처럼 북한에 부담이 되는 말과 행동을 가급적 자제하고, 평화를 앞세우면서 북한의 두 개 국가론을 존중하는 듯한 태도를 보이는 등 북을 안심시키려 한다. 사실 벌써 수년 전부터 일부 언론과 식자층에서는 남한과 북한을 「조선」과 「대한민국」으로 호칭하면서 「평화적 두 개 국가」를 주장하는 상황이다.

　인간관계에서 상대를 존중하고 약점을 배려하는 마음은 상대방의 호의를 이끌어낼 수 있다. 그렇지만, 말과 행동이 다르거나, 상대를 위하는 듯 생색을 낸다든지, 지나쳐서 비굴하게 보인다면 오히려역효과가 날 뿐이다. 북한의 핵 문제나 도발과 같은 잘못된 점을 외면하면서 그저 비위만 맞추려 든다고 해서 건전한 관계가 형성되지는 않는다. 호의적인 행태는 필요조건일 뿐이다. 상대와의 좋은 관계 형성에는 호의와 같은 필요조건에 더하여 매력이라는 충분조건이 형성되어야 한다. 그 매력은 상대방의 의중에 달려있다. 상대방의 재력이나 외모일 수도 있고, 내면의 인간성일 수도 있다. 결국 남북 관계의 진전은 우리만의 노력뿐 아니라, 북한이 만족해야 하는 충분조건의 완성 여부에 달린 문제이다.

이렇게 이재명 정부는 국내 정치를 의식한 정략적 발상과 기능주의적인 과거의 성공 경험에 사로잡혀, 평화 회복이라는 미명하에 북한의 호의를 얻어 대화의 물꼬를 트려고 한다. '통일'을 외면함으로써 미래에 우리 국가가 치러야 할 대가는 무엇일까?

3. '평화'만 지나치게 강조하는 문제

우리가 평화를 위한다는 명분에서 비록 속내와 다를지언정, 통일을 애써 외면하는 현상은 치명적인 대외 메시지를 발신한다. 국제정세를 도외시하고 북한만을 바라보는 근시안적 발상일 뿐이다.

평화를 위해 통일을 방기하는 우리와 달리 외부 세계에서는 한반도 통일에 관심이 많다. 2017년 11월 방한한 트럼프 미국 대통령은 당시 문 대통령에게 '통일을 꼭 해야 하느냐'고 질문한 바 있다. 국제사회는 한국이 통일을 하려는 의지가 있는지, 나아가 통일을 할 수 있는 역량이 있는지에 대해 궁금해한다.

2005년 5월 콘돌리자 라이스 미국 국무장관은 북한의 6자회담 복귀를 촉구하면서 북한이 주권국가임을 인정한다고 거듭 밝힌 바 있다. 회담 성사를 위한 수사라고는 하지만, 이런 입장들이 쌓이면 역사가 된다. 즉, 남북한은 영구한 분단국가가 되는 것이다. 만일 통일부의 부처 명칭에서 '통일'을 뺀다고 하면, 국제 사회는 한국이 통일 의지를 포기했다는 메시지로 읽을 것이다. 아니 그렇게 받아들이고 싶어할 것이다. 일본이 2006년부터 매년 2월 22일에 '독도의 날' 행사를 개최하면서 독도를 향한 그들의 영토 의지를 세계에 각인시키고 있다는 사실을 유념해야 한다.

나아가, 통일에 대한 우리의 침묵은 한반도 관련국들에게 북한 지역을 누가 차지하더라고 한국은 상관하지 않고 포기할 것이라고 간주하게 할 것이다. 2017년 4월 미중 정상회담에서 '한국은 중국의 일부였다'라는 시 주석의 언급을 되새겨 봐야 한다. 의도적이든 실수이든 간에 통일 의지를 꺾거나 포기하는 것처럼 보이는 것은 주변국에 좋은 기회를 제공하게 된다는 것을 심중히 생각해야 한다. 섬처럼 분단된 남한은 깨닫지 못하는 사이에 약소국으로 전락하는 결과를 초래하게 될 것이다.

다음. 선제적 호혜조치의 발상이 통일을 둘러싼 남북 간 긴장을 완화시켜 관계를 진전시켜 보자는 순수한 마음에서 나왔다 하더라도, 평화는 물론, 남북문제 해결에도 별 도움이 되지 않는다. 북한의 「적대적 두 개 국가」 노선을 용인한다 할지라도 남북 관계가 과거 교류협력시대로 돌아가기는 어려운 구조가 되었다. 잠정적일지언정 우리의 '통일' 지우기 시도는 의도와 달리 원치 않는 결과를 가져올 가능성이 많다.

이는 우리 고위 지도자들이 북한의 목표와 전략에 너무도 무지하거나 아니면 무시하기 때문이다. 지난 남북대화의 역사가 증명하듯, 핵과 군사적 대결 구도의 완화 없이 지속가능한 평화는 불가능한 것이다. 김정은 시대는 더더욱 그러하다. 핵을 짊어진 채 노예와 같은 평화를 구걸하는 대신, 지금부터라도 진정한 평화 구조로 변화시키려는 노력이 필요한 시점이다.

또한, 선제적 조치들은 우리 내부에서 북한의 「적대적 2개 국가」 노선 추종이라는 종북 시비를 피할 수 없다. 우리 헌법 질서 위반 여부를 둘러싼 불필요한 정치적 논쟁거리까지 야기하게 될 가능성이 높다. 남북대화를 재개하려면 우리 헌법의 3조 영토조항과 4조 평화적 통일정책 추진조항을 개정할 필요가 있다는 지식층의 얼빠진 주장까지 나오는 상황이다. 실로 주객이 전도된 주장이 난무하고 있다. 어쨌든 대북정책을 둘러싼 불협화음이 신정부 초기의 정책 추진력과 정치적 리더십을 약화시키고 우리 내부의 정치적 양극화만을 심화시키고 있다.

가장 큰 문제는 선제적 조치와 통일부 명칭 변경과 같은 '통일 지우기' 발상이 국가 비전과 목표, 장기 전략에 무지한 산물이라는 점이다.

세계를 주도하는 국가들은 각기 국가 목표와 비전이 있다. 많이 알려진 대로 중국은 국가 수립 100년이 되는 2049년에 세계 최고의 국가가 되겠다는 「중국몽」을 목표로 내세우고 있다. 공산당 창당 100주년이 되는 2021년까지 '전면적인 샤오캉(小康) 사회'라는 단계

별 중간 목표도 세워 실천하는 중이다. 일본도 국가 목표에 대한 논쟁이 있다고 한다. 아베 수상의 책사로 불리운 국가안전보장국장이던 야치는 '세계 역사는 메이저 파워들이 주도해 왔다'면서 일본은 「메이저 파워」가 되어야 한다고 주장한 바 있다. 미국도 MAGA(미국을 다시 위대하게)를 제시하고 기존의 자유주의 패권 전략도 바꾸는 중이다. 부러운 일이다.

북한 및 통일 문제는 국가의 여러 정책 중의 하나라고 간단히 치부할 문제가 아니라 바로 이런 국가 목표에 직결된 의제이다. 통일을 지운다는 것은 우리의 미래가 방향성 없이 표류한다는 의미이다.

일제 강점기에도 '자치론'이 있었다. 일제의 식민 지배를 인정하고 독립을 먼 장래의 일로 미루자는 타협론이었다. 이는 민족 분열을 꾀하고 독립의 비전을 저버리게 하려는 일제의 기만적인 통치 정책의 일환이었다. 적대적이든 평화적이든, 조선과 대한민국이라는 두 개 국가로 남북을 가르려는 주장은 바로 일제 강점기의 독립을 버리게 하는 기만적 논리와 동일하다. 한반도 통일의 비전을 포기하게 하는 논리일 뿐이다.

평화는 통일을 이루기 위한 중요한 가치이고, 모든 국가 관계에서 지켜야 할 기조인 것이지, 그 자체로 국가 목표가 될 수는 없다.

IV. '통일' 외면은 약소국 전락의 예고편

북한이 정권과 체제 유지를 위해 주민들을 억압하면서 '적대적 두 개 국가' 노선을 표방하고, 남한은 평화 공존이라는 미명하에 북한 주장을 일부 수용하여 평화적 국가 관계를 주장한다면, 당연히 분단은 영구화될 것이다. 분단된 남북은 각자 원하는 대로 잘 살아갈 수 있을까?

북한은 당장은 러시아와의 동맹관계를 통해 사실상 핵보유국으로 인정받고 국제제재도 형해화된 상황을 맞고 있다. 국제적 환경에서 유리한 분위기는 조성된 것 같다. 하지만, 그것이 체제 내부 발전까지 보장할 수는 없다. 외부의 도움이 절실하지만, 누구도 북한이 원하는 만큼 도울 수 없을 것이다. 중국은 전통적인 이이제이(以夷制夷) 전략에 따라 남북한을 다투게 하면서 북한에 대해서는 그저 죽지 않을 만큼만 도움을 줄 뿐, 경제 강국으로 부상하는 것을 원치 않는다. 러시아 또한, 북한이 원하는 모든 것을 제공하지도 않을 것이고, 할 수도 없다. 모든 동맹관계에서 보여지는 한계가 러북 간에도 마찬가지로 나타날 수밖에 없다.

결국, 북한 스스로 해결해야 한다. 자력갱생 말고는 경제를 성장시키고 인민을 풍요롭게 할 수 있는 발전 전략이 없다. 체제의 전체 역량을 걸고 추진 중인 지방발전정책도 '규모의 경제' 원리를 무시하는 등 경제 상식과는 무관한 방식으로 밀어붙이고만 있어 결과는 명약관화하다. 소련이 성장의 한계를 겪다가 무너졌듯이, 북한도 비슷한 길을 가게 될 것이다.

대한민국도 미래를 생각하면 위기이다. 현재, 국내총생산(GDP) 세계 13위 수준, 메모리 반도체 등 일부 첨단 분야에서 세계 최고 수준을 유지하며, K-콘텐츠를 비롯한 문화와 소프트 파워 면에서 세계적인 영향력을 갖고 있다. 하지만, 초저출산·고령화로 인한 생산가능인구의 감소, 낮은 생산성, 소득 불평등 심화, 첨단 기술 격차 확대 등 글로벌 경제 변동성에의 적응력이 문제로 지적된다. 향후 잠재성장률 하락과 경제 구조의 취약성 때문에 지금의 위상을 유지하기 쉽지 않을 것으로 보인다. 세계 7개국뿐인 3050클럽(인구 5천만 명 이상, 개인소득 3만 불 이상 국가)에서도 인구감소로 인해 빠지게 될 것으로 보인다. 미국 투자은행 골드만삭스는 2075년까지 세계경제 전망 보고서에서 한국은 실질 GDP에서 2030년 13위, 2050년부터 20위권 밖이 되어 주변부로 밀려날 것이라는 전망을 내놓기도 했다.

급변하는 세상에서 남북이 모두 통일 비전을 가져야 하는 이유이다. 현재의 성공에 취해 분단된 한반도의 미래도 지금과 같을 것으로 생각한다면 비극이다.

혹자는 반박한다. 군사력 6위, 경제력 12위의 국가위상으로 잘살고 있는데, 구태여 비용이 많이 들고 문제가 많은 통일의 길로 나가야 하는지에 대해 의구심을 나타낸다.

하지만, 수치로 표현되는 세상은 허망하다. 세계 1, 2위 군사 대국 앞에서 5위, 6위는 약소국일 뿐, 군사력 세계 6위라는 것이 힘이 부닥치는 현실에서는 아무런 의미가 없다.

러-우 전쟁의 모습이 국력 차이를 여실히 드러낸다. 우리도 사드 사태 당시 일방적으로 보복을 당하지 않았는가? 약소국은 끊임없이 피해를 입고, 양보해야 한다.

우리 민족은 임진왜란부터 약소국의 비애를 겪어왔다. 소위 평화를 위한다는 명분으로 우리 의사와는 무관하게 영토 분할을 주변국이 논의했다. 청일전쟁, 러일전쟁 당시에도 강대국들의 팽창야욕에 우리 영토 분할이 협상의제로 올랐다. 신탁통치(안) 또한 강대국들의 분할통치 구도였다.

2015년 우리 국방부에 대한 해킹사건을 통해 알려진 보도에 따르면, 중국이 북한 급변사태 때 북한 지역을 분할 관리하는 계획을 협의하자고 미국에 제안했다고 한다. 보도의 진위 여부와 관계없이, 강대국들은 자국의 이익을 위해 주변국의 주권 침해를 아랑곳하지 않는다는 점을 알 수 있다. 강대국들의 시각에서 볼 때, 분단된 남북한은 약소국일 뿐이다. 경제력 12위, 군사력 6위는 현실적으로 별 의미가 없다.

우리는 대한민국의 미래를 만들어갈 국가 목표를 설정하고 구현하는 데 있어 통일문제가 결정적인 요인이라는 점을 잘 인식해야 한다. 국가 비전과 전략이 없이 전술적으로 북한의 호의를 유발하기 위한 선제적인 대북조치들과 통일을 뒤로 미루는 행위들은 약소국을 초래할 뿐이라는 점을 직시해야 한다.

제3부

지금,
통일 준비 해야 한다

9 국제질서의 변화와 통일전략의 재구성

전재성

I. 통일전략의 재구성

21세기 들어 한국 사회에서 통일 논의는 상당히 침체되었다. 1990년대와 2000년대 초반까지만 해도 통일은 비교적 자주 공적 담론의 전면에 등장했고, 남북정상회담이나 여러 선언을 계기로 통일에 대한 기대와 상상력이 활발히 오갔다. 그러나 그 이후 북핵 문제가 구조화되고, 남북 관계가 진전과 후퇴를 반복하면서 통일 논의는 점차 일상의 언어에서 멀어졌고, 통일을 적극적으로 이야기하는 것 자체가 조심스러운 분위기도 형성되었다.

특히 젊은 세대 사이에서는 통일이 당연한 시대적 사명이라기보다는, 상당한 재정 부담과 사회적 혼란을 동반할 수 있는 사건으로 인식되는 경향이 강해졌다. 남북 간 경제 격차는 눈에 띄게 벌어졌고, 북한의 핵·미사일 능력은 양적·질적으로 고도화되었다. 이러한 현실 앞에서 언젠가 좋은 날이 오면 자연스럽게 통일될 것이라는 낙관적 서사는 더 이상 큰 설득력을 갖기 어렵게 되었다. 통일을 이야기하더라도, 어떤 방식으로, 어떤 시기에, 어떤 국제 환경 속에서 통일이 가능한지에 대한 보다 구체적인 논의가 필요하다는 인식이 점차 퍼지고 있다.

그렇다고 통일을 아예 포기하거나, 통일 논의를 완전히 접어두는 것이 현실적인 선택이라고 보기도 어렵다. 오히려 지금 같은 국제질서 전환기에는 통일의 의미와 전략을 다시 점검할 필요성이 커졌다고 보는 편이 타당할 것이다. 미국의 패권 질서는 예전과 같은 안정성을 상실했고, 미·중 전략경쟁은 장기 구조로 굳어지고 있으며, 북한은 북·중·러 연대를 발판으로 새로운 전략적 위치를 모색하고 있다. 이러한 변화는 한반도 분단 체제를 그대로 둔 채 현 상태의 관리만으로 장기적 안정을 기대하기가 점점 더 어려워지고 있음을 시사한다.

통일은 여전히 민족사적 과제로서 의미를 가지지만, 이제는 그 차원만으로 설명되기보다는 한국의 장기 생존전략, 동북아 지역질서, 그리고 다권역적으로 재편되는 세계 질서 속에서 한국이 어떤 자리를 차지할 것인지와 맞물려 생각되어야 한다. 통일은 과거처럼 감정과 역사 의식의 언어로만 이야기되기보다는, 국제정치와 외교전략의 언어 속에서 재배치되어야 하는 과제가 되어가고 있다.

Ⅱ. 미국 패권의 재조정과 국제질서의 불안정화

냉전 종식 이후 약 30여 년 동안 유지되었던 미국 중심의 단극체제는 2020년대 중반에 이르러 여러 차원의 압력을 받으며 조정과 변환의 국면에 들어섰다. 미국이 여전히 군사력·기축통화·기술혁신·동맹 네트워크 등 핵심 영역에서 경쟁국들을 앞서고 있다는 점은 변함없지만, 이러한 우위를 지속 유지하기 위한 기반은 이전보다 훨씬 취약해지고 있다. 미국 내부에서는 국가 부채의 구조적 상승, 제조업 공동화 이후의 경제 불균형, 그리고 정치적 양극화의 심화가 맞물리면서 미국이 더 이상 전 세계에 걸쳐 공공재를 공급하는 데 필요한 비용을 안정적으로 감당하기 어렵다는 진단이 확산되고 있다.

특히 고금리와 재정 적자 확대로 인한 국방 예산 압박은 미국의 글로벌 병력 배치와 해외 개입 재량을 제한하는 방향으로 작동하고 있다. 중산층의 소득 정체와 지역 간 불평등은 미국 유권자들로 하여금 국내 문제가 더 시급하다고 느끼게 만들었고, 이러한 사회적 피로감은 해외 분쟁 개입이나 동맹국 지원에 대한 회의로 이어졌다. 이러한 조건에서 미국의 외교 전략은 점차 선택적 개입과 비용·편익 계산을 전제로 한 접근으로 이동하고 있다.

트럼프 2기 행정부의 출범은 이러한 패권 재조정의 흐름을 더욱 분명하고 거칠게 드러낸 사례라고 할 수 있다. 트럼프 대통령은 동맹을 전략적 자산이라기보다는 미국의 부담을 늘리는 비용 요소로 바라보는 관점을 거듭 강조하며, 미국 우선주의(America First)와 공정한 거래(fair deal)라는 외교 프레임을 다시 강하게 부각시켰다. 그는 동맹국들이 지금까지 미국의 안보 보장을 저비용으로 누려왔다는 인식을 전제로 방위비 증액을 요구하고, 공급망 재편과 고율 관세, 보조금 정책 등을 사용해 중국뿐 아니라 유럽, 일본, 한국 등 동맹국들에게도 전례 없는 압박을 가하고 있다.

이런 거래외교(transactional diplomacy)의 대표적 특징은 외교와 안보 문제를 장기적 신뢰나 지역 안정성의 차원보다 단기적 이익과 협상 카드의 관점에서 본다는 점이다. 동맹국의 전략적 가치는 비용 분담 능력, 미국 경제에 주는 이익, 그리고 미국의 정치적 목적 달성에 얼마나 기여하는가에 따라 결정된다. 한미동맹 역시 예외가 아니다. 트럼프 대통령은 한국의 방위비 분담금, 대미 투자, 반도체·배터리 공장 건설, 공급망 협력 등을 연계하여 지속적으로 압박해왔고, 이러한 접근 방식은 통일 환경에도 복합적인 영향을 미친다.

미국의 거래적 접근은 과거 미북정상회담의 경험에서도 드러난 바 있다. 2018~2019년의 싱가포르-하노이 회담은 미국이 북한 문제를 기존의 핵비확산 국제 레짐과 동맹 간 전략적 협력에서가 아니라 직접적인 협상의 방식으로 다루려 했음을 보여준 사건이었다. 당시 미국은 북한 비핵화와 관계 정상화를 하나의 패키지로 추진하면서도, 그 과정에서 한국과 일본 등 동맹국의 이해를 부차적 고려로 밀어놓는 양상을 보였다. 미국과 북한의 양자 협상이 한국의 전략적 공간을 크게 압축시켰고, 남북한이 주도해야 할 한반도 문제를 오히려 미·북 간 직접 협상으로 대체하는 상황을 초래했다는 비판도 있었다.

트럼프 2기에서도 비슷한 양상이 반복될 가능성을 배제하기 어렵다. 미국이 중국 견제를 최우선 목표로 삼는 상황에서 북한 문제는 언제든 중국을 압박하기 위한 협상 카드로 사용될 수 있다. 미국이 북한과의 협상을 재개하려 할 경우, 그 목적이 비핵화 자체라기보다 동북아 전략에서 중국의 영향력을 제한하거나 북한을 중국으로부터 부분적으로라도 이탈시키는 것이 될 수 있다. 이러한 접근은 단기적으로는 한반도 안정에 기여할 수도 있지만, 장기적으로 보면 한국의 통일전략과 충돌하거나 예측하지 못한 변수로 작용할 가능성이 있다.

과거 미북정상회담에서 한국이 겪었던 전략적 조율 부족은 통일전략이 미국과의 긴밀한 조율을 필요로 한다는 점을 보여주는 사례이기도 하다. 미국의 직접 협상 방식은 남북 관계의 구조를 우회하거나 대체할 수 있으며, 특히 미국이 북한과 동결 수준에서의 관리만 합의하더라도 한국으로서는 통일 구상을 추진하는 데 필요한 외교적 공간이 크게 줄어들 수 있다. 그만큼 미국의 의도와 국내 정치가 통일 환경에 미치는 영향은 과거보다 훨씬 직접적이고 구조적이다.

또한 미국 패권의 재조정은 한국이 자동적으로 미국의 전략에 편승해도 안전하다는 믿음을 더 이상 완전히 기대하기 어렵다는 점을 시사한다. 미국의 대중·대북 정책이 한국의 전략 목표와 항상 일치하리라고 보기 어려운 상황에서는, 한국의 통일전략이 단순히 미국과의 공조에 기반을 두기보다는, 미·중 경쟁 구도 속에서 한국이 어느 정도의 전략적 자율성을 확보하고 자신의 이해를 명확히 조정하는 방식으로 발전할 필요가 있다.

결국 미국의 패권 재조정전략으로 과거의 규범적 리더십에서 협상 중심의 이익 극대화로 이동한 현재의 상황은, 한국에게 통일전략을 더욱 세심하고 능동적으로 설계할 필요성을 부각시키고 있다. 통일 환경을 무조건 개선하거나 악화시키는 단순한 영향이라기보다는, 한국이 미국과의 전략 대화를 능동적으로 주도하고, 한국의 장기 목표를 미국의 단기적 협상 계산과 분리하여 설명할 수 있어야 한다 는 점을 강조하는 환경 변화라고 할 수 있다.

III. 미·중 전략경쟁의 구조화와 한반도의 위치

미·중 전략경쟁은 이미 단기적 충돌이 아니라, 21세기 국제질서를 규정하는 장기 구조로 자리 잡고 있다. 경쟁의 범위는 단순한 군비 경쟁이나 통상 갈등에 국한되지 않으며, 경제·기술·군사·이념·규범· 데이터·에너지까지 포괄하는 다층적 경쟁으로 확장되고 있다. 미국 은 관세·수출통제·투자 제한 등 경제안보 중심의 정책을 통해 중국 의 첨단산업 육성과 군사력 현대화를 제약하고자 한다. 반면 중국 은 일대일로, 디지털 실크로드, 글로벌사우스 연대 확대, 다양한 글 로벌 이니셔티브 등을 활용해 미국 중심의 질서를 대체하거나 우회하는 병렬적 네트워크를 구축하려 한다.

특히 반도체·배터리·AI·5G·양자기술·우주 기술 등 전략산업에서는 경쟁이 더욱 치열해지고 있다. 미국은 동맹들과의 기술 연합을 통해 중국을 견제하고 있으며, 중국은 자체 공급망 자립과 핵심 부품 국산화를 강화하고 있다. 이러한 경쟁은 단순한 경제 영역을 넘어 군사혁신, 정치·사회 안정성, 국제 규범 경쟁까지 포함하며 양국 간 갈등이 장기 지속될 수밖에 없는 구조적 기반을 만든다.

한반도는 이 장기 경쟁의 중심에 놓여 있다. 지리적으로는 중국 대륙·러시아 극동·일본·태평양이 교차하는 전략적 요충지이고, 지정학적으로는 미국의 핵심 동맹인 동시에 중국의 중요한 경제 파트너라는 이중적 위치를 갖는다. 이러한 조건 때문에 한국은 양국 모두에게 가치 있는 파트너로 인정받지만, 동시에 어느 한쪽의 전략 구상에 충분히 부합하지 않을 경우 압력과 요구의 대상이 되기도 한다.

동아시아 지역질서가 다극화되면서 한·미·일과 북·중·러의 대응 구도가 강화되는 가운데, 중국과 러시아의 전략적 공조는 북한에게 더 넓은 외교·군사적 공간을 제공하고 있다. 북·중·러 연대는 고정된 이념 블록이라기보다는 현실적 필요와 전략적 계산에 기반한 느슨한 협력이지만, 그럼에도 북한에게는 외교적 자율성과 자신감을 높이는 환경을 제공한다. 특히 러시아와의 군사 기술 교류, 중국과의 교역 회복은 북한의 전략적 입지를 일정 부분 강화하고 있다.

미·중 전략경쟁은 통일 문제에도 직접적인 영향을 미친다. 만약 통일 한국이 한미동맹을 그대로 유지하고 일본과의 협력을 강화한다면, 중국은 이를 동북아 지역에서의 군사·경제적 압박 심화로 해석할 가능성이 있다. 이는 중국의 군사적 대응 확대, 경제적 조치, 또는 북한과의 협력 심화로 나타날 수 있다. 반대로 통일 한국이 중국과의 경제·외교 연계를 더욱 확대한다면, 이번에는 미국이 동북아 전략 전체의 균형이 흔들릴 수 있다고 판단해 통일 문제를 보다 신중하게 다룰 가능성이 높다.

결국 통일 한국의 외교 정향과 전략 정체성은 미·중 모두에게 중요한 전략 변수로 인식되며, 양대 강국의 인식이 통일 환경을 규정하는 요소로 작용하게 된다. 따라서 통일전략은 미·중 경쟁 구조를 외생적 변수로 취급할 수 없으며, 한국이 장기적으로 어떤 외교·안보 체제를 구성할 것인지, 그리고 통일 이후의 국가 모델을 어떻게 설계할 것인지와 긴밀하게 연결되어야 한다.

미·중 전략경쟁은 경제·기술 영역에서도 한국의 선택 공간을 제약한다. 미국은 공급망 동맹과 기술 협력을 강화하는 반면, 중국은 한국 기업들에게 시장 접근성과 규제 완화를 보상으로 제시하며 영향력을 행사한다. 이러한 상황에서 통일 한국이 어떤 기술·경제 체제를 택하느냐는 주변국 반응뿐 아니라 통일 이후의 발전 경로에도 중대한 변수가 된다.

통일전략은 미·중 경쟁을 단순한 외교적 배경으로 취급할 수 없다. 이는 통일의 가능성과 시기, 방식, 그리고 통일 이후 한국의 외교 질서를 결정하는 핵심 구조이다. 통일을 남북 관계 차원에서만 다루거나, 북핵과 분리된 인도주의적 과제로만 접근할 경우 이 구조적 현실을 제대로 반영하기 어렵다. 오히려 통일이 실제로 현실화될 국면을 상상해 보면, 한국이 미·중 경쟁 속에서 어떤 외교적 선택을 해왔고 어떤 전략적 위치를 확보했는지가 통일의 성격을 규정하는 중요한 요소가 될 것이다. 한국은 미·중 경쟁의 장기 구조 속에서 독자적 외교 공간을 확보하고, 통일을 둘러싼 지정학적 조건을 스스로 만들어가는 능동적 전략을 갖추어야 한다.

IV. 북·중·러 연대의 심화와 북한의 전략적 재부상

2020년대 중반에 들어 북·중·러 연대는 이전보다 훨씬 더 뚜렷한 형태를 띠고 전개되고 있다. 우크라이나 전쟁 이후 러시아가 서방과의 관계가 급격히 악화된 상황에서 중국과의 연대를 전략적으로 강화하고 있고, 북한 또한 러시아와의 군사·기술 협력을 확대하면서 이 축의 일원으로 자리매김하려는 의지를 보여주고 있다. 특히 국제사회 전반에서 미국 주도 질서에 대한 도전이 가시화되는 흐름 속에서 북·중·러는 명시적으로 새로운 다극화의 한 축을 구성한다기보다는, 각자의 필요와 계산에서 비롯된 느슨하면서도 효과적인 협력 네트워크를 만들어내고 있다. 이러한 연대는 과거처럼 원칙적 구호나 정치적 연대 수준에 머무는 것이 아니라, 실제적인 군사·경제·외교적 상호작용으로 확장되면서 기존 질서에 일정한 압박을 가하는 방향으로 나아가고 있다.

중국과 러시아는 협력 방식에서 미묘한 차이를 보이지만, 모두 미국 중심 질서가 제공해온 정당성과 보편성의 기반을 약화시키려 한다는 점에서는 일정한 공통성을 지닌다. 중국은 국제기구와 기존 규범의 틀을 적극 활용하면서도, 그 속에서 자신들의 영향력을 강화하려는 노선을 유지하고 있다. 러시아는 기존 서구 질서를 보다 공격적으로 비판하고 새로운 규범 체계를 주장하며, 이를 통해 우크라이나 전쟁의 정당성을 확보하려는 의도를 분명히 하고 있다. 북한은 이러한 흐름 속에서 자신을 새로운 질서의 정당한 구성원으로 자리매김하며, 기존 비확산 질서의 문제점을 부각시키면서 핵무기 보유의 정당성을 암묵적으로 주장하려는 모습을 보인다.

북한의 이러한 외교적 위치 조정은 그 자체로 단순한 전략적 선택을 넘어 한반도 정세 전반의 성격을 바꾸는 요소이기도 하다. 과거에는 북한이 국제질서의 주변부에 위치한 고립국가로 규정되었고, 그 핵 보유 역시 국제 사회의 거센 비판과 제재의 대상이었다. 그러나 최근에는 비확산 체제의 규범적 구심성이 예전만큼 강력하지 않게 되었고, 주요 강대국 간 전략경쟁 속에서 제재 체제 역시 하나의 협상 대상처럼 다루어지는 양상을 보이고 있다. 이러한 변화는 북한이 핵무기 보유를 보다 자신 있게 외교적 자산으로 활용할 수 있는 공간을 제공하고 있으며, 그 결과 북핵의 의미 역시 단순한 군사 위협을 넘어 새로운 국제 구도 속에서의 지렛대로 전환되고 있다.

아울러 최근 북한의 대남 전략 변화 역시 이러한 외교 환경과 맞물려 있다. 북한은 남북 관계를 더 이상 통일을 향한 과도적 분단 상태로 정의하지 않는다. 오히려 공식적으로 두 개의 국가를 강조하며 한국을 독립적인 적대 국가로 규정하고 있다. 이 과정에서 한국의 통일부 기능 약화나 과거 남북 합의의 사실상 무력화 같은 흐름과도 얽혀 분단의 구조를 더욱 공고히 하고자 하는 듯한 태도를 보인다. 북한의 이러한 움직임은 단지 내부 선전이나 수사적 효과만을 의도한 것이 아니라, 북·중·러 연대 속에서 북한이 자신의 전략적 위치를 강화하는 과정의 일부이기도 하다.

그러나 이러한 외교적 자신감과는 달리 북한의 내부 구조는 여전히 상당히 취약한 상태에 머물고 있다. 경제난은 지속되고 있고, 국경 봉쇄와 제재의 장기화는 주민들의 생계와 사회적 안정성을 심각하게 위협하고 있다. 코로나19 이후의 경제 정체, 시장 통제 강화, 자원 부족, 건강·영양 문제 등은 북한 내부의 구조적 약점을 더욱 심화시키는 요인들이다. 그럼에도 불구하고 북한이 외부 연대를 통해 정치·군사적 자신감을 드러내는 모습은, 역설적으로 북한 체제가 내부적으로는 취약성과 불안정성을 안고 있음에도 외교적으로는 보다 공격적이고 능동적인 방식으로 공간을 확장하려 하고 있음을 보여준다.

북한이 스스로를 핵 보유 사회주의 국가로 규정하면서, 이를 기반으로 대외 관계를 재설계하려는 움직임 역시 주목할 필요가 있다. 이러한 전략은 북한이 단지 군사적 억제력을 확보했다는 차원을 넘어, 핵을 통해 국제 사회와의 관계를 전혀 다른 수준에서 설정하려 한다는 점에서 의미가 있다. 북한은 핵 보유를 통해 체제 생존을 보장받을 수 있다고 판단할 뿐만 아니라, 새로운 세계 질서의 일부로서 자신을 위치시키는 과정에서 핵무기 보유가 일종의 정치적 자산이 될 수 있다. 이는 국제 사회의 전통적인 비핵화 프레임과는 전혀 다른 논리이며, 북한은 이 논리를 북·중·러 연대의 흐름 속에서 강화하려는 경향을 보이고 있다.

또한 북한이 러시아와의 무기 거래, 중국과의 외교적 연대, 다자 협의체 참여 등을 통해 국제 무대에 보다 적극적으로 모습을 드러내는 것은, 국제 질서가 혼재된 다권역 체제로 이동하는 흐름 속에서 북한이 일정한 공간을 확보할 수 있다고 판단하기 때문이다. 북한은 미국과의 양자 관계만으로는 얻기 어려웠던 외교적 여지를 새로운 연대 구성 속에서 확보하려 하고, 이를 통해 남북 관계에서의 우위를 강화하려는 전략을 구사할 가능성이 있다. 이러한 변화는 남북 관계의 협상 구조와 통일전략을 다시 근본적으로 재설정해야 한다는 과제를 한국에 던진다.

이처럼 북한은 외부적으로는 북·중·러 연대 속에서 전략적 위치를 확대하려는 자신감 있는 태도를 취하면서도, 내부적으로는 여전히 구조적 취약점과 불안정성을 안고 있는 이중적 상황에 놓여 있다. 이 두 축이 어떤 방식으로 균형을 이룰지, 내부 변화가 어떤 계기로 외부 전략과 충돌하거나 보완될지에 따라, 향후 한반도 정세와 통일 환경은 상당히 달라질 수 있다. 따라서 한국의 통일전략은 북한을 단순히 고립된 약소국으로 보거나, 반대로 북·중·러 연대의 도구로 단편적으로 규정하는 시각에서 벗어나, 북한이 보여주는 이런 복합적이고 다층적인 움직임을 체계적으로 분석하는 방향으로 나아갈 필요가 있다. 결국 통일의 기회 구조는 북한 내부의 변화 가능성과 외부 연대의 동학이 어떤 속도와 방식으로 결합되거나 분리되는가에 따라 달라질 것이다.

V. 다권역 세계의 도래와 한국의 위치, 그리고 통일의 재맥락화

세계 질서는 단순히 다극체제를 넘어, 여러 지역적 권역과 네트워크가 병렬적으로 존재하고 상호작용하는 다권역 체제로 이동하고 있다. 이는 한 국가가 글로벌 차원의 질서를 구축하고 유지하기 어려워진 현실, 그리고 지역별·이슈별로 각기 다른 규범과 권력이 작동하는 시대가 도래했음을 의미한다. 유럽, 인도·태평양, 유라시아, 중동·아프리카, 라틴아메리카는 각각 고유한 정치·안보·경제적 역동성을 갖고 움직이며, 이 권역들은 때로는 협력하고 때로는 충돌하면서 세계정치의 구조적 복잡성을 구성한다.

이러한 맥락에서 한반도는 더 이상 동북아라는 단일 권역에만 국한된 공간으로 이해되기 어렵다. 통일 문제 또한 단순히 남북 간의 관계나 한반도 내부의 정세로만 접근할 수 없다. 통일 이후의 한국은 지리적으로 유라시아 대륙, 태평양 문명권, 북극항로와 인도양을 잇는 교차축에 위치하며, 경제적으로는 동북아 생산 네트워크와 글로벌 공급망의 재편 과정에서 전략적 포지션을 확보할 가능성이 크다. 따라서 통일의 의미는 단지 민족 내부의 결합이 아니라, 다권역 세계 속에서 한국의 전략적 위상을 재정의하는 과정과 직결된다.

오늘날 유럽은 우크라이나 전쟁을 계기로 안보체제·에너지체제를 전면 재편하고 있고, 중동은 에너지 전환과 안보 불안정 속에서 새로운 협력 축을 모색하고 있다. 아시아 역시 미·중 전략 경쟁의 심화, 남중국해·대만해협의 긴장, 인도양에서의 경쟁 구도로 인해 지역적 역동성이 강화되고 있다. 이런 상황에서 통일 한국은 단순히 동북아 균형의 일부가 아니라, 유라시아-인도·태평양을 연결하는 새로운 전략 공간의 건축자가 될 가능성을 가진다. 예컨대 유럽이 에너지·디지털·운송 네트워크를 다변화하는 상황에서, 통일 한국은 유라시아 대륙부와 태평양을 잇는 복합 네트워크 구축의 중요한 파트너로 부상할 수 있다.

이러한 시각은 아직은 잠재적이고 개념적이지만, 통일을 바라보는 한국의 사고를 기존 동북아 중심의 정태적 틀에서 벗어나 다권역적 상상력과 세계사적 맥락으로 확장하도록 만들어 준다는 점에서 의미가 크다. 통일이 단지 한반도의 기술적·제도적 결합에만 머무르지 않고, 여러 권역과 권역을 잇는 질서 설계의 한 요소가 될 수 있음을 시사하기 때문이다.

특히 미·중 전략 경쟁이 장기화되는 상황에서, 한국의 전략적 선택은 단일 권역의 논리 위에서만 설명되기 어렵다. 인도·태평양 전략과 유라시아 전략, 북극항로 구상과 중동-유럽 에너지 축, 글로벌 공급망의 재편 등은 모두 서로 연결되어 있으며, 한국은 이러한 다층적 권역 구조 속에서 오히려 다권역적 중개자(regional connector)로서의 위상을 강화할 수 있다. 통일 한국의 전략적 가치는 바로 이 지점에서 더욱 분명해진다.

미북 관계 역시 권역적 관점에서 재해석될 필요가 있다. 북핵 문제는 전통적으로 한반도와 동북아의 문제로 간주돼 왔지만, 실제로는 동북아-유라시아-인도·태평양 권역이 중첩되는 구조적 문제이다. 미국의 대중 전략, 중국의 대미 전략, 러시아의 유라시아 전략이 모두 북한을 매개로 얽히면서 북한 문제는 사실상 다권역적 문제로 확장되었다. 이러한 현실에서 한반도에서의 안정과 통일은 단지 지역 질서뿐 아니라 권역 간 질서의 균형을 조정하는 역할을 수행할 수 있다. 즉 통일은 동북아평화 문제이자 동시에 권역 간 갈등을 완화시키는 구조적 역할을 한다.

다권역 세계에서 한국이 차지할 위치는 한 권역에 종속되는 것이 아니라, 여러 권역과 상호 연결된 복합적 전략 지대로 자리매김하는 것이다. 통일전략은 이러한 가능성을 염두에 두어야 한다. 통일이 민족 내부의 결합에 머무르지 않고, 여러 권역을 잇는 네트워크의 핵심축이 되는 순간, 주변국들이 통일을 바라보는 인식 또한 변화할 수 있다. 경제·안보·물류·에너지·디지털 네트워크를 설계하는 과정에서 통일 한국이 제공할 수 있는 공공재가 존재한다면, 통일은 오히러 주변국에게도 안정과 기회로 작용할 수 있다.

미·중 경쟁, 북·미 갈등, 북·중·러 연대 등 복잡한 지정학적 조건 속에서도 통일 한국이 권역적 관점에서 전략적 가치를 창출할 수 있다는 점은 중요하다. 다권역적 사고는 이상적 접근이 아니라, 오늘날 세계 질서가 구성되는 현실적 방식이다. 그렇기에 한국의 통일 논의는 기존의 한반도 중심적·동북아 중심적 사고를 넘어, 권역 간 상호작용의 구조 속에 한반도를 재배치하는 전략적 프레임으로 확장되어야 한다.

결국 통일은 단지 과거의 분단을 치유하는 과정이 아니라, 한국이 다권역 세계에서 어떤 국가로 자리 잡을 것인지에 대한 국가적 방향성의 재설정과 직결된다. 통일 이후의 한국이 주변 권역들과 어떻게 관계를 재구성하고, 동북아를 넘어 세계 질서의 교차축으로서 어떤 기여를 할 수 있을지를 고민하는 순간, 통일의 의미는 단순한 국내 문제를 넘어 세계사적 맥락에서 재정의된다.

VI. 통일의 미래 국가모델과 한국의 전략적 상상력

통일 한국의 국가모델을 어떤 방향으로 설정할 것인가에 대한 논의는 통일 담론의 최종 단계이지만, 동시에 통일 과정 전체를 견인하는 전략적 상상력의 기반이 된다. 통일은 단순히 남북의 정치·제도적 통합을 의미하지 않으며, 한 국가의 미래 정체성을 설계하는 거대한 사회적 기획이다. 따라서 통일을 논의할 때는 현재의 구조적 환경과 미래의 국제질서 변화, 그리고 국가 내부의 역량과 비전을 종합적으로 고려하는 것이 필수적이다.

그동안 한국의 통일 논의는 점진적 교류와 기능적 협력이 확대되면 자연스럽게 통일의 조건이 형성될 것이라는 기능주의적 통합 모델에 상당 부분 기대어 왔다. 경제 협력이나 인도주의 교류, 사회문화적 교류가 누적되면 상호의존성이 강화되고, 이로 인해 정치·안보 영역으로 통합이 확장된다는 고전적 기능주의의 논리이다. 그러나 이러한 접근은 한반도의 특수한 조건과 국제정치 구조의 복잡성을 충분히 반영하지 못한 채, 협력의 자동적 확장에 과도한 기대를 부여했다는 점에서 구조적 한계를 갖고 있다.

첫째, 기능주의 모델은 남북 간 상호의존이 정치적 신뢰로 전환될 것이라는 가정에 기초하지만, 한반도에서는 상호의존 자체가 상호 억제나 전략적 활용의 수단으로 변질된 경험이 반복되었다. 경제협력은 오히려 북한의 행동을 제어하는 지렛대로 인식되기도 했고, 북한 역시 협력을 전략적 공간을 넓히는 수단으로 활용해 왔다. 상호 의존이 자동적으로 정치적 통합을 촉진한다는 기능주의의 핵심 가정은 현실에서 설득력을 잃은 지 오래이다.

둘째, 기능주의는 정치·군사 영역의 적대적 구조가 완화될 것이라는 전제를 포함한다. 그러나 북한의 핵 무력 고도화, 미·중 전략 경쟁의 심화, 북·중·러 연대의 강화 등은 군사·안보 구조가 오히려 협력을 압도하거나 역전시키는 상황을 만들어왔다. 즉 기능적 협력의 누적이 정치적 통합을 이끄는 것이 아니라, 정치·군사적 긴장이 협력을 제약하거나 중단시키는 악순환이 반복되는 구조가 자리 잡은 것이다.

셋째, 기능주의는 통합의 방향성을 명확히 설정하지 않은 채 협력의 축적이 통일을 향한다는 모호한 서사를 반복해 왔다. 남북이 동일한 최종 목표를 공유하지 않는 상황에서 협력만으로 통일의 경로가 열릴 것이라는 가정은 지나치게 낙관적이다. 북한이 현재 선택한 국가전략—핵 억지체제의 강화, 자력 갱생 체제의 고착, 주변국 연대를 통한 체제 안정—은 통일을 상정한 상호의존적 경로와는 구조적으로 충돌한다.

넷째, 기능주의는 국제정치 구조의 영향력을 과소평가하는 경향이 있다. 유럽에서 기능주의적 통합이 가능했던 시기에는 미국의 압도적 패권, 소련이라는 명확한 외부 위협, 유럽 내부의 안정적 제도 등이 존재했다. 반면 한반도는 미·중 경쟁이 지속되고 주변 4강의 전략이 중첩되는 공간으로, 협력이 외부 구조의 영향을 벗어나 독립적으로 작동하기 어렵다. 따라서 기능주의 모델은 한반도라는 지정학적 맥락에서 구조적으로 한계를 드러낼 수밖에 없다.

이러한 이유로 한국의 통일전략은 단순한 기능적 협력의 지속이 아니라, 국가적 역량의 축적과 장기적 비전의 명확한 설정을 포함하는 전략적 접근으로 전환될 필요가 있다. 유럽의 19세기 독일·이태리 통일 사례가 주는 시사점 역시 이 지점에 있다. 당시의 통일은 단일한 이상이나 감정적 동질성에 의해 이루어진 것이 아니라, 내부 역량의 축적, 지속적 개혁, 국제정치 구조의 현실적 판단, 그리고 미래 국가에 대한 분명한 비전이 결합했을 때 실현되었다. 이는 오늘날의 한반도에서도 마찬가지이다.

통일 한국은 단순히 두 체제를 결합하는 것을 넘어, 인구 7천만 명 규모의 경제력과 확장된 영토, 새로운 산업·물류축을 갖춘 국가로 재편될 가능성을 가진다. 이러한 변화는 한국이 동북아 전략 환경에서 보다 높은 수준의 자율성을 확보하고, 글로벌 차원에서 새로운 역할을 수행할 가능성을 열어준다. 그러나 이러한 가능성은 준비가 되어 있을 때만 현실이 될 수 있으며, 준비되지 않은 국가에게 통일은 오히려 부담이 될 수 있다.

통일 논의는 기능적 협력의 자연적 연장선이 아니라, 통일 이후 국가모델을 어떻게 설계할 것인지에 대한 거시적 비전, 그리고 이를 실행할 수 있는 내부적 역량과 제도적 준비를 중심으로 재정비되어야 한다. 이는 통일을 단순히 남북 관계의 문제로 한정하지 않고, 한국의 장기적 국가전략과 연동된 프로젝트로 바라보는 관점의 전환을 요구한다.

나아가 통일 한국의 안보 구조에 대한 전망 역시 동맹 재조정과 주변국과의 다자안보 협력을 포함해 종합적으로 재설계되어야 한다. 통일 한국이 새로운 지정학적 조건 속에서 어떤 균형을 추구할 것인지, 기존 동맹을 어떠한 방식으로 재구조화할 것인지, 그리고 북핵 문제를 어떤 제도적 틀 속에서 관리할 것인지에 대한 고민은 통일 과정의 핵심이 된다.

결국 통일의 미래를 논의한다는 것은 단지 남북의 통합을 논의하는 것이 아니라, 한국이 어떤 국가가 될 것인지에 대한 상상력과 전략을 동시에 설계하는 일이다. 기능주의적 접근의 한계를 냉정하게 평가하고, 변화하는 국제질서 속에서 한국이 능동적으로 통일의 조건을 만들어갈 수 있는 전략적 사고가 필요하다. 이러한 사고가 뒷받침될 때 통일은 감정적 구호가 아니라, 준비된 국가가 선택할 수 있는 하나의 현실적 경로로 자리 잡게 될 것이다.

VII. 결론:
변화한 세계 질서 속에서 통일을 다시 생각한다는 것

2025년의 국제질서는 단일 패권의 안정기에서 벗어나 장기적인 미·중 경쟁, 미국 패권의 조정, 북·중·러 연대 강화, 다권역 세계의 등장과 같은 구조적 변화를 보여준다. 이러한 변화는 통일 환경을 어렵게 보이게 만들지만, 동시에 한국이 능동적 전략을 설계한다면 새로운 기회의 조건으로 전환될 수도 있다. 통일은 더 이상 언젠가 자연스럽게 올 미래가 아니라, 국가적 의지와 전략적 준비가 결합될 때 현실성이 높아지는 장기 프로젝트이다.

독일과 이태리의 19세기 통일 사례가 보여주듯 통일은 어느 날 갑자기 외부로부터 주어지는 것이 아니라, 스스로 만들어가는 과정이며, 국가적 역량과 주체적 의지가 준비되어 있을 때에만 그 기회가 열린다. 한국이 지금 통일을 다시 논의해야 하는 이유는 바로 이 지점에 있다. 통일 가능성은 국제정치 구조의 변화와 분리되지 않으며, 지금이야말로 통일을 현실적 가능성의 영역으로 되돌려 놓아야 할 시점이다.

앞으로의 통일 논의는 과거의 감정적 언어에서 벗어나, 변화한 국제질서와 한국의 장기적 진로를 결합한 전략적 담론으로 발전해야 한다. 통일은 한국이 미래 30년, 50년의 국가 위치를 어떻게 설계할 것인지와 직결되는 문제이며, 그 과정에서 필요로 하는 것은 과도하게 낙관적이지도, 지나치게 비관적이지도 않은 현실주의적 통찰과 미래지향적 국가 상상력이다. 한국이 이러한 균형적 접근을 지속적으로 발전시킬 수 있다면, 통일은 도달하기 어려운 이상이 아니라 준비된 국가가 현실화할 수 있는 하나의 전략적 선택지로 자리매김할 것이다.

10 통일을 어떻게 준비해야 할 것인가?

임병철

I. 들어가는 말

통일이 우리 민족 전체의 존엄성과 행복이 실현되는 부강한 선진 일류국가의 토대가 된다면, 우리는 적극적으로 통일에 임해야 한다. 특히 통일이 언제 어떤 방식으로 이루어질지 모르는 상황에서 통일이 가져올 수 있는 편익을 극대화하고 폐해를 최소화하기 위해서라도 미리 준비를 해나갈 필요가 있다. 통일 준비란 통일을 이루어 나가는 과정에서, 그리고 통일 이후에 통합과정을 원활히 진행하기 위해 사전에 계획·실천하는 제반 대책을 말한다. 통일문제가 국가적 차원의 문제라는 점에서 통일 준비는 일차적으로 정부의 몫이지만, 통일문제가 온 국민의 관심사이며 국민의 단합된 힘을 요구하기 때문에 정부와 민간의 협의, 민간의 참여도 중요하고 절실한 과제라고 할 수 있다. 또한 통일에 대한 국제 사회의 여론과 환경을 유리하게 만들어가는 것도 필수적 통일 준비라고 할 수 있다.

분단국의 통일 사례들은 한반도 통일이 단기적 성과를 넘어 장기적 안정과 평화를 지향해야 함을 시사한다. 이를 위해서는 정치적·경제적·사회적·문화적 측면에서 총체적인 접근이 필요하다. 또한 통일 과정에서 남북 주민뿐 아니라 재외동포와 주변국과의 협력과 공존을 포함하는 포괄적인 비전을 가져야 한다.

통일은 국민적 합의 아래 민주적인 절차에 따라 추진되어야 한다.

통일은 국가적 차원의 이해관계에 그치지 않고 개인적 차원의 이해와도 직결되는 우리 시대의 과제이다. 즉, 통일은 특정 집단이나 계층의 문제가 아니라 분단된 한반도에서 살아가는 우리 국민 모두의 삶과 직접 연결되어 있는 문제이다. 따라서, 통일에 이르는 과정도 국민의 뜻을 모아 나가는 민주적 과정이 되어야 할 것이다. 이러한 차원에서 통일 준비는 곧 올바른 통일의식을 함양하고 실질적인 통일역량을 양성하기 위한 통일교육의 활성화와 내실화를 의미한다.

우리가 해야 할 통일 준비는 "당장 통일을 하느냐"가 아니라, "언제 오든 혼란을 최소화할 준비를 갖추느냐"가 더욱 중요하다. 통일 준비는 첫째, 법적·제도적 틀 마련, 둘째, 경제적 준비, 셋째, 주민 통합 준비, 넷째, 안보·외교적 측면 준비 확보 등 4가지 분야가 가장 핵심이다. 분야별로 우리가 해야 할 구체적인 통일 준비 노력을 살펴보기로 한다.

II. 통일 준비를 위한 구체적인 노력

1. 정책적 준비를 통한 법적·제도적 틀 마련

한반도 통일은 평화로운 방식과 평화로운 과정으로 이루어져야 한다. 우리는 통일을 원하지만 어떠한 방식으로든지 통일이 되기만 하면 된다는 통일지상주의를 추구하지는 않는다. 우리가 추구하는 통일은 한반도의 진정한 평화와 민족의 공동 번영이 보장되는 미래를 지향하고 있다. 그리고 한반도 통일의 전 과정 역시 평화로운 방식으로 이루어져야 할 것이다. 우리가 지향해야 할 통일은 자유민주적 기본질서에 입각한 통일이 되어야 한다. 우리 헌법 제4조에서는 "대한민국은 통일을 지향하며 자유민주적 기본질서에 입각한 평화적 통일정책을 수립하고 이를 추진한다"라고 명시하고 있다. 우리가 지향하는 통일은 자유와 인권, 국민주권주의와 대의정치, 법치주의, 공화주의, 다원주의, 견제와 균형 등 자유민주주의의 가치와 제도가 중심이 되어야 한다. 특히 통일 과정에서 전체 주민의 자유 의사에 따른 선택이 실현되어야 한다. 우리가 지향하는 통일 한반도의 미래는 개개인의 자유와 인권, 법치, 복지, 민주주의와 시장경제 등이 보장되는 자유민주주의 국가이다. 이를 실현하기 위해서는 통일 정부의 형태와 제도에 대한 국민의 이해를 높이고 일상에서 자유민주주의 가치를 함양하는 것이 필요하다. 민주주의 원리와 절차에 따른 의사 결정 및 통합적인 문제해결 능력을 기르는 것이 자유민주주의 통일을 준비하는 바탕이 될 것이다. 또한 통일은 일제강점기와 분단이라는 비극적 역사를 청산하고 현대적 민족국가 건설을 완성한다는 의미를 지니고 있다. 통일로 완성될 현대적 민족국가는 폐쇄적 민족주의나 자민족 중심주의ethnocentrism를 추구하지 않고, 문화적 다양성을 존중하는 '열린 민족주의'를 지향해야 하며, 자유, 평등, 인권 등 인류의 보편적 가치를 존중하는 민주주의 국가가 되어야 할 것이다.

통일이 질서정연하게 이루어질 수 있도록 통일과 관련된 법적·제도적 정비에 주력해야 한다.

통일은 결과와 과정 모두 중요하다. 통일 과정에 따르는 제반 문제들은 '법과 질서'에 따라 처리되어야 하며, 이런 맥락에서 통일 관련 법률과 제도 정비가 요구된다. 독일의 통일이 평화적으로, 그리고 대내외적으로 광범위한 지지를 받으며 진행될 수 있었던 것은 법과 절차를 준수하려 노력했기 때문이다. 대한민국 공식 통일방안인 「민족공동체 통일방안」을 따를 경우 화해협력 단계, 남북연합 단계, 통일국가 완성 단계 등 각 단계에 적용될 수 있는 법과 제도가 마련돼야 한다. 예를 들면 화해협력 단계에는 남북 왕래, 교류·협력에 관한 제반 법률들, 남북연합 단계에는 남북 각료회의, 남북 평의회, 남북 사법재판소 등에 관한 법률들, 통일국가 완성 단계에는 화폐통합, 교육통합, 복지통합, 사법통합, 군사통합 등 다양한 통합 관련 법률들이 필요하다.

한편, 통일 과정을 국제 사회의 지지 속에서 안정적이고 원활하게 진행하기 위해서는 아래와 같은 원칙과 방향을 유지할 필요가 있다. 첫째, 통일 한반도의 법·제도가 국제적인 법·제도에 저촉되지 않도록 해야 한다. 예를 들어 남북이 각각 체결한 조약·협정의 효력 및 승계 문제, 국경선 획정 문제 등에 대한 국제법적 고찰과 준비가 요구된다. 둘째, 통일과 관련된 법적·제도적 정비는 인간의 존엄성과 자유, 평등 등 인류의 보편적 가치를 존중하고, 한반도 평화와 사회 안정을 보장하면서 이루어져야 한다. 이러한 법적·제도적 정비는 정부와 국회의 주도적 노력, 민간에서의 다양한 논의와 실천 등을 통해 이루어져야 한다. 정부는 통일 과정과 통일 이후 통합 과정에 대비한 법·제도 정비를 위해 유관 부처와 민간 전문가가 참여하는 협의체를 운영하며, 통일 법제 연구, 해외 통일 사례 연구, 통일 법률전문가 양성 등을 위한 노력이 필요할 것이다.

아울러 북한 정보에 대한 수집 및 관리, 분석 역량을 강화해야 한다. 시시각각 변화하는 한반도 정세를 판단하고 효과적인 통일·대북정책을 추진하기 위해서는 북한에 관한 정보와 자료를 체계적으로 관리하고 분석하는 것이 무엇보다 중요하다. 북한의 전반적인 제도 운영 실태뿐 아니라 주민의 생활상과 사회 변화상 등을 생생하게 파악해야 한다. 김정은 집권 이후 북한은 정치, 경제, 군사, 사회 등 전 분야에서 급격한 변화를 보이고 있다. 심지어 김일성의 오랜 유훈인 통일마저 부정하는 상황에까지 이르고 있다. 북한 대남전략의 근본적 전환에 따라 남북 관계는 과거와는 상당히 다른 방향으로 전개될 가능성이 높은 상황에서 신뢰할 수 있는 북한 정보를 축적함으로써 북한을 정확하게 인식하는 것이 중요해진 시점이다. 통일을 위한 전제조건은 북한의 실체를 정확하게 파악하고 보다 효과적이고 실현가능한 통일·대북정책을 추진하는 것이다.

2. 경제적 준비를 통한 통일 충격 대비

한국은 전후 폐허를 딛고 단기간에 최빈국에서 선진국으로 발전한 자랑스러운 경험이 있다. 그러나 오늘날에는 원자재·에너지 확보 비용 및 물류 비용이 증대하는 등 과거와 다른 글로벌 경제 환경으로 인해 새로운 성장 동력 마련이 절실한 상황이다. 게다가 빠른 속도의 출생률 저하와 고령화, 청년실업률 증가 등은 한국경제의 전망을 어둡게 하고 있으며, 그동안 경제성장을 이끌어왔던 제조업 경쟁력도 후발 국가들의 추격으로 위협받고 있다.

통일 한반도의 비전을 현실화시켜 다양한 이점을 누리기 위해서는, 지금부터 통일의 경제적 기반을 튼튼히 쌓아나가야 한다.

남북이 경제공동체를 만들고 발전시키는 과정이 통일의 경제적 기반 구축 과정이다. 남북은 1991년 채택한 「남북기본합의서」에서 "민족경제의 균형적 발전과 민족 전체의 복리 향상을 도모하기 위해 자원의 공동개발, 민족 내부 교류로서의 물자교류, 합작투자 등 경제 교류와 협력을 실시한다"고 합의하면서 경제협력 비전을 처음으로 공유했다. 2000년대 들어서는 정상회담, 다양한 당국 간 회담을 통해 금강산·개성 관광, 개성공단, 경의선·동해선 철도·도로 연결 같은 상징적·실질적 경제협력 사례를 만들어냈다. 남북 경제공동체 형성을 위해서는 이러한 성과와 경험을 토대로, 다양한 남북 산업 및 인프라 협력을 통해 상호 이해관계를 증진해야 한다. 남북 산업 및 인프라 협력은 남북 간 생산 분업을 통해 남북 모두 국제적으로 비교우위를 강화시키는 유효한 수단이 될 수 있다. 물류, 에너지, 제조업, 농림수산업, 관광 등 다양한 부문에서 이루어지는 남북 협력은 북한 경제에 도움을 주는 동시에 남한 경제에 활력을 불어넣음으로써 남북 간 경제적 격차를 줄여줄 것이다. 남북 간 경제적 격차가 줄어드는 만큼 당연히 통일의 경제적 부담, 통일비용에 대한 국민들의 우려 등도 줄어들게 된다. 남북 경제공동체가 산업 및 인프라 협력 단계를 지나 무역과 투자 그리고 제반 생산요소의 자유로운 이동이 가능한 단일시장 수준으로 발전한다면 통일의 경제적 기반은 한층 더 다져질 것이다. 이 단계에서 남북은 상품 및 서비스 반·출입, 인력 이동, 자본 이동 등과 관련한 규범, 경제공동체 운영에 필요한 재원 등을 함께 마련해야 한다.

남북이 하나의 경제공동체가 된다면 다양한 경제적 이점을 기대할 수 있다. 우선 남한과 북한의 서로 다른 경쟁력과 산업구조는 상호보완적 협력의 효용성을 극대화할 수 있게 해 준다. 분단 상황에서 지불하고 있는 여러 가지 '분단비용'은 통일이 완성되기 전에도 남북의 교류협력 과정이 시작되면 크게 감소할 수 있다. 아울러 유라시아와 한국이 직접 육로로 연결되는 교통망을 구축하게 되면, 한반도 내의 경제협력 효과를 뛰어넘어 대륙과 해양을 연결하는 한반도의 지리경제학적 잠재력과 경쟁력을 회복하여 동북아의 허브로 부상하는 계기로 활용할 수 있다. 남북한의 상이한 체제와 제도, 생활수준을 통합하는 과정에서 상당한 규모의 '통일비용'이 발생할 수 있다. 하지만 통일비용은 소모적인 비용이 아니라 더 큰 미래의 이익, 즉 '통일편익'을 창출하기 위한 투자로 이해할 필요가 있다. 통일비용은 남북 간 격차를 줄이고 남북한이 각각 보유한 자원의 연계와 결합을 통해 시너지 효과를 창출할 수 있다는 점에서 미래 세대를 위해 지불하는 보험이자 투자이다. 또한 통일은 일시적 사건이 아니라 지속적인 사회통합의 과정이다. 즉, 체제통합 이후 경제적 격차 해소를 통한 주민 간의 신뢰 구축이 무엇보다 중요하다. 독일 통일 과정에서도 초기에는 동서독 간의 경제적 불균형이 심각한 사회적 불만을 초래했다. 이러한 문제를 미연에 방지하기 위해서는 남북한 간 경제적 격차 해소를 위한 체계적 계획이 필요하며, 이를 통해 갈등 요소를 최소화해야 한다.

통일 준비의 경제적 기반은 통일재원이라고 할 수 있다.

통일비용에 대한 국민적 우려를 최소화하면서, 지속적인 경제성장을 밑받침 삼아 통일재원을 확충해 가야 한다. 통일은 여러 가지 불확실성을 내포하며 더욱이 남북 간 경제적 격차를 극복하기 위해서는 일정한 비용이 소요될 것이다. 이른바 '통일비용'은 통일 대비 위기관리, 제도통합, 그리고 경제적 투자에 소요되는 일체의 재원을 포함한다. 통일비용은 통일과정은 물론이고 통일이 된 이후에도 들어간다. 특히 북한에 사회간접시설을 확충하고 공장 등 생산시설을 늘려 나가야 한다. 이들 통일비용은 성격상 생산적 비용이라는 점에서 통일의 편익을 극대화하기 위해서라도 차근차근 준비해 나가야 할 것이다. 통일비용을 준비하는 데는 현실적으로 여러 문제가 내포돼 있다. 그렇다고 통일비용을 준비하지 않는다면 통일 상황에 적극 대처하기 힘들게 된다. 독일은 예상보다 빨리 급작스럽게 통일이 이루어짐에 따라 통일재원을 마련하는 데 많은 어려움을 겪었다. 통일비용은 그 비용의 적립을 포함해 다양한 확보방안이 마련된다면 통일과정을 질서 있게 인도하는 수단이 될 것이다. 이런 맥락에서 "통일의 기회가 왔는데 돈이 없어서 또는 돈이 걱정돼서 그 기회를 놓친다면 역사에 죄를 짓는 일이 될 것"이라고 한 헬무트 콜 전 서독 총리의 언급은 의미가 크다고 할 것이다. 통일비용에 대한 국민적 우려는 세금인상 가능성 때문이다. 그러나 통일비용의 조달은 반드시 국민세금으로만 충당되는 것이 아니다. 또 우리가 통일에 대해 철저히 준비해 나간다면 통일비용을 최소화할 수도 있다.

통일비용의 재원 조달은 국내 부문과 국제 부문으로 나눌 수 있으며, 국내 부문은 다시 정부 부문과 민간 부문으로 나눌 수 있다. 사실 국내 부문과 국제 부문, 그리고 정부 부문과 민간 부문은 상호 중첩된다는 점에서, 통일비용 재원조달 방안을 종합적으로 보면 다음과 같이 제시할 수 있다. 곧 남북협력기금, 민간부담금, 채권 및 복권발행, 북한 토지의 사유화, 조세(통일세), 국제구호기금, 그리고 해외차입이다. 이른바 '통일세'는 통일비용을 조달하는 여러 방법 중 하나일 따름이다. 통일비용을 조달하기 위해서는 여러 가지 방안이 모두 고려되어야 할 것으로 보이며, 정부는 다각도의 검토를 통해 효과적인 통일재원 마련 방안을 만들어 나가야 한다. 아울러 민간 기업의 경우 통일이 되면 자연스럽게 북한 지역에 대한 투자를 늘려 나갈 것으로 기대된다. 정부는 기업들의 북한 지역 투자를 장려하는 제도적 장치(세금 감면 등)도 준비해야 할 것이다. 통일은 국제적 관심사이기도 하다. 세계적 투자가인 짐 로저스(Jim Rogers)는 "가능하면 북한에 모든 재산을 투자하겠다"고 할 정도로 통일한국이 유망한 투자처가 될 것으로 전망한 바 있다. 충분히 활용되지 못하고 있는 북한의 인적 자원 및 지하자원과 함께 통일한국의 잠재력을 감안할 때, 통일이 되면 세계 도처에서 투자가 이루어질 것으로 전망된다. 이렇게 된다면 정부에서는 더 좋은 조건으로 채권을 발행할 수도 있다. 그리고 세계보건기구(WHO)나 세계식량계획(WFP) 등 유엔 산하 단체들이 북한 주민의 구호에 나설 수도 있다. 정부는 통일 대비 해외자본을 유치하는 방안도 사전에 마련해야 할 것이다.

3. 사회·문화적 차원에서 주민 통합 준비

우리가 예상 가능한 현실적인 통일 시나리오로는 우선 단계적·점진적 통일(교류·협력→제도적 통합)로서 남북 교류를 점진적으로 확대하면서 제도적·사회적 이격을 줄여 최종적 통합으로 나아가는 시나리오이다. 반면, 급작스러운 체제 붕괴(흡수형 통일 혹은 급격한 통합)로서 북한 체제의 급격한 붕괴나 급변으로 많은 주민·영토가 단기간에 편입되는 시나리오도 예상할 수 있다.

이러한 다양한 통일 시나리오에 대한 대비가 필요하다는 점을 인식하는 가운데, 우리는 점진적·단계적으로 통일을 이루는 것이 도달해야 할 목표라는 점을 확고히 해야 한다.

오랜 체제 경쟁과 군사적 충돌은 남한 주민과 북한 주민의 마음

속에 상대에 대한 적대감과 불신을 새겨놓았다. 남북 간 적대감과 불신의 해소 없이 경제공동체 실현, 정치적 통합 추진은 모래 위에 집짓기나 다름없다. 남북한의 경제적 격차를 방치한 채 성급한 통일을 추진할 경우 경제적 부담이 대단히 크다는 점까지 고려하면 통일은 차근차근 순차적으로 이루어 나가는 것이 합리적이고 바람직하다. 이러한 인식이 국민들 사이에서 확산한다면 통일에 대한 부담감과 우려도 줄어들 것이다.

나아가 북한 사회에 대한 객관적 이해, 곧 '있는 그대로의' 북한 사회 이해를 추구해야 한다.

오랜 남북 갈등으로 인해 남한 주민의 북한 사회 인식에는 선입관과 편견이 많이 개입되고 있다. 북한 사회에 대한 선입관과 편견이 강할수록 객관적인 북한 사회 이해가 어렵고 국민의 통일 의지 역시 낮아질 수밖에 없다. 한편 남북 주민은 매우 이질적인 정치·경제 제도 아래에서 수십 년간 떨어져 살아왔기 때문에 서로 다른 가치관, 정서, 생활문화 등을 많이 지니고 있다. 따라서 북한 사회에 대한 선입관과 편견을 극복하고, 남북의 차이를 존중하면서 남북의 '같음'과 '다름'을 함께 인식하는 데 주력할 필요가 있다.

통일은 강제적 방식이 아니라 상호 합의에 의한 점진적이고 평화적인 절차와 방법에 기반해야 한다.

독일 통일 과정에서 나타난 서독의 지속적인 교류협력 노력은 남북 간 교류협력을 통한 상호 신뢰구축과 단계적 접근이 중요함을 보여준다. 남북 주민 간 상호 신뢰와 이해는 통일의 필수적 기반이다. 상호 신뢰와 이해를 위해서는 무엇보다 남북 주민 간 만남과 교류가 활발하게 이루어져야 한다. 남북 주민은 2000년대 들어 다양한 체육·예술·학술·종교 교류, 관광 등으로 상호 신뢰와 이해를 쌓아 왔다.

남북 사회문화교류가 앞으로 한반도 평화와 통일에 한층 더 기여하려면 다음과 같은 방향 설정이 필요하다.

첫째, 남북 주민 간 만남과 교류의 장은 남북 사회·문화의 '같음' 뿐 아니라 '다름'에 대한 이해와 존중을 심화시키는 장이 되어야 한다. 둘째, 상호 신뢰와 이해를 높이는 데 그치지 않고, 새로운 문화적 공통성을 창출하는 데까지 나아갈 필요가 있다. 남북 주민 간 상호 신뢰와 이해가 깊어지고, 남북 주민이 공유하는 문화적 요소가 많아질수록 평화와 통일로 가는 길에 발생할 수 있는 사회·문화적 갈등을 줄일 수 있을 것이다.

한반도의 통일은 주민 간의 자발적 참여와 동의가 전제되는 자유민주적 질서를 기반으로 해야 하며, 이를 위한 투명한 과정과 대화가 필요하다. 이를 위해서는 통일은 주민 개개인이 주체가 되어 새로운 사회를 만들어 가는 합의와 협력을 필요로 한다. 서로 다른 체제에서 형성된 이질적 정체성을 인정하고, 다양한 문화가 공존하는 포용적 시민성과 민족공동체를 추구하는 노력을 수반하는 것이 통일인 것이다. 이러한 노력은 통일 이후부터 실천하는 것이 아니라, 미래지향적 관점으로 현재부터 실천해 가야 한다. 북한이탈주민의 안정적 정착, 재외동포 사회에 대한 이해와 소통, 국내 이주민들과 사회적 약자들을 위한 따뜻한 사회를 만드는 과정 속에 통일의 미래가 담겨 있는 것이다. 또한 통일 이후에도, 남북한 주민 간의 문화적 융합과 상호 이해를 증진하기 위한 교육과 교류 프로그램을 시행하는 것이 필수적이다.

국민의 통일문제에 대한 인식이 낮은 상황에서는 통일 한반도로 나아가기 위한 실천적 동력을 만들기 어렵다. 정부, 학교, 시민사회 등에서 통일교육을 지속적으로 강화함으로써 국민의 통일인식을 높여야 한다. 국민의 통일인식을 높이기 위해서는 무엇보다도 통일에 대한 긍정적 인식을 확대해야 한다. 분단의 장기화로 인해 국민들 사이에서는 통일에 무관심하거나 현재 상황에 만족하며 통일을 기피하는 경향이 나타나고 있다. 특히, 청년 세대 안에서 통일에 대한 회의적인 시각이 많아지고 있는 것이 사실이다. 이러한 상황을 바꾸기 위해서는 통일을 해야 하는 이유를 여러 방향에서 설득력 있게 제시해야 한다. 특히 북한 정권이 2023년 말부터 이른바 '적대적 두 국가론'을 주장하며 통일을 부정하는 태도를 보이고 있는 상황에서 더욱 적극적이고 설득력 있게 통일 필요성을 알려야 한다. 통일로 인한 혜택을 가장 크게 누릴 수 있는 미래 세대가 통일과 남북 관계에 관심을 가지고 미래 한반도의 비전을 품을 수 있어야 통일을 추진하는 동력이 될 수 있다. 미래 세대가 북한 사회에 대한 선입관과 편견, 통일비용에 대한 오해 등으로 인해 통일의 부정적 영향을 우려하고 통일의 혜택이 자신과는 무관하다고 인식하는 상황에서는 통일 추진 동력이 약화할 수 있다. 따라서 미래 세대가 북한 사회의 현실을 객관적으로 이해하고, 통일로 인한 혜택을 직접 실감할 수 있는 체험 기회를 확대하는 등 다양한 방안을 강구할 필요가 있다.

통일교육의 내용과 기법을 미래 세대의 눈높이에 맞춰 개발하고, 통일의 과정과 미래상을 스스로 그려 볼 수 있는 참여형 방식을 폭넓게 도입하는 등 미래 세대가 흥미롭게 통일을 인식하도록 하는 노력이 필요하다.

그리고 진정한 주민 통합을 위해서는 남북 간 인도적 문제를 해결하는 것이 중요하다.

이산가족 등 분단으로 초래된 인도적 문제를 적극적으로 해결해 나가야 한다. 또한 정부는 북한 주민의 인도적 상황 개선을 위한 인도적 협력은 정치·군사적 상황에 관계 없이 북한 주민의 생존권 보장을 위해 언제라도 적극적으로 추진해야 한다. 북한의 영유아, 여성, 고령자, 장애인 등 취약계층 우선으로 투명성 확보원칙이 보장될 수 있도록 제도와 추진체계를 정비하고 주요 국제기구와의 협력을 강화해야 할 것이다.

또한 '먼저 온 통일'인 북한이탈주민이 우리 사회의 당당한 구성원으로서 자립하여 통일의 희망이자 자산이 될 수 있도록 초기지원 체계를 튼튼히 하고, 맞춤형 일자리와 교육 프로그램을 연계하여 고용과 삶의 질을 개선해야 할 것이다. 나아가 북한이탈주민에 대한 체계적 지원을 넘어 통일 준비 차원에서의 사회적 통합을 제고하는 정책을 강화해야 한다. 북한이탈주민의 경험과 지식을 통일 역량에 반영해 나가며, 북한이탈주민들이 한반도 통일 미래에 기여할 수 있도록 각별한 지원을 지속해야 한다. 북한이탈주민의 성공적 정착은 향후 남북 사회통합과 관련해 중요한 의의를 가지고 있다. 우리의 통일은 남북 제도통합의 과정인 동시에 남북 주민이 부정적 선입관, 편견, 차별의식 등을 극복하고 신뢰를 쌓아가며 공존하는 사회통합 과정이기도 하다. 이런 맥락에서 북한이탈주민과의 소통과 교류는 북한 주민에 대한 이해를 돕고, 향후 남북 사회통합을 증진하는 데 도움이 될 것이다. 북한이탈주민의 성공적 정착은 북한이탈주민 스스로의 노력만으로는 가능하지 않다. 정부와 민간단체의 각종 정착지원과 함께 남한 주민이 먼저 북한이탈주민과의 접촉을 확대하고, 북한이탈주민의 문화를 그들이 살아온 환경과 경험 속에서 이해하려는 노력을 계속해야 한다. 이를 통해 북한 주민에 대한 이해의 폭이 넓어지고, 나아가 통일에 대한 긍정적 인식도 가질 수 있을 것이다.

북한인권 개선을 위한 다차원적 노력을 전개해 나가야 한다.

정부는 북한인권 실상을 우리 국민과 국제 사회에 있는 그대로 정확히 알리고, 북한 인권 담론을 대내외에 확산하는 데 주력해야 할 필요가 있다. 북한인권 개선을 위해서는 국내외적으로 다양한 차원의 노력이 필요하다. 첫째, 북한 주민의 인권 증진을 위한 정책적 노력을 지속해야 한다. 2016년 여야 합의로 제정된 「북한인권법」은 "국가는 북한 주민이 인간으로서의 존엄과 가치를 가지며 행복을 추구할 권리가 있음을 확인하고 북한 주민의 인권 보호 및 증진을 위하여 노력하여야 한다"고 규정하고 있다. 앞으로도 우리 정부는 북한 주민의 인권 개선을 대북정책의 최우선 과제 중 하나로 추진해야 할 것이다. 북한 주민들이 다양한 경로로 외부 정보를 접할 수 있도록 '정보접근권'을 확대해 북한 주민의 인식 개선과 역량 강화를 도모하고, 북한의 미래 세대에게 자유 통일의 꿈과 희망을 심어주어야 할 것이다. 둘째, 북한 주민의 인권을 실질적으로 증진하기 위해서는 시민사회와의 협력 및 국민 공감대 확산을 위해 노력해야 한다. 특히 북한인권 단체들의 역량 강화를 위한 지원 사업을 더욱 강화하여야 한다. 북한인권 분야 민간단체들과 소통·협력을 강화하고 이들의 각종 활동에 대한 지원을 늘려야 한다. 셋째, 북한인권 개선을 위해서는 국제 사회가 북한 당국을 향해 북한인권 실태에 대해 문제를 제기하고, 국제 사회의 보편적 인권 기준을 제시해 북한 당국이 이를 따르도록 해야 한다. 국제 사회는 유엔을 중심으로 북한의 인권 상황에 대한 유감 표명 및 북한 당국에 대한 인권 개선 조치를 지속적으로 촉구해 왔다. 이러한 국제 사회의 노력에 북한 당국도 여성·아동·장애인 등 취약계층의 인권을 중심으로 일부 반응을 보이고 있다는 점을 적극 고려하여야 한다.

4. 안보·외교적 측면 준비

어떤 경우에서든지 통일은 튼튼한 안보에 기초해야 한다.

평화는 최선의 안보 상태를 의미하지만 평화가 정착되기까지 굳건한 안보는 평화를 지키는 토대가 된다. 오늘날 북한의 핵·미사일 위협이 갈수록 고도화되고 있는 현실에서 우리의 안보를 확보하는 것은 무엇보다 중요한 일이다. 탄탄한 국방력을 바탕으로 굳건한 안보 체제와 확고한 한미동맹을 유지함으로써 한반도에 평화를 정착시켜야 한다. 이를 위해 가장 중요한 것은 일체의 북한의 무력도발 불용 원칙이다. 이는 힘에 의한 현상변경을 원하지 않고 북한에 적대 의사를 가지고 있지 않으며, 북한의 핵 위협이나 무력도발은 용납할 수 없다는 입장이다. 견고한 한미동맹을 바탕으로 북한의 무력도발을 실효적으로 억제해 가면서, 북한이 도발할 경우에는 단호한 대응과 함께 국제 사회와 공조하여 도발에 상응하는 실질적인 대응 조치를 취해야 할 것이다. 특히 안보·군사적 준비 차원에서 우리가 신경 써야 할 것은 통일시 북한이 보유하고 있는 핵·미사일 등 대량살상무기(WMD) 관리·처리 계획을 사전에 마련하는 것이다. 통일 과정에서 북한 WMD 처리를 위해서는 ① 북한 전역의 핵시설·핵물질, 탄도미사일 기지, 생화학 무기 저장소, 연구시설 등에 대한 완전한 식별, ② 신속한 통제, ③ 전문가에 의한 안전한 제거, ④ 국제 협력 체계 활용, ⑤ 북한 주민 안전 확보, ⑥ 정치·안보적 검증 체계의 일련 과정을 통해 국제 사회가 인정할 수 있는 "완전하고 검증 가능한 불가역적 폐기(CVID)" 목표로 관리가 이루어져야 할 것이다.

한반도 통일을 이루기 위해서는 북한 비핵화와 평화 구축이 무엇보다 중요하다.

우리 정부는 북한의 완전한 비핵화를 통해 한반도에 지속가능한 평화를 구현한다는 목표 아래, 북한의 핵 위협을 억제하고 제재와 압박으로 핵 개발을 단념시키며 대화와 외교로 북한 비핵화를 추진해야 할 것이다. 이러한 우리의 노력이 성공하려면 국제 사회의 강력한 지지와 공조가 뒷받침되어야 한다. 첫째, 우리 외교안보의 기축인 한미동맹을 중심으로 미국과의 협력을 강화해 나가면서, 중국과의 관계도 전략적으로 관리해야 한다. 미국과 중국은 한반도의 현재와 미래에 상대적으로 영향력을 크게 행사할 수 있는 국가들이기 때문이다. 우선, 미국과는 굳건한 한미동맹을 토대로 한반도와 관련된 주요 현안에 대한 양국 간 협력을 강화해야 한다. 중국의 경우 북한에 대해 일정한 영향력이 있음을 감안하면서 중국이 한반도 안정과 평화에 있어서 건설적인 역할을 할 수 있도록 한중관계를 관리해야 한다. 둘째, 북한 핵 문제를 해결하기 위해 당사국으로서 선도적 노력을 기울여야 한다. 우리는 물론 세계 평화를 위협하고 있는 북핵 문제는 한반도의 통일 환경에 결정적인 장애물이라고 할 수 있다. 즉, 주변국과 국제 사회의 지지 속에서 통일에 우호적인 환경을 조성하기 위해서는 북핵 문제 해결이 필수적이다. 이를 위해 우리는 미국과의 긴밀한 공조를 바탕으로 북한의 비핵화를 위한 국제적 협력을 강화해야 할 것이다. 이러한 움직임 속에서 한반도의 통일환경은 개선되어 나갈 수 있을 것이다. 셋째, 동북아 역내의 영토 분쟁이나 과거사 문제 등과 관련하여, 관련국 간 협력을 통해 상황 악화를 방지하고 문제를 해결해 나갈 수 있도록 외교적 노력을 경주해야 한다. 현재 동북아에서는 영토 문제와 과거사 문제가 각국의 민족주의를 부추기고 갈등과 대립을 확대·재생산하고 있는데, 이러한 갈등 국면이 심화될 경우 동북아에서 우호적인 통일 환경을 조성하는 데 부정적 영향을 미칠 것이기 때문이다. 이를 통해 한반도에는 평화체제가 구축되는 것도 중요하다. 한반도 평화체제는 남북한을 비롯한 관련국 상호간에 공식적으로 전쟁상태를 종식시킴으로써 법적·제도적 및 실질적으로 한반도에 공고한 평화가 보장되어 있는 상태를 의미한다. 1953년 7월 27일 「한국 군사정전에 관한 협정」의 체결로 한반도에서 정전체제가 수립된 이후, 정전체제를 평화

체제로 전환하기 위해 그동안 전개되어 온 노력을 앞으로 더욱 강화해야 할 것이다.

통일은 민족문제이자 국제문제이다.

남북 분단은 제2차 세계대전의 종식과 함께 미소 양국의 한반도 분할 점령에 의해 시작되었다. 이후 북한의 남침으로 시작된 6·25전쟁을 통해 남북 간 갈등과 대립이 심화함으로써 분단은 더욱 공고화되었다. 한반도 분단은 전쟁 이후에도 지속적으로 주변국들의 이해관계가 깊숙이 개입하여 진행되었고, 한반도는 세계적 차원의 냉전이 종식된 이후에도 '냉전의 섬'으로 남았다. 이처럼 한반도 분단은 민족문제이자 국제문제라는 점을 인식할 때, 한반도 분단 극복과 통일 역시 남북한만의 문제가 아니라 한반도를 둘러싼 주변국과 긴밀한 연관이 있음을 알 수 있다. 오늘날 한반도는 미국, 일본, 중국, 러시아 같은 강대국의 이해가 얽혀 있는 지역이므로 통일에 대한 주변국들의 지지와 협력을 끌어내는 일이 중요하다. 통일은 남북 분단체제의 해체인 동시에, 20세기 냉전기부터 현재까지 이어져 온 동북아시아 질서의 대변화를 의미한다. 따라서 통일은 민족 내부의 문제일 뿐 아니라 국제문제라는 성격도 갖는다. 국제협력의 핵심 목표는 한반도 평화·통일에 대한 국제 사회의 공감대 형성과 협력을 유도하는 것이다. 한반도 주변국들의 지지와 협조를 받기 위해서는 한반도 평화·통일이 자국의 이해에 반하지 않을 뿐만 아니라, 나아가 주변국들의 안전과 번영에 도움이 된다는 점을 지속적으로 설득해 나가야 한다. 우리는 동북아시아의 평화협력 질서가 궁극적으로 한반도 평화와 통일을 통해서 가능하다는 점, 자유·인권·법치에 기반한 하나 된 한반도는 동북아시아 역내 경제협력과 경제적 이익 증대를 촉진해 줄 것이라는 점 등을 주변국에게 인식시켜야 한다.

한반도 통일에 대한 긍정적인 인식을 확산하기 위한 "공공외교 public diplomacy"도 중요하다.

공공외교의 주체로서 시민사회는 세대별, 분야별 다양한 방식으로 국제 사회 네트워크와 협력할 수 있어 파급효과를 확대해 나갈 수 있다. 공공외교란 문화, 지식, 정책 등을 통하여 대한민국에 대한 외국 국민들의 이해와 신뢰를 증진하는 외교활동을 말한다. 한반도 평화정착과 통일이 국제문제로서의 성격을 지니고 있으며, 그에 따라 국제 사회의 지지가 점점 더 중요해지고 있는 현실을 감안할 때 '정부 대 정부'로 행해지는 전통적 외교 외에 공공외교라는 수단도 적극 활용해야 한다. 또한, 주요국 내 재외동포의 다양한 평화·통일 공감대 확산 활동을 지원하는 것도 효과적일 수 있으며, 한반도를 둘러싼 국제정세 및 한반도 문제 해결을 위한 국제 사회의 역할 등에 대해 연구하는 한반도 문제 전문가들을 지원하고 담론의 장을 마련해 주는 것도 중요한 과제이다. 통일 한반도의 정치적 비전은 주변 국가들의 이해관계와 역학관계를 잘 활용하는 지정학적 전략을 통해 실현될 수 있다. 즉, 통일 한반도가 가져다주는 혜택이 남북한은 물론 주변 국가들에도 공유될 수 있다는 점을 널리 알리고 설득함으로써, 한반도 주변국들의 정책 결정 과정에서 한반도 통일을 지지하는 동력을 끌어낼 수 있는 것이다.

Ⅲ. 맺음말

한반도 통일은 단순한 영토의 결합을 넘어, 분단된 체제를 해소하고 한민족이 새로운 공동체 질서를 구축하는 역사적 전환점이다. 이를 위해 남한은 정치·군사·경제·사회 전 분야에서 장기적이고 체계적인 준비를 갖춰야 하며, 북한의 내부 변화와 국제정세의 흐름을 종합적으로 고려한 전략적 접근이 필수적이다. 통일은 단순한 국가적 사건이 아니라, 우리 민족 전체의 존엄과 미래를 완성해 나가는 과정이다. 따라서 언제, 어떤 방식으로 찾아올지 모르는 통일에 대비하기 위해 우리는 제도적 틀을 정비하고, 경제적 기반을 다지며, 남북 주민 간 신뢰와 이해를 넓히는 사회·문화적 준비를 지속해야 한다. 또한 국제 사회와의 협력, 북한 주민의 인권 증진, 북한이탈주민 정착지원과 같은 다양한 노력들이 조화될 때 비로소 통일은 혼란을 최소화하고 미래 세대에게 새로운 기회를 제공하는 민족 번영과 국운 융성의 계기가 될 것이다.

무엇보다 통일 과정은 예상치 못한 혼란과 비용을 수반할 수 있으나, 이를 최소화하기 위한 정책적 준비는 지금부터도 충분히 가능할 것이다. 남북 간 제도·법체계 조율, 경제 격차 완화 전략, 대량살상무기(WMD) 처리 로드맵, 사회·문화 통합 프로그램 등은 통일의 성공 여부를 결정짓는 핵심 요소이다. 특히 주민 생활 안정과 치안 확보, 국제 파트너십 형성, 대북 인도적 지원은 통일 직후의 불안정을 줄이고 장기적인 신뢰 구축에 중요한 기여를 하게 될 것이다.

또한 통일은 정치적 목표만이 아니라 경제적·문화적 기회이기도 하다. 통일 비용은 단기적으로 부담이 될 수 있지만, 장기적으로 새로운 시장 창출, 인구구조 개선, 지정학적 리스크 감소, 유라시아 진출 기반 마련 등 다층적 이익을 제공할 것이다. 독일의 경험이 보여주듯, 통합의 어려움은 현실적이지만 꾸준한 제도 정비와 사회적 합의는 결국 한 국가의 역량을 더 크게 강화시키는 결과로 이어질 수 있기 때문이다.

 따라서 우리의 통일 준비는 단기적 정권 과제가 아닌 시대적 과제이며, 전국민적 참여와 지속적 공감대 형성이 요구된다. 통일의 의미는 미래 세대가 안정된 환경에서 더 넓은 기회와 자유를 누릴 수 있는 기반을 마련하는 데 있다. 지금 우리가 해야 할 일은 통일이 언제 오든 흔들림 없이 대응할 수 있는 '준비된 국가'를 만드는 것이다. 결국 통일은 우연히 찾아오는 사건이 아니라, 우리 스스로가 준비한 만큼 다가오는 결과이므로 남북 모두가 더 나은 삶을 누릴 수 있는 공동의 미래를 향해, 우리는 지금부터 차근차근 한걸음씩 나아가야 할 것이다. 마지막으로 통일 준비란 특정 집단의 몫이 아니라 우리 모두의 과제이며, 지금 이 순간부터 차근차근 실천해 나가야 할 시대적 책무이다. 우리 사회가 통일의 필요성과 가치를 공유하고, 미래 한반도의 공동 번영을 향해 함께 나아갈 때 통일은 지속 가능한 평화와 번영을 이루는 희망의 출발점이 될 것이다.

11 '한강의 기적'을 '대동강의 기적'으로 잇는 통일경제

: 서울역에서 평양행 KTX를 타다

조봉현

I. 대한민국 경제의 새로운 도약, 통일에서 답을 찾다

대한민국의 미래를 이야기할 때 통일경제는 더 이상 비켜갈 수 없는 핵심 화두다. 통일은 막연한 미래의 꿈이 아니라, 머지않아 우리 앞에 다가올 현실적 과제다. 이에 대비한 자에게는 새로운 도약의 기회가 되겠지만, 준비하지 못한 자에게는 위기로 돌아올 수 있는 중요한 분기점이기도 하다.

독일의 사례는 이를 명확하게 보여준다. 독일은 예상치 못한 시점에 통일을 맞았지만, 그동안 꾸준히 준비해온 기반 덕분에 통일을 유럽 최강국으로 도약하는 발판으로 삼았다. 2차 세계대전 후 폐허로 남았던 동독의 드레스덴은 통일 이후 연평균 10%가 넘는 성장률을 기록하며 '독일의 실리콘밸리'로 재탄생했다. 이는 통일이 재앙이 아니라 국가적 '대박'을 가져올 수 있다는 분명한 증거다. 대한민국 역시 독일의 경험을 교훈으로 삼아 통일경제의 기회를 실질적인 성장동력으로 만들어가야 한다.

통일이 가져올 경제적 파급효과는 우리의 상상을 뛰어넘는다. 골드만삭스는 2050년 통일 한국의 1인당 GDP가 8만1,000달러에 이를 것이라고 전망한 바 있다(출처: Goldman Sachs Global Economics Paper). 이는 일본과 독일 등 주요 선진국을 제치고, 미국에 이은 세계 2위 수준의 부유한 국가로 도약할 수 있다는 의미다.

또한 골드만삭스는 남북이 통일될 경우 30~40년 안에 통일 한국의 국민총생산(GDP) 규모가 프랑스·독일·일본 등 주요 G7 국가를 넘어설 것으로 전망했다. 나아가 2050년에는 그 규모가 6조560억 달러에 이를 것이라는 분석도 제시했다

세계적인 투자전문가 짐 로저스 회장은 이에 대해 한층 더 직설적으로 말한다. 그는 "앞으로 10~20년 사이 한반도는 전 세계에서 가장 흥미진진한 지역이 될 것이다. 한국이 통일된다면 세계적 수준의 투자처로 부상할 것이라고 확신한다"고 강조했다.

그는 북한의 현재 상황을 중국의 1981년과 유사하다고 진단하며, 한반도가 통일된다면 "가능하다면 가진 전 재산을 북한에 투자하고 싶다"고 밝혔다. 그의 이러한 발언은 통일 한국이 지닐 경제적 잠재력을 세계 투자자들이 얼마나 높게 평가하고 있는지를 잘 보여준다.

그렇다면 세계의 투자자들은 통일 한반도에 왜 이토록 열광하는 것일까?

① 지정학적 가치: 대륙과 해양을 잇는 한반도

한반도는 동북아의 중심에 자리하며, 대륙과 해양을 연결하는 유일한 교량 역할을 한다. 지금은 단절된 지점들이 많지만, 통일이 이루어지면 한반도는 유라시아 시대를 여는 관문으로 거듭나게 된다.

육상 교통로가 열리면 물류비용은 획기적으로 절감된다. 부산에서 기차를 타고 평양과 신의주를 지나 중국·러시아·유럽까지 이어지는 새로운 경제 루트가 가능해진다. 또한 에너지 파이프라인이 한반도를 관통하게 되면 안정적이고 효율적인 에너지 공급체계 구축도 현실이 된다.

② 자원의 보고: 북한이 보유한 전략적 지하자원

북한에는 세계적으로도 손꼽히는 규모의 지하자원이 매장되어 있다. 마그네사이트, 흑연, 규석, 희토류 등 첨단산업의 핵심 소재들이 풍부하게 분포해 있다. 남한의 자본과 기술력이 북한의 풍부한 자원과 결합한다면 어떠한 파급력이 나타날까? 그 시너지는 새로운 산업 생태계를 창출하고, 미래 전략산업의 경쟁력을 한층 강화할 잠재력을 지니고 있다.

③ K-실크로드: 초연결 시대의 중심

초연결의 시대, 통일된 한반도는 새로운 K-실크로드의 중심 거점이 될 수 있다. 아시아와 유럽, 태평양과 대서양을 연결하는 핵심

축으로 자리 잡으며, 대륙과 해양을 잇는 글로벌 경제 네트워크의 허브로 도약할 잠재력을 지닌 것이다. 바로 이것이 골드만삭스와 짐 로저스가 내다본 통일 한반도의 미래 모습이기도 하다.

이제 통일경제의 구체적 시나리오를 그려보자. 공단 조성, 에너지 협력, 농업 개발, 관광 산업, 지하자원 개발, 인프라 구축 등 열 가지 핵심 사업을 추진한다고 가정해보면 어떨까. 이러한 사업들이 동시에 전개될 경우, 한반도 경제에는 어떤 변화가 일어날까?

필자가 분석해 보니, 북한의 평균 경제성장률은 현재 2.3% 수준에서 6.3%로 올라 약 4.0%포인트 상승하게 된다. 이에 따라 GDP는 2022년 152억 달러에서 2050년 841억 달러로 약 5.5배 확대된다. 1인당 GDP 역시 590달러에서 3,264달러로 5.5배 증가하게 된다. 이러한 변화는 북한의 GDP 규모와 1인당 GDP 순위가 국제 사회에서 크게 도약함을 의미한다.

한국 역시 통일경제의 직접적인 수혜를 받는다. 평균 경제성장률은 3.2%에서 4.9%로 1.7%포인트 상승하고, GDP는 2022년 1조 6,730억 달러에서 2050년 6조 3,870억 달러로 약 3.8배 확대된다. 1인당 GDP 또한 3만 2,410달러에서 12만 3,707달러로 3.8배 증가하게 된다. 이는 통일이 한국 경제의 구조적 성장 여력을 크게 확장시키는 결과로 이어진다는 점을 보여준다.

통일경제가 가져올 일자리 창출 효과는 매우 크다. 향후 20년 동안 북한에서 약 495만 명, 한국에서 약 601만 명의 신규 일자리가 만들어질 것으로 전망된다. 이는 북한에서 연평균 24.8만 명, 한국에서 연평균 30만 명씩 고용이 증가하는 수준이다. 특히 2042년이 되면 누적 고용 증가 규모가 북한 495만 명, 한국 601만 명에 이르러, 청년 실업과 고령화 같은 구조적 문제 해결에도 큰 도움이 될 것이다.

그렇다면 경제적 타당성은 어떨까? 통일경제를 위한 초기 비용은 약 56.2조 원이 소요되지만, 예상되는 총이익은 976조 원으로 추정된다. 투자 대비 17배의 수익을 거두는 셈이다. 이 가운데 북한은 약 164.2조 원, 한국은 811.5조 원의 이익을 얻어 양측 모두 뚜렷한 경제적 성과를 누리는 '상생(Win-Win) 구조'가 형성된다.

그러나 통일이 자동으로 '대박'을 보장하는 것은 아니다. 한반도 통일이 대박이 될지, 혹은 쪽박이 될지는 결국 우리의 준비와 노력에 달려 있다. 제대로 대비한다면 남북한 모두가 새로운 도약의 기회를 맞을 수 있지만, 준비가 부족하다면 부작용만 커져 오히려 성장의 발목을 잡는 결과가 나타날 수도 있다.

남북한의 경제적 격차는 통일 직전 동서독의 상황보다 훨씬 더 크다는 점을 반드시 유념해야 한다. 독일 통일 당시 동독과 서독의 GDP 격차가 약 10배 수준이었다면, 2024년 기준 남북한의 GDP 격차는 무려 60배에 달한다. 1인당 GDP 역시 북한은 한국의 약 1/30 수준에 머물러 있고, 무역 규모는 양측이 500배 가까운 차이를 보인다. 이는 한반도 통일이 단순한 경제 통합을 넘어, 구조적 격차를 해소하기 위한 장기적이고 전략적인 접근을 필요로 한다는 사실을 분명하게 보여준다.

II. 남북경제협력은 통일로 향하는 가장 중요한 출발점

통일을 준비한다고 말하기 전에, 무엇보다 남북 간에 신뢰를 바탕으로 한 안정적인 경제협력이 구축되어야 한다. 이러한 기반 없이 외치는 통일 준비는 결국 허공에 흩어지는 메아리에 지나지 않는다. 지속 가능한 경제협력은 남북이 함께 성장할 수 있는 새로운 동력을 만들어낼 뿐 아니라, 미래의 통일경제를 떠받치는 튼튼한 기초가 된다.

과거의 남북 관계를 돌아보면 대화와 대립이 반복되며 굴곡을 거듭해 왔다. 남북이 대화의 물꼬를 트며 분위기가 호전되는 듯 보이다가도, 북한의 갑작스러운 태도 변화로 회담이 무산되고 한반도에 냉기류가 드리운 일은 셀 수 없이 많았다. 5·24 조치가 시행되고, 개성공단과 금강산 관광이 장기간 중단되면서 남북 경제협력은 사실상 전면 멈춘 상태다. 남북 간 왕래 인원은 2008년 18만 6,775명에서 2017년 115명으로 급감했으며, 2020년 이후에는 왕래 자체가 완전히 끊어진 상황이다.

개성공단은 통일경제로 향하는 첫 길을 우리 중소기업이 스스로 열어낸 상징적 공간이었다. 2004년 첫 제품이 생산된 이후 125개 중소기업이 입주하여 10년 동안 누적 생산액 23억 4,800만 달러라는 성과를 이루어냈다. 북한 근로자 수는 5만 2,000명을 넘어섰고, 개성공단의 교역액은 2012년 19억 6,000만 달러로 사상 최고치를 기록하며 남북경제협력의 대표적 성공 모델로 자리매김했었다.

개성공단 입주 기업 가운데 S사는 대표적인 성공 사례로 꼽힌다. 개성공단에 들어오기 전 매출이 약 100억 원 수준이던 이 기업은 입주 이후 500억 원 규모로 성장했다. 북한의 양질의 노동력을 활용해 뛰어난 가격 경쟁력을 확보하면서 세계 각국의 바이어들로부터 주문이 몰렸기 때문이다. 서울에서 단 한 시간 거리에 위치한 개성공단은 베트남 등 해외 생산기지보다 물류와 관리 측면에서 훨씬 유리한 입지 조건을 갖추고 있어 기업 경쟁력을 높이는 데 중요한 기반이 되었다.

개성공단은 단순한 산업단지가 아니었다. 남북한 경제의 이질감을 완화하는 완충지대이자, 북한 주민들의 인식과 생활환경을 변화시키는 촉매제 역할을 한 공간이었다. 더 나아가 개성공단은 통일경제 공동체를 실질적으로 구현해 보는 '실험실'로서 중요한 의미를 갖고 있었다. 이제 10년 넘게 축적된 개성공단의 경험을 바탕으로 제2 개성공단을 준비해야 할 시점이다. 제2 개성공단은 대기업과 중소기업이 함께 참여하고, 해외 기업은 물론 북한 기업까지도 입주하는 '국제개방형 공단'으로 발전해야 한다. 이는 한반도 평화경제의 새로운 모델이자, 지속 가능한 통일경제를 향한 다음 단계가 될 것이다.

이제 남북 관계 개선 흐름에 맞추어, 단순한 경제협력의 복원을 넘어 통일을 향한 새로운 경협의 길을 열어가야 한다. 이를 위해서는 대북제재의 전환적 접근이 필요하며, 5·24 조치도 유연한 적용과 예외 확대를 적극 검토해야 한다. 동시에 북한이 신뢰 구축과 실질적 변화를 보이도록 지속적으로 요구하되, 통일을 준비하는 차원에서 대북제재 전반에 대한 전향적 재검토가 필요한 시점이다. 이러한 조치는 향후 남북경제협력의 구조적 복원과 통일경제 체제로의 단계적 이행을 위한 필수적 기반이 될 것이다.

북한의 김정은 정권은 이제 가시적인 경제 성과를 제시해야 하는 시점에 놓여 있다. 지속되는 경제난을 돌파하기 위해 김정은 위원장이 선택한 전략이 바로 경제개발구 정책이다. 북한은 2013년 5월 '경제개발구법'을 제정한 이후, 압록강 경제개발구·현동 공업개발구·와우도 수출가공구 등 19개의 지방급 경제개발구와 나선, 황금평, 신의주, 원산~금강산 등 14개의 중앙급 경제개발구 조성을 추진해 왔다. 이는 대외 투자 유치와 지역 경제 활성화를 통해 경제적 돌파구를 마련하려는 북한의 의지를 보여주는 사례로 평가된다.

북한이 핵을 고집하고 대외 강경 노선을 유지하는 한, 외자 유치는 구조적으로 어려울 수밖에 없다. 그럼에도 북핵 문제가 즉각적인 진전을 보이지 않는다고 해서 우리가 북한과 이어지는 경제적 연결고리를 끊어서는 안 된다. 오히려 지속적인 경제 접촉과 협력의 기회를 마련함으로써, 북한이 핵보다 경제 발전을 더 중시하도록 유도하는 전략이 필요하다. 북한이 경제적 성과의 매력을 체감하게 될 때, 비로소 한반도 평화와 비핵화의 새로운 돌파구도 열릴 수 있기 때문이다.

과거 북한에 진출해 평양에서 공장을 운영했던 I사의 사례는 중요한 시사점을 제공한다. 기업 활동을 통해 북한 근로자들이 기업 경영 방식과 시장경제의 원리를 직접 경험하면서 눈에 띄는 변화를 보였기 때문이다. 이러한 변화는 단순한 생산 활동을 넘어, 경제 협력이 북한 내부의 개혁·개방을 자연스럽게 이끌어낼 수 있음을 보여주는 사례다. 결국 비즈니스는 북한 사회의 변화를 촉진하는 실질적 통로가 될 수 있다.

대북제재가 완화되는 국면이 오면, 북한의 경제개발구 구상을 전략적으로 활용할 필요가 있다. 경제개발구에 대한 투자는 우리 기업의 북한 시장 확대는 물론, 한국 경제의 성장 잠재력을 높이고 해외로 나가 있는 기업들에게 유턴 기회를 제공하며, 북방경제권 진출의 거점을 확보하는 등 다양한 경제적 이점을 창출할 수 있다.

또한 경제개발구와 연계한 남북 경제협력은 단계적이고 점진적으로 추진해야 한다. 실천 가능성이 높은 작고 쉬운 사업부터 시작해 북한의 태도와 변화 수준에 맞춰 점차 규모와 수준을 높여가는 방식이 바람직하다. 이러한 점진적 접근은 협력의 안정성을 높일 뿐 아니라 향후 대규모 공동 프로젝트로 확장될 수 있는 기반을 마련한다.

Ⅲ. 한반도 스마일경제 벨트 구상

한반도 스마일경제 벨트 구상은 북한의 경제개발구와 남북 경제협력을 유기적으로 연계해 새로운 광역경제지도를 구축하려는 비전이다. 현재 북한의 경제개발구는 지역별로 분절적으로 조성되어 있어 상호 연결성이 약한 구조를 가지고 있다.

따라서 이를 단순한 개별 개발구 단위의 협력이 아니라, 한반도 주요 광역경제권별로 거점 산업과 도시를 연계하는 네트워크형 경제 구조로 발전시킬 필요가 있다. 이러한 접근은 지역 간 시너지를 극대화하고, 장기적으로는 남북 공동의 경제벨트를 형성하는 기반이 될 것이다.

서해축에서는 서울·경기·인천권을 중심으로 북한의 남포와 신의주, 그리고 중국 단둥으로 이어지는 광역 성장벨트를 구축할 수 있다. 동해축은 강원도에서 북한의 원산과 나선을 거쳐 중국 옌지·훈춘·투먼, 러시아 하산으로 연결되는 동북아 경제 벨트를 형성하게 된다. 이 두 축을 하나의 지도 위에 그려보면 마치 미소를 짓는 듯한 곡선이 나타난다. 바로 이것이 '한반도 스마일경제 벨트' 구상으로, 남북과 동북아 주요 도시들을 연결하는 새로운 경제 네트워크의 비전이다.

이러한 구상이 실현된다면 한반도는 더 이상 '사실상의 섬'이 아니라, 대륙과 신북방·환동해 지역을 연결하는 전략적 거점이자 중심축으로 자리매김할 수 있다. 한국은 분단으로 인해 겪어온 지리적·경제적 제약을 넘어, 유라시아 대륙으로 뻗어나가는 새로운 교두보를 확보하게 된다. 이는 한반도의 경제지형을 근본적으로 확장하고, 국가 성장의 새로운 지평을 여는 전환점이 될 것이다.

나진-하산 프로젝트는 이러한 스마일경제 벨트 구상을 실현하는 핵심 사업 가운데 하나다. 남북러 3각 협력을 통해 시베리아횡단철도(TSR)와 한반도종단철도(TKR)가 연결되면, 동북아 물류 체계는 물론 유라시아 운송망 전체가 근본적으로 재편된다. 부산에서 출발한 화물이 북한과 러시아를 경유해 유럽까지 철도로 운송되는 시대가 열리게 되며, 이는 해상 운송 대비 물류 비용과 시간을 획기적으로 절감하는 효과를 가져올 것이다. 이러한 변화는 한국 기업의 글로벌 경쟁력을 높이고, 한반도가 유라시아 물류 네트워크의 중심국가로 도약하는 기반을 마련한다.

신의주 특구를 중심으로 추진할 수 있는 남·북·중 협력 프로젝트역시 매우 중요하다. 중국의 '창지투(長吉圖) 개발 전략'과 연계한다면, 우리 기업이 동북 3성 개발 과정에 참여할 수 있는 다양한 기회를 확보할 수 있다. 또한 광역두만강개발계획(GTI)을 적극 활용해 두만강과 압록강 일대의 북·중·러 접경 지역에서 물류, 관광, 환경 분야 등을 중심으로 한 다자간 협력 사업도 추진 가능하다. 이러한 협력은 지역 경제 활성화는 물론, 한반도의 대륙 진출 기반을 강화하는 데 중요한 전략적 의미를 가진다.

한반도의 통일은 남북한만의 노력으로 이루어질 수 있는 과제가 아니다. 주변국의 적극적인 협력과 지원이 뒷받침될 때 비로소 현실적 추진력이 확보된다. 중국은 '창지투 개발 전략'을 통해 동북 3성을 새로운 경제 중심지로 육성하고 있으며, 러시아 역시 극동지역 개발에 국가적 역량을 집중하고 있다. 이러한 주변국의 전략과 한반도의 평화경제 구상은 상호 연계될 여지가 크며, 이를 적절히 활용하는 것이 통일환경 조성의 핵심 요소가 된다.

남한의 자본과 기술, 북한의 양질의 노동력, 그리고 중국과 러시아의 광활한 토지가 결합될 경우, 그 시너지 효과는 매우 클 것으로 예상된다. 동해축에서는 나진-하산 프로젝트를 기반으로 남·북·러 경제 벨트를 구축하고, 서해축에서는 신의주를 중심으로 한 서북방 협력 벨트를 형성함으로써, 한반도 통일을 주변국에도 실질적 이익을 제공하는 '공동의 대박'으로 전환할 수 있다. 이는 통일을 남북만의 과제가 아니라 동북아 전체의 번영 전략으로 확장시키는 중요한 접근이 될 것이다.

Ⅳ. 먼저 온 통일, 청년이 만드는 통일경제

"먼저 온 통일"은 제도적 통일 이전에 경제·문화·사회 영역에서 먼저 형성되는 실질적 통합을 의미한다. 이러한 선(先)통일의 과정에서 가장 중요한 주체는 바로 청년이다. 청년은 고정관념에서 벗어난 개방적 태도, 디지털 기반의 혁신 역량, 그리고 새로운 시장을 기회로 전환하는 감각을 갖고 있다. 청년이 참여하고 이끄는 통일경제는 단순한 남북 협력을 넘어, 한반도 전체의 미래 성장동력을 창출하는 데 핵심적 역할을 하게 될 것이다.

북한이탈주민은 이제 3만 5천 명에 이른다. 자유를 찾아 대한민국에 온 이들이 안정적으로 정착하고 행복한 삶을 누리도록 돕는 일은 우리 사회 전체가 함께 책임져야 할 중요한 과제다. 탈북민이 경제적으로 자립하고 더 나아가 성공한 기업가로 성장한다면, 그 자체가 북한 주민들에게 강력한 메시지를 전달할 수 있다. 창업을 통해 자립 기반을 마련하고 성공한 경제인으로 육성하는 것은 통일정책의 핵심 과제 중 하나이며, 미래 한반도 공동체의 통합 기반을 다지는 데에도 결정적인 역할을 하게 된다.

충북에서 식품 제조업을 운영하는 한 탈북 창업가는 북한에서 익힌 기술과 경험을 바탕으로 한국에서 식품사업에 도전했으나, 정착 과정에서 여러 장벽에 부딪히고 있다고 토로한다. 새로운 거래처를 확보하는 일부터 쉽지 않을 뿐 아니라, 금융기관에서 자금을 조달하는 일은 더욱 어렵다. 북한 출신이라는 이유로 신용이 충분히 쌓여 있지 않고, 담보도 없다 보니 대출을 시도해 볼 엄두조차 내기 힘들다는 것이다. 이러한 고충은 탈북민 창업자가 실제로 마주하는 제도적·현실적 어려움을 보여주는 대표적 사례다.

자질과 능력을 갖춘 탈북민을 성공한 기업가로 육성하는 일은 통일시대를 준비하는 데 있어 핵심적인 과제다. 이들이 한국에서 기업을 창업하고 성장한 경험은 통일 이후 북한 지역에서 기업과 산업을 육성하는 데 중요한 기반이 된다. 특히 성공한 탈북 기업가는 북한 현지의 문화적·사회적 맥락을 누구보다 잘 이해하고 있어, 통일 후 북한 경제개발의 최전선에서 첨병 역할을 수행할 수 있다.

IBK경제연구소 조사에 따르면, 탈북민의 절반 이상이 창업을 준비하고 있거나 매우 강한 창업 의지를 가진 것으로 나타났다. 이는 탈북민이 단순한 정착을 넘어 경제적 자립과 성공을 향해 적극적으로 도전하고 있음을 보여주는 중요한 지표다.

탈북민의 성공적인 창업을 지원하기 위해서는 다각적인 정책적 접근이 필요하다. 우선 탈북민의 역량과 여건에 맞는 창업 아이템을 발굴해 연계해 주는 체계가 마련되어야 한다. 또한 신용·담보 여건이 취약한 탈북민의 현실을 반영한 맞춤형 금융지원 정책이 뒷받침되어야 한다.

시장경제의 이해와 창업에 필요한 기초지식을 기를 수 있도록 교육 및 컨설팅 프로그램을 운영하고, 탈북민 전용 창업 인큐베이팅 사업도 적극 추진할 필요가 있다. 더 나아가 탈북 청년들이 주도하는 사회적 기업을 육성함으로써 자립 기반을 강화하는 것도 중요한 과제다.

이 과정에서 남북한 청년이 함께 비즈니스를 통해 교류하고 공감대를 형성하는 사례도 나타나고 있다. 그 대표적 예가 남북 청년이 공동으로 설립한 사회적 기업 '요벨'로, 이는 청년 세대가 주도하는 통합과 협력의 새로운 가능성을 보여준다.

이제는 북한 청년과 한국 청년이 함께 글로벌 공동 창업에 나서, 통일경제의 미래를 주도적으로 열어 갈 수 있는 환경을 만들어야 한다. 청년 세대의 협력은 남북을 하나의 시장과 공동체로 연결하는 가장 역동적인 동력이 될 것이며, 한반도 통합경제의 새로운 장을 여는 출발점이 될 것이다.

경기 침체와 산업구조 조정의 여파로 청년 실업 문제가 심각해지고 있다. 청년들에게 일할 기회가 부족한 현실은 통일에 대한 부정적 인식으로 이어질 수밖에 없다. 실제로 서울대 통일평화연구원 조사에 따르면, 통일이 필요하다고 생각하는 청년은 10명 중 4명에 그친다. 많은 청년들이 통일이 이루어질 경우 남한의 일자리까지 북한 주민들이 차지하게 될 것이라고 우려하기 때문이다. 이러한 인식은 청년 고용 문제와 통일정책을 연계해 접근해야 할 필요성을 분명히 보여준다.

그러나 지속 가능한 남북한 경제협력과 통일경제가 구축되면 오히려 양질의 일자리를 대규모로 창출할 수 있다. IBK경제연구소의 추산에 따르면, 통일경제 프로젝트가 본격적으로 추진될 경우 국내에서만 연간 약 14만 개의 신규 일자리가 생겨날 것으로 전망된다. 실제로 개성공단 사례에서도 우리 중소기업이 진출하면서 국내 고용이 30% 이상 증가한 것으로 나타났다. 이는 남북 협력이 일자리 경쟁이 아니라, 새로운 일자리 창출의 기회가 될 수 있음을 보여주는 중요한 근거다.

흥미로운 점은 북한 청년들 사이에서도 창업 열풍이 서서히 확산되고 있다는 사실이다. 시장 활동이 점차 확대되면서 장사를 통해 수익을 얻는 청년층이 늘어나고 있으며, 스마트폰 보급 규모가 1,000만 대에 근접하면서 소프트웨어·IT 분야 등 기술 기반 창업도 증가하는 추세다. 최근 평양 쑥섬에 '북한판 실리콘밸리' 조성을 추진하겠다는 계획이 발표된 것 역시 이러한 변화를 상징적으로 보여주는 사례다.

남북 청년들이 함께 창업을 통해 꿈을 실현하고, 나아가 글로벌 시장으로 도약할 수 있는 공동 창업 프로젝트를 추진할 필요가 있다. 우리 청년들의 창의적 아이디어와 응용기술이 북한 청년들의 창업 열정과 기초기술 역량과 결합된다면, 한반도에서 세계 시장을 선도할 경쟁력 있는 글로벌 기업이 탄생할 가능성도 충분하다. 이러한 협력 모델은 청년 세대가 통일경제의 주역으로 성장하는 중요한 토대가 될 것이다.

탈북민과 한국 청년이 함께 운영하는 한 카페의 사례는 이러한 가능성을 잘 보여준다. 초기에는 남과 북의 소통 방식이 달라 오해와 갈등이 생기기도 했지만, 시간이 문제를 해결하는 열쇠였다. 함께 일하고 대화를 나누는 과정에서 서로의 차이보다 공통점이 훨씬 많다는 사실을 발견하게 되었기 때문이다. 이 경험은 남북 청년이 협력할 때 나타나는 시너지와, 통일경제의 사회적 기반이 어떻게 만들어지는지를 보여주는 의미 있는 사례라 할 수 있다.

V. 한강의 기적에서 대동강의 기적으로

대한민국이 이룬 산업화·경제성장의 경험을 북한과 공유하여 한반도 전체의 번영으로 확장해 나가자는 미래 비전을 구상해 보자. 남한의 자본과 기술, 북한의 인력과 잠재력이 결합될 때, 한강에서 시작된 기적이 대동강으로 이어지는 새로운 성장사(成長史)가 열릴 수 있다. 이는 단순한 경제협력을 넘어, 한반도 공동번영 시대를 향한 전략적 목표이자 통일경제의 상징적 지향점이다.

통일 준비의 핵심은 한국이 이룩한 경제개발의 경험과 노하우, 즉 '한강의 기적'을 북한에 적극적으로 전수해 북한이 '대동강의 기적'을 실현할 수 있도록 유도하는 데 있다. 이는 단순한 경제적 지원을 넘어, 북한이 시장경제의 원리를 자연스럽게 학습하고 내재화할 수 있도록 돕는 과정이기도 하다. 이러한 접근은 통일 이후 한반도 전체의 안정적 성장과 공동번영을 위한 체계적 기반을 마련한다는 점에서 매우 중요한 의미를 지닌다.

북한판 새마을운동과 민생경제 개선 사업을 적극적으로 추진하는 것도 바람직한 접근이다. 우리나라가 1970년대 새마을운동을 통해 농촌을 근대화하고 국민의식을 변화시켰던 것처럼, 북한 역시 자발적인 경제개발 의지와 주민 주도의 변화 역량을 키워나갈 필요가 있다. 이 과정에서 우리 중소기업들은 기술 이전, 경영 노하우 전수, 인력 교육 등 다양한 분야에서 실질적인 역할을 수행할 수 있으며, 이는 북한의 민생경제를 개선하고 장기적으로는 시장경제 체제에 대한 이해를 확대하는 데 중요한 기여가 될 것이다.

남북한이 시장의 가치를 공유할 수 있는 협력 사업을 확대하는 것도 매우 중요하다. 북한이 시장경제의 원리와 기업가정신을 이해하도록 돕기 위해서는 추상적 논의가 아니라 실질적이고 체험 중심의 협력 프로젝트가 필요하다. 과거 개성공단에서 근무한 북한 근로자들이 남측 근로자들과 함께 일하며 시장경제의 운영 방식과 기업 문화를 자연스럽게 익히고 변화했던 것처럼, 더 많은 북한 주민들이 이러한 경험을 접할 수 있는 기회를 마련해야 한다. 이러한 과정은 북한 내부의 경제 인식 변화를 촉진하고 장기적으로 통일경제의 토대를 강화하는 핵심적인 역할을 하게 될 것이다.

통일로 향한 새로운 남북경제협력의 길을 여는 데에는 '봉산개도 우수가교(逢山開道 遇水架橋)'의 자세가 필요하다. 산을 만나면 길을 내고, 물을 만나면 다리를 놓는다는 이 말은, 난관 앞에서도 멈추지 않고 새로운 길을 찾아 나가야 한다는 의미를 담고 있다. 남북이 통일시대를 준비하며 경제협력의 길을 걷다 보면, 때로는 높은 산이 가로막히고 깊은 물길이 앞을 가로챌 때가 있을 것이다. 그러나 큰 어려움이 닥치더라도 좌절하지 않고, 문제를 극복하며 길을 만들어 가는 지혜와 의지가 무엇보다 중요하다. 이러한 태도가 있을 때 비로소 한반도 통일경제의 문도 열릴 수 있다.

Ⅵ. 통일경제 과정에서 기업의 역할이 더욱 중요해진다

통일을 준비하는 과정에서는 예상보다 훨씬 많은 과제들이 등장하게 될 것이다. 물론 정부가 담당해야 할 영역도 크지만, 실제 현장에서 실천해야 할 과업의 상당 부분은 기업의 몫이 될 수밖에 없다. 대한민국이 '한강의 기적'을 이루는 과정에서 기업이 주도적 역할을 수행했던 경험과 축적된 노하우는 통일경제 시대에도 중요한 자산이다. 이러한 역량을 바탕으로 기업은 통일 이후 북한 지역의 산업 재건과 경제 개발에서 핵심적이고 선도적인 역할을 해야 할 것이다.

독일 통일 과정에서 서독 기업들이 동독 지역의 경제 재건을 이끌었던 것처럼, 한반도 통일경제 시대에도 기업이 핵심적 주역이 될 것이다. 기업의 역량과 혁신성이 산업 재건과 일자리 창출, 지역경제 활성화를 이끄는 결정적 동력이 될 것이며, 통일 이후 경제 통합의 성공 여부 또한 기업의 참여와 역할에 크게 좌우될 것이다.

통일경제시대의 주인공은 바로 우리 기업이다. 활력 있는 다수 (Vital Majority), 창조의 모체인 기업이 통일로 가는 주전 선수로서 주도적인 역할을 담당할 것이다. 통일 경제가 열리면 우리나라 기업만이 가질 수 있는 창조적 무기로 전 세계를 누비는 활약도 기대해 볼 수 있다.

지금 이 순간에도 통일을 준비하는 기업들이 조용히, 그러나 꾸준히 자신의 역할을 다하고 있다. 경기도의 건설업체 K사는 북한의 인프라 개발을 체계적으로 연구하며 대비하고 있고, 개성공단 운영 경험을 가진 J사는 재개의 날을 묵묵히 기다리며 준비를 멈추지 않고 있다. 또한 중국 현지에서 남·북·중 삼각 협력 사업을 기획·준비하는 T사와 같은 기업도 존재한다. 이들이야말로 통일경제 시대에 새로운 기회를 열어나갈 '히든 챔피언'으로 성장할 주역들이다.

실향민 기업가들 역시 통일이 이뤄지면 고향 땅에서 기업을 일으키고 지역 경제 발전에 기여하고 싶다는 강한 포부를 밝히고 있다. 한국의 대기업에서 50여 년간 근무한 뒤 은퇴한 한 실향민 기업인 은, 한국 경제개발 과정에서 축적한 풍부한 경영 경험과 노하우를 북한의 개혁·개방 이후 고향 지역에서 활용하고 싶다고 전했다. 그는 통일이 열리면 현지 기업의 경영 자문과 산업 개발에 참여해 고향 경제를 되살리는 데 일조하고 싶다는 의지를 강조하고 있다. 이러한 실향민 기업가들의 꿈과 역량은 통일 이후 북한 지역 경제 재건의 소중한 자산이 될 것이다.

기업들은 이제부터라도 통일을 염두에 둔 '통일 경영' 관점을 갖고 이를 실천해 나가야 한다. 50년의 업력을 가진 한 중견기업 회장은, 북한 핵 문제가 해결되는 순간 경제 이슈가 전면에 부상할 것이며, 그 과정에서 우리 기업이 남북 경제를 연결하는 주도적 역할을 수행해야 지속적인 성장을 이룰 수 있다고 강조한다. 준비가 부족하다면 중국, 일본, 미국, 유럽 등 해외 기업들에게 기회를 빼앗길 가능성도 크기 때문이다. 결국 지금의 준비가 통일경제 시대 우리 기업의 경쟁력을 좌우하게 될 것이다.

우리 기업들이 통일을 준비하기 위해 할 수 있는 일은 매우 많다. 우선 북한의 경제개발구와 관련된 각종 정보를 수집하고 체계적으로 연구하며, 북한 시장 특성에 맞는 제품과 서비스를 개발하는 노력이 필요하다. 더불어 북한 인력을 활용할 수 있는 사업 모델을 사전에 구상해 두는 것도 중요하다. 아울러 중국이나 러시아 등 제3국을 거점으로 한 간접적 시장 진출 방안도 모색함으로써, 통일경제 시대를 대비한 실질적인 준비를 해나갈 수 있다.

그렇다면 기업들은 구체적으로 무엇을 준비해야 할까. 우선, 북한 시장에 대한 이해도를 높이는 것이 첫 번째 과제다. 북한의 경제 상황, 산업 구조, 소비 트렌드, 법·제도 등과 관련된 정보를 지속적으로 수집하고 체계적으로 분석해야 한다. 또한 북한이탈주민이나 대북 비즈니스 경험을 가진 전문가들과의 네트워킹을 통해 현장에서 나온 실질적이고 생생한 정보를 확보하는 것도 중요하다. 이런 이해와 정보 축적은 향후 통일경제 시대에 기업이 경쟁우위를 확보하는 데 필수적 기반이 된다.

둘째, 북한 시장에 적합한 제품과 서비스를 개발하는 준비가 필요하다. 북한의 현재 경제 수준과 열악한 인프라 환경을 고려할 때, 초기에는 실용적이며 내구성이 높은 제품을 중심으로 접근하는 것이 바람직하다. 동시에 중장기적으로 북한 경제가 점차 발전할 경우 수요 구조가 어떻게 변화할지 예측하고, 이에 맞춰 제품과 서비스 포트폴리오를 유연하게 확장할 수 있는 전략도 마련해야 한다. 이러한 이중적 접근은 통일경제 시대에 지속 가능한 시장 경쟁력을 확보하는 데 중요한 기반이 될 것이다.

셋째, 북한 인력을 효과적으로 활용할 수 있는 방안을 모색해야 한다. 북한은 성실성과 학습 능력을 갖춘 양질의 노동력을 보유하고 있으며, 상대적으로 저임금 구조로 인해 생산비 절감 효과도 기대할 수 있다. 실제 개성공단의 경험에서도 확인되었듯, 북한 근로자를 적절히 활용하면 생산성과 품질을 동시에 높이면서 원가 경쟁력을 확보할 수 있다. 이러한 인력 활용 전략은 향후 통일경제 체제에서 기업이 경쟁우위를 확보하는 핵심 요소가 될 것이다.

넷째, 제3국을 활용한 간접 진출 방안을 마련해야 한다. 대북제재가 지속되는 한 직접적인 진출에는 제약이 있을 수밖에 없기 때문에, 중국이나 러시아 등 제3국에서 북한 인력을 활용하거나 협력 사업을 추진하는 방식이 현실적인 대안이 될 수 있다. 예를 들어 중국의 장춘이나 연길과 같은 지역에서 남·북·중이 참여하는 협력 모델을 사전에 준비하는 것도 하나의 유효한 접근이다. 이러한 간접 진출 전략은 제재 상황에서도 기업이 경험과 네트워크를 축적하며 향후 통일경제 시대를 대비하는 중요한 발판이 될 것이다.

다섯째, 충분한 자금 확보 전략을 마련해야 한다. 통일경제 관련 프로젝트는 초기 투자 규모가 크고 투자 회수 기간도 장기화될 수 있기 때문에, 안정적인 금융 구조를 사전에 설계하는 것이 필수적이다. 정책금융을 적극 활용하고, 여러 기업이 컨소시엄을 구성하여 투자 리스크를 분산하는 방안을 검토할 필요가 있다. 아울러 정부와 공공기관이 제공하는 지원 프로그램을 적극 활용해 재정적 부담을 완화하는 것도 중요한 준비 과제다.

여섯째, 지속 가능한 협력 네트워크를 구축해야 한다. 혼자서는 수행하기 어려운 일도 여러 기업이 힘을 모으면 가능해진다. 같은 업종 또는 연관 업종 간에 협력체를 구성해 공동 전략을 마련하거나, 대기업과 중소기업이 동반 진출 모델을 구축하는 것도 하나의 방안이다. 아울러 북한 기업은 물론 중국·러시아 기업과의 합작 투자나 공동 프로젝트도 검토할 가치가 있다. 이러한 네트워크 구축은 리스크를 줄이고 사업의 실행력을 높이는 핵심 기반이 될 것이다.

Ⅶ. 정부와 공공기관의 통일기업 지원 플랫폼 구축도 필요

　정부와 공공기관이 통일기업을 체계적으로 지원할 수 있는 플랫폼을 구축하는 것도 매우 중요하다. 통일경제에 참여하려는 기업들에게 필요한 정보, 금융, 인력, 법·제도 상담 등을 원스톱으로 제공하는 지원체계를 마련해야 한다. 이를 통해 기업이 통일 관련 리스크를 줄이고 안정적으로 사업을 추진할 수 있는 환경을 조성하는 것이 필수적이다. 이러한 플랫폼은 통일경제 시대에 기업의 참여를 촉진하고, 민간 중심의 남북 협력 생태계를 만드는 핵심 인프라가 될 것이다.

　정부와 공공기관은 기업의 통일 준비를 적극적으로 지원하는 역할을 수행해야 한다. 남북 및 주변국과의 협업 비즈니스를 구상하고, 우리 기업이 참여할 수 있는 기회를 확대하기 위한 큰 틀의 전략과 구체적인 실행 계획을 마련해야 한다. 초기 단계에서는 정부와 공공기관이 인프라를 체계적으로 구축하고, 다양한 비즈니스 모델을 제시해 기업들이 방향성을 잡을 수 있도록 돕는 것이 중요하다. 특히 중소기업은 독자적으로 진출할 경우 리스크가 크고 자원적 한계도 많은 만큼, 정책적·제도적 지원이 통일경제 초기 생태계 조성의 핵심 요소가 된다.

기업이 통일을 체계적으로 준비하기 위해서는 정부와 공공기관의 적극적인 지원이 필수적이다. 제도적 뒷받침이 있을 때 기업은 리스크를 최소화하면서 통일경제 시대의 기회에 효과적으로 대응할 수 있다.

첫째, 통일경제를 지원하기 위한 법적·제도적 기반을 선제적으로 마련해야 한다. '통일경제지원 특별법' 제정을 검토하여 남북 경제협력과 경제통일 관련 사업을 체계적으로 추진·지원할 수 있는 법적 근거를 마련할 필요가 있다. 이러한 법적 틀이 구축되어야 기업과 공공부문이 안정적으로 통일경제 준비에 참여할 수 있으며, 장기적 관점에서 일관된 정책 추진도 가능해진다.

둘째, 기업의 특성과 규모에 맞춘 통일경제 지원 프로그램을 개발해야 한다. 통일경제 관련 교육, 전문가 컨설팅, 최신 정보 제공, 네트워킹 지원 등 중소기업이 실제로 필요로 하는 서비스를 체계적으로 제공할 필요가 있다. 특히 북한 시장 진출 가이드라인, 법·제도 관련 정보, 유망 산업 분석, 성공 사례 등을 종합적으로 정리해 제공함으로써 기업이 통일경제에 보다 실질적으로 대비할 수 있도록 도와야 한다.

셋째, 통일경제와 관련된 금융 지원을 대폭 확대해야 한다. 기업의 대북 진출이나 남북 경제협력 사업을 뒷받침할 수 있도록 전용 정책 자금을 신설하고, 신용보증 프로그램을 강화할 필요가 있다. 통일경제의 초기 단계에서는 사업 리스크가 불가피하게 높기 때문에, 정부가 일정 부분 위험을 분담하는 금융 구조를 구축해야 한다. 이러한 지원체계는 기업이 안정적으로 통일 관련 프로젝트에 참여할 수 있도록 하는 핵심 기반이 될 것이다.

넷째, 인프라 구축 분야에서는 정부가 선도적 역할을 수행해야 한다. 통일경제 관련 사업은 대규모 개발이 필요하고 장기간이 소요될 뿐 아니라 투자 리스크도 큰 만큼, 초기 단계에서는 정부와 공공기관이 먼저 접근해 기업 진출의 물꼬를 터주는 전략이 요구된다. 도로·철도·항만·전력·통신 등 기본 인프라를 구축하고, 산업단지와 같은 생산 거점을 조성함으로써 중소기업을 포함한 다양한 기업들이 안정적으로 진출할 수 있는 환경을 마련해야 한다. 이러한 기반 조성은 민간 기업의 참여를 촉진하고 통일경제의 추진력을 높이는 핵심 조건이 될 것이다.

다섯째, 국제 협력을 적극적으로 주도해야 한다. 남북·중, 남북·러 협력 사업은 국가 간 이해관계가 복잡하게 얽혀 있어 정부 차원의 협의와 조율이 필수적이다. 주변국과의 외교 네트워크를 활용해 다자간 경제협력의 틀을 구축하고, 이를 통해 우리 기업이 참여할 수 있는 기회를 확대해야 한다. 이러한 국제 협력 플랫폼은 통일경제 프로젝트의 안정성과 지속성을 뒷받침하는 핵심 기반이 될 것이다.

Ⅷ. 통일경제 시대를 향한 마음가짐: 준비하는 자가 미래를 연다

통일경제 시대를 맞이하는 데 있어 가장 중요한 것은 바로 '준비하는 마음가짐'이다. 변화는 예고 없이 찾아오지만, 미래는 준비한 자에게만 기회로 다가온다. 통일경제 또한 마찬가지다. 남북이 경제적으로 연결되는 순간은 어느 날 갑자기 열릴 수 있으며, 그때 가장 큰 성과를 거두는 주체는 미리 준비한 개인과 기업, 그리고 국가다. 따라서 지금 우리가 축적하는 지식과 경험, 전략과 네트워크는 곧 통일경제 시대의 경쟁력이자 미래를 여는 힘이 된다.

분단 80년, 한 사람의 일생에 해당하는 긴 시간이 흘렀다. 분단은 이제 충분히 오래 지속되었고, 헌법이 천명한 자유민주적 평화통일을 실현해야 할 때가 왔다. 우리는 80년 넘게 이어져 온 분단의 역사를 끝내고 통일경제라는 새로운 지평을 열어야 한다. 통일은 더 이상 선택의 문제가 아니라 대한민국과 북한 모두에게 주어진 시대적 과제다. 저성장의 늪에 빠진 한국 경제는 새로운 성장 동력이 필요하며, 북한 경제는 더 절박한 돌파구를 요구받고 있다. 이러한 난국을 헤쳐 나갈 수 있는 퀀텀 리프의 디딤돌이 바로 통일이다.

통일은 더 이상 정치적 구호가 아니라 분명한 경제적 실체다. 통일의 과정은 북한의 시장경제 전환에서 출발해 남북이 하나의 경제 공동체를 이루고, 궁극적으로는 완전한 통일경제로 나아가는 단계적 로드맵으로 이해해야 한다. 이러한 경제적 접근은 통일을 현실적이고 실천 가능한 과제로 만들며, 한반도의 지속 가능한 번영을 위한 가장 합리적인 경로이기도 하다.

골드만삭스가 2022년 12월 발표한 『2075년으로 가는 길』 보고서
는 충격적인 전망을 담고 있다. 통일을 전제하지 않은 국내총생산
(GDP) 기준으로 53년 뒤 한국의 경제 규모가 파키스탄과 필리핀보
다 작아질 것이라는 분석이다. 이는 현재의 저성장 구조가 지속될
경우 대한민국이 장기적으로 경제적 활력을 잃고, 세계 경제에서의
위상마저 크게 약화될 수 있음을 경고하는 것이다. 결국 이러한 전
망은 통일 없는 대한민국의 지속 가능한 성장이 어렵다는 사실을
명확하게 보여준다.

반면 통일이 이루어진다면 전혀 다른 미래가 펼쳐진다. 2,500만
북한 주민이라는 새로운 거대한 시장이 열리고, 북한이 보유한 풍부
한 지하자원과 광활한 토지를 활용할 수 있는 기회가 생긴다. 더불
어 한반도는 유라시아 대륙으로 진출하는 전략적 관문을 확보하게
된다. 무엇보다도 5,000만 남한과 2,500만 북한이 하나의 경제권으
로 결합한 7,500만 통일한국이 지닌 잠재력은 그 규모와 영향력 면
에서 상상을 초월한다. 이는 단순한 경제 확대를 넘어 한반도 전체
가 새로운 성장축으로 도약할 수 있음을 의미한다.

하지만 이러한 미래는 저절로 주어지지 않는다. 철저한 준비와 지
속적인 노력이 뒷받침될 때 비로소 실현될 수 있다.

"처마의 빗방울이 바위를 뚫는다"는 속담이 있다. 낙숫물이 바위
를 관통하는 이유는 물방울의 크기가 아니라, 한 지점을 향해 끊임

없이 떨어지는 집중력과 꾸준함에 있다.

남북 관계에서도 마찬가지다. 어떤 어려움이 닥치더라도 포기하지 않고 북한의 변화를 끌어내며, 남북이 함께 도약할 수 있는 경제협력 모델을 일관되게 추진해 나간다면, 머지않은 미래에 한반도 통일경제 시대는 자연스럽게 열릴 것이다.

1989년 10월, 독일 총리 빌리 브란트가 한국을 방문했을 당시 그는 독일 통일이 언제 이뤄질지 알 수 없으며, 오히려 한국이 먼저 통일을 맞이할 것이라고 언급했다. 그러나 불과 한 달 뒤, 독일은 반세기 동안 이어진 장벽을 무너뜨리고 통일의 문을 전격적으로 열었다. 이 역사적 사건은 통일이 때로는 예상보다 훨씬 빠르게 찾아올 수 있음을 우리에게 분명히 보여준다.

통일은 대박이 될 수도, 쪽박이 될 수도 있다. 그 답은 결국 우리의 준비에 달려 있다. 우리가 체계적으로 준비하고 전략적으로 통일을 이끌어낸다면, 한반도는 세계적 수준의 경제·안보·문화 역량을 갖춘 국가로 도약할 수 있다. 그러나 준비가 부족하다면 통일 후유증으로 인해 더 큰 혼란과 부담을 겪는 미래가 찾아올 수도 있다. 통일의 성패는 우연이 아니라 준비의 정도에 의해 결정된다.

기업이 통일경제의 주역으로 나설 때, 한반도는 비로소 진정한 경제대국으로 도약할 수 있을 것이다. 흔히 늦었다고 느낄 때가 가장 빠른 때라고 한다. 지금부터라도 우리 기업들은 '통일 경영'의 관점을 가지고 차근차근 준비해 나가야 한다. 북한 시장을 면밀히 연구하고, 그에 적합한 제품과 서비스를 개발하며, 협력 네트워크를 구축하고, 필요한 자금을 확보하고, 인력을 체계적으로 양성하는 노력이 필요하다.

동시에 정부와 공공기관 역시 기업이 통일을 실질적으로 준비할 수 있도록 제도적·재정적 지원을 적극적으로 뒷받침해야 한다. 이러한 민관의 준비가 결합될 때, 한반도 통일경제 시대는 현실이 되고 대한민국은 새로운 성장의 지평을 열게 될 것이다.

통일경제 시대, 그날은 반드시 온다. 그리고 그 기회를 잡을 수 있는 주체는 준비된 자뿐이다. 우리 기업들이 통일경제의 핵심 주역으로 나서 '한강의 기적'을 '대동강의 기적'으로 확장시키고, 나아가 '한반도의 기적'으로 이어가기를 기대한다. 통일 대박은 곧 경제 대박이며, 기업이 준비할 때 그 가능성은 현실이 된다. 지금이야말로 그 준비를 시작해야 할 결정적 순간이다.

변화는 이미 시작되었다. 북한 사회는 조용하지만 분명한 변화를 겪고 있다. 장마당은 1,000개를 넘어섰고, 주민의 90%가 시장경제 활동을 경험하고 있다. '돈주'라 불리는 신흥 경제층이 등장했으며, 소비문화도 점차 확산되고 있다. 휴대폰 보급으로 정보의 흐름이 빨라지고, 이에 따라 국가의 통제력은 약화되는 반면 내부로부터의 개혁 압력은 더욱 커지고 있다.

이러한 흐름은 되돌릴 수 없는 시대적 변화다. 시장화가 개혁을 부르고, 개혁이 개방으로 이어지며, 개방은 결국 통합의 길을 연다. 역사의 방향은 이미 정해져 있다.

우리의 선택은 분명하다. 위기를 기회로 바꾸는 것이다. 평화와 번영을 향한 통일 준비는 선택이 아니라 필수이며, 가도 되고 안 가도 되는 길이 아니라 반드시 가야만 하는 길이다. 그리고 지금 우리는 그 길 위에 서 있다.

북한의 경제난은 분명 위기이지만 동시에 중요한 기회이기도 하다. 내부의 어려움이 커질수록 변화와 개혁의 가능성은 오히려 확대된다. 우리는 인내심을 갖고 북한을 포용하고 지원하되, 그 과정에서 근본적인 변화를 이끌어낼 수 있는 전략적 접근이 필요하다. 이러한 노력이 축적될 때, 위기는 새로운 통일경제 시대를 여는 출발점이 될 것이다.

통일경제의 미래는 밝다. 분석에 따르면 통일 과정에서 북한에서는 495만 명, 한국에서는 601만 명의 신규 일자리가 창출된다. 경제적 이익은 총 976조 원에 달하며, 통일 이후 2050년에는 한국의 1인당 GDP가 12만 달러를 넘어설 것으로 전망된다. 이러한 성과는 통일 한반도가 명실상부한 글로벌 중추국가로 도약할 수 있음을 보여준다.

IX. 통일경제 미래 꿈: 2045년 서울역에서 평양행 KTX를 타다

광복 100주년 2045년, 서울역에서 평양행 KTX를 타는 시대가 열린다면 그것은 단순한 상상이 아니라 통일경제가 구현한 한반도의 새로운 일상일 것이다.

어느 봄날 아침, 서울역은 활기로 가득 차 있다. 플랫폼에는 평양행 KTX를 타려는 사람들로 붐비고, 각자의 일상 속 이유로 북으로 향하는 발걸음이 이어진다. 비즈니스맨은 평양 경제개발구에서 열리는 국제 박람회에 참석하기 위해 서둘러 기차에 오른다. 대학생들은 원산 해변으로 떠나는 MT 계획에 들떠 있고, 한 할머니는 60년 만에 함경도 고향 마을을 다시 찾을 수 있다는 기대감에 눈시울을 붉힌다. 남과 북을 잇는 이 장면은 통일경제가 열어낸 새로운 한반도의 일상이자, 통합된 미래의 모습을 상징적으로 보여준다.

기차는 임진강을 건너 개성을 지나 북으로 질주한다. 서울에서 출발한 지 얼마 되지 않아, 평양까지는 고작 1시간 30분이면 도착한다. 평양역에서 다시 국제열차로 환승하면 베이징까지는 4시간, 모스크바까지도 이틀이면 닿는다. 육로의 장벽이 사라진 한반도는 어느새 유라시아 대륙으로 향하는 거대한 관문이 되었다.

평양역에 내리자 활기가 넘치는 도시의 풍경이 펼쳐진다. 거리에는 자동차가 끊임없이 오가고, 상점가에는 다양한 물품이 가득 진열되어 있다. 카페에서는 젊은이들이 커피를 마시며 휴대폰을 바라보고, 바로 옆 테이블에서는 외국인 투자자들이 새로운 사업 기회를 논의하고 있다. 한때 폐쇄적이던 평양이 이제는 역동적이고 개방적인 경제도시로 변모한 모습이다.

"기억하세요? 2025년만 해도 북한의 1인당 GDP가 590달러였잖아요."

"그러게요. 그런데 지금은 3,264달러라니… 5배 이상 늘어난 셈이죠."

"통일경제가 이렇게 빨리 성과를 낼 줄, 그때 누가 상상이나 했겠어요?"

대동강변을 걷는다. 강 위로는 유람선이 천천히 지나가고, 자전거를 탄 사람들이 웃으며 강변 도로를 달린다. 아이들은 공을 던지고 받으며 뛰어놀고, 곳곳에서 가족과 연인들이 여유롭게 산책을 즐긴다. 이 평범한 일상적 풍경은, 불과 25년 전만 해도 누구도 상상하기 어려웠던 모습이었다.

그 때 우리가 선택한 길.

2026년, 우리는 결단했다. 대결이 아니라 협력을, 고립이 아니라 개방을, 분단이 아니라 통일을 선택했다. 그 선택이 바로 오늘의 번영을 가능하게 만든 힘이었다. 우리의 작은 용기와 큰 결단이 한반도의 미래를 바꾸어 놓았다.

물론 그 과정은 결코 순탄하지 않았다. 북한의 비핵화 협상은 수차례 난관에 부딪혔고, 국제 사회의 제재 완화 역시 매번 복잡한 외교적 조율을 필요로 했다. 남한 내부에서는 회의론이 제기되었고, 북한 내부에서도 변화를 거부하는 저항이 적지 않았다. 여러 겹의 장애물이 겹겹이 쌓여 있었지만, 우리는 한 걸음씩 그 장벽을 넘어섰다.

그러나 우리는 포기하지 않았다. 할 수 있는 가장 작은 일부터 시작했고, 그 작은 성과들이 신뢰로 이어졌으며, 신뢰는 다시 공동의 이익을 만드는 기반이 되었다. 그렇게 한 걸음씩 꾸준히 나아갔다. 장마당에서 시작된 변화는 점차 개혁으로 확산되었고, 개혁은 개방을 불러왔으며, 개방은 결국 남북 통합으로 완성되었다. 그 결과 한반도는 새로운 경제 강국으로 도약했다. 짐 로저스가 예견했던 대로, 세계에서 가장 흥미진진한 나라가 된 것이다.